中国经济文库·应用经济学精品系列（二）

董 莹
穆月英 ◎著

全要素生产率视角下的农业技术进步及其溢出效应研究

Research on China's Agricultural Technical Progress from the Perspective of Total Factor Productivity and Its Spillover Effects

中国经济出版社
CHINA ECONOMIC PUBLISHING HOUSE
北 京

图书在版编目（CIP）数据

全要素生产率视角下的农业技术进步及其溢出效应研究／董莹，穆月英著．
—北京：中国经济出版社，2019.5
ISBN 978-7-5136-5502-6

Ⅰ.①全… Ⅱ.①董… ②穆… Ⅲ.①农业技术—技术进步—研究 Ⅳ.①F303.2

中国版本图书馆 CIP 数据核字（2018）第 287749 号

责任编辑　杨元丽
责任印制　马小宾
封面设计　华子图文

出版发行　中国经济出版社
印 刷 者　北京九州迅驰传媒文化有限公司
经 销 者　各地新华书店
开　　本　710mm×1000mm　1/16
印　　张　13.75
字　　数　210 千字
版　　次　2019 年 5 月第 1 版
印　　次　2019 年 5 月第 1 次
定　　价　52.00 元
广告经营许可证　京西工商广字第 8179 号

中国经济出版社　**网址** www.economyph.com　**社址** 北京市西城区百万庄北街 3 号　**邮编** 100037
本版图书如存在印装质量问题，请与本社发行中心联系调换（联系电话：010-68330607）

本研究得到以下项目资助

国家自然科学基金

“地权稳定性对农户环境友好型技术采纳行为的影响及其溢出效应研究”(71803052)

现代农业产业技术体系

“北京市果类蔬菜产业创新团队项目”(BAIC01－2018)

国家自然科学基金

“空间均衡视角下蔬菜跨区域供给、地区结构及供给效应研究”(71773121)

国家重点研发计划项目

“粮食作物丰产增效资源配置机理与种植模式优化——粮食主产区作物种植模式资源效率与生态经济评价”(2016YFD0300210)

国家社科基金重大项目

“我国粮食生产的水资源时空匹配及优化路径研究”(18ZDA074)

序　言

技术进步是供给侧视角的永恒主题,农业技术进步是国际公认的农业发展根本途径。研究中国农业技术进步的演变规律及其对宏观经济与环境的溢出对农业进一步绿色转型与平衡发展具有重要意义。由于地区间相互促进、产业间相互关联,即空间与产业间存在技术溢出,不能通过单一地区或产业的农业技术进步分析或简单加总,来反映农业技术进步全貌。本研究基于相关理论构建总体研究分析框架,结合SFA与MFA模型、Moran's I指数、PSM方法和CGE模型,从全要素生产率视角切入,在对农业技术进步的直接效果进行深入剖析的基础上,兼顾了技术进步通过要素与产品市场对社会经济与资源环境产生的间接溢出效应。其中,直接效果研究又分为两个部分:一部分研究农业技术进步的历史演变与现状,并总结其在地区与产业维度的宏观特征;另一部分着重从技术禀赋与组织化程度视角展开对微观农业技术进步的作用机制与影响因素的剖析。溢出效应研究侧重于阐释农业技术进步向社会经济与资源环境的外部溢出效应。全书从十个章节展开讨论,主要结论如下:

(1)对农业技术进步的历史演变与现状的分析表明:改革开放以来,农业技术进步呈现明显的机械型技术代替劳动以及生物化学型技术补充土地的趋势;财政支农保障经费加速增长,重心从中央向地方转移;科研转化能力提升,技术推广人员缓慢增长至稳;相对其他行业,农业科技投入的回报率较高,平均技术进步率围绕5%水平呈现周期性波动,波动幅度与区域差异逐年减弱。

(2)综合考虑空间因素对1981—2013年农业技术进步地区结构研究表明:西部区域内部技术效率提升潜力较大;区域间技术进步转化水平拉

动的综合技术进步水平呈现中西部向东部地区的收敛，空间相关性在1981—2009年起到了显著促进收敛的作用，而此后的空间作用明显减弱。

(3)对农业技术进步产业结构研究发现：种植业和畜牧业科研投入能力稳步上升；生产支撑与产出转化能力的贡献逐渐增强，基本与科研投入能力贡献水平趋同。粮食类与经济类作物产业技术进步普遍放缓，蔬果产业技术进步存在波动性加速，畜牧业整体的技术进步周期波动性放缓；要素结构优化的技术效率改进是主要的驱动因素，而科技转化能力则是农业技术进步的阻碍因素。

(4)技术禀赋对微观农业技术进步影响的研究表明：技术禀赋对技术采纳决策与应用效果差异均产生了显著影响。技术需求、补贴以及种植经验等技术禀赋对采纳决策影响明显，经营管理能力对要素结构的优化与产出效率的发挥具有显著的正向作用；具有年轻化、专业化、适度规模化等良性发展特征的高技术禀赋农户更具有推动微观农业技术进步的优势。

(5)组织化程度对微观农业技术进步影响的研究表明：组织化程度对农户技术水平有显著影响；其中，农资购买与技术指导两项服务增加技术效率转化率的作用明显；天津、辽宁地区效果尤其明显；组织化程度平均贡献了88.54%的技术效率转化率与5505元的产值差异。

(6)农业技术进步的系统性经济溢出效应研究表明：农业技术进步能大幅提高农产品国际市场竞争力；促进其他产业经济发展，且对经济欠发达地区经济增长效应尤其显著；尽管短期会拉大地区居民人均收入差距，但有助于缓解地区工资差异；随着地区总产出与就业增加，长期会加快中西部向东部地区的“追赶”；加速农民增收与农村劳动力转移，促进城乡居民粮食消费结构的收敛。

(7)农业技术进步的环境溢出效应研究表明：随着能源类要素的密集性投入，负向环境溢出加剧，通过能源效率缓解这种负向溢出的能力有限；其中，狭义技术进步、技术效率改善、规模效应的发挥起到了积极提升能源效率的作用，而替代要素效率的下降则制约了能源效率的改善。

目　录

第1章　导论

1.1　选题背景及研究意义

1.1.1　选题背景

持续的技术创新、产业结构升级和相应的制度变迁是一国，尤其是发展中国家现代社会经济增长的长期驱动力（黄季焜和 Rozelle，1998；林毅夫，2008）。随着供给侧改革的不断推进与深化，农业部门生产技术创新被反复强调。2016 年 G20 农业部长峰会更将“农业创新与可持续发展”作为研讨会的主题，提倡通过生产技术与产能转化降低农产品生产成本等方式来实现提高农业质量效益和竞争力的目标。作为土地资源稀缺、农村劳动力大量转出的国家，依靠机械型与生物化学型的农业技术进步成为中国农业经济发展的主要路径（胡瑞法等，2001）。农业技术进步不仅保障了粮食的安全供给，同时通过释放农村劳动力为社会经济的高速发展作出了贡献。但是近年来，农业发展却遇到“瓶颈”。一方面，伴随着国内农产品成本的不断攀升、来自国际市场农产品价格打压以及农业支持政策空间的紧缩，中国农产品在国际市场上的价格比较优势逐渐减弱，农户生产积极性受到严重打击；另一方面，经济发展过程中的地区居民工资收入水平的不平衡性与资源环境问题凸显。在社会经济与资源环境的双重制约、空间关联与产业融合不断推进的背景下，如何通过提升农业科技转化率，优化农业生产要素配置、提升技术效率等技术进步方式，从根本上降低农产品生产成本、促进农民增产增收、保障未来农业经济的可持续发展备受关注。

在过去几十年“土地红利”和“人口红利”的要素比较优势背景下，农业技术进步不但保障了中国农产品的有效供给，同时也支撑了近20年GDP高达9%的迅速增长。然而，随着城镇化扩张与人口增速的不断放缓，土地与劳动力等主要农业生产要素逐年收缩，总耕地面积逐年逼近18亿亩红线，农业人口也从1978年占总人口比重的95%下降至2010年的65%（Yang等，2013）。从农业生产要素的质量看，中国以小规模家庭农业生产经营格局为主，细碎且密集的耕种造成了土壤养分逐渐流失，严重影响着土地投入质量。另外，从20世纪90年代开始出现的以15～64岁农村劳动年龄人口量下降为表征的农村劳动力结构性恶化以及2004年的农村劳动力绝对量下降，使得“空心村”与“386199部队”等一系列农业农村的发展问题凸显。因此，在全要素生产率视角考虑如何从提高科研推广转化率以及优化要素配置结构等方式促进农业技术进步至关重要。

此外，农业作为基础产业，其要素与产品均与非农部门互动紧密。农业技术进步过程中伴随的产品产出与要素结构变化都会对其他非农产业部门发展、地区间居民收入差距、城乡居民食品消费结构以及环境污染等产生一系列的间接效应。一方面，产业部门与地区间的收入差异促进了农业生产中劳动节约型技术的采用，给多数小规模经营农户创造了从农业专业化经营向兼业化经营模式转型中的多渠道增收机会。农村劳动力“以脚投票”的结果是务农劳动力进一步跨区转移，农民从农业生产与非农兼业获得的总体收入水平的快速提高也同时拉动了中国居民整体的食品消费由以粮食为主向以禽蛋肉奶、蔬菜水果等相对营养价值较高农产品为主的食品消费结构性上移，反过来影响了农产品的生产结构以及农业经济转型的发展方向。另一方面，随着中国农产品需求量的不断扩张，机械作业与排灌等机械型技术与化肥、农药等生物化学型技术作为劳动与土地的有效替代与补充措施，被大量投入使用，也产生了诸多资源与环境等可持续发展问题，引发了社会各界以及国内外学者的广泛关注。

尤其值得注意的是，随着中国市场化进程的不断推进与包括物质与技术要素资源的流动性增强，技术的空间外溢与农业上下游产业链的关联日趋密切,从单一地区或产业的分割视角或简单加总的评价方式越来越无法反映农业技术进步的全貌。因此,有必要结合中国实际发展情况,系统性地剖析农业技术进步的特征、影响因素与溢出效应,对未来农业可持续的技术进步与经济发展提供切实有效的参考。

1.1.2 研究意义

在农业生产资源要素紧缺、农产品国际竞争力下降背景下,农业技术进步成为发展中国家在转型期走出困境的根本方式(Peter Timmer,2009)。由于农业空间与产业关联日益密切,农业技术进步不再是简单的地区或产业技术进步的加总。因此,系统性地研究农业技术进步特征,并在中国小规模家庭农业生产经营主导的格局下,分析影响农业技术进步的微观因素及可持续性改进方式,对促进农民增收、挖掘未来农业发展潜力的意义重大。同时,对农业技术进步过程所产生的社会经济与环境溢出效应机制进行研究更有助于推动中国新常态下的可持续发展。具体而言,本研究的理论与现实意义如下。

从理论意义角度看:①考虑农业发展所面临的生产资源紧缺与国际农产品市场竞争力逐年减弱的困境,在地区关联与产业融合程度日益紧密的背景下,将空间因素与技术进步的各主要环节纳入到研究框架中,从全要素生产率视角切入对农业技术进步进行的研究,在一定程度上提升了已有研究的系统性。②在中国小而散的农业生产格局与有限农业技术推广资源背景下,有机结合农户经济理论与合作组织经济理论,对影响农业技术进步的机制与多层次因素的作用效果深入研究,是对现有从技术结构分解角度研究的进一步补充与细化。③基于对农业技术进步过程中要素与产品市场变化产生的间接溢出效应的机理分析,构建其对外部经济、环境的作用模型,并进行实证检验,是对农业技术进步的外延理论探究,这对分析农业与外部经济、环境的互动发展关系具有一定的探索意义。

从现实意义角度看:①农业技术进步驱动模式的实证研究,对分析农业经济转型过程中发展的优势与劣势,准确剖析农业技术进步在地区与产业维度上的主要驱动因素与制约因素,挖掘全面性的农业发展模式具有理论指导意义。②在农业技术推广人员、技术配套物料在内的有限农业技术资源支撑背景下，通过识别影响农业技术进步的主要因素与作用模式，得到可持续性农业技术进步的途径，对农业资源的优化配置有一定现实意义。③考虑中国二元经济发展的不平衡性与日渐紧迫的资源环境问题，在系统性分析农业技术进步的直接效果基础上，将其间接产生的社会经济与环境溢出效应进行机理与实证分析，研究其如何在溢出效应上扬长避短，对中国农业经济乃至宏观经济转型具有一定参考价值。

1.2 文献综述

技术进步最早得到关注得益于其对持续经济增长与发展的非物化贡献。随着研究的深入，对农业技术进步的相关研究也逐渐从纯经济学角度的理论分析、原理与结构剖析扩展到环境与经济整合效果的讨论上。因此，本节将从农业技术进步与经济发展贡献、驱动结构、影响因素与环境可持续性四个层次对现有文献进行梳理，并进行总结评述，旨在较为全面地体现农业技术进步研究思路与方法的发展过程，明确本书的主要研究内容与方向。

1.2.1 关于农业技术进步动力与贡献

技术进步既起源于经济发展，又是持续驱动经济增长的源动力。随着对技术进步与经济发展关系研究的不断深入，内生性技术进步理论不断发展起来。由于农业在社会经济中的基础性与特殊性地位，农业技术进步与经济发展的互动具有重要意义，得到了学者们的广泛关注。

(1)农业技术进步的动力

随着社会经济的不断发展，人口不断增加与城镇化进程不断加剧，生产要素的结构与相对市场价格也在不断地变化。在解决人口增长与资源逐渐稀缺的矛盾所产生的粮食问题上，不同方式的农业技术进步发挥着重要的作用，有通过使用工具与机械方式摆托困境的成功案例，也有通过实施“绿色革命”加大种苗肥料使用方式打破僵局的示范。即在社会经济蓬勃发展，人口不断增长的环境下，分别在土地要素相对稀缺时，进行了以生物化学型要素的投入促进土地产出方式的农业技术进步；或是在劳动力要素相对稀缺时，农业技术进步的动力逐渐过渡为以机械代替劳动。农业技术进步在经济发展过程中，表现出了要素稀缺诱致的方向性（Hayami 和 Rutton，1985）。但是，技术进步方向的演变过程也会受到限制要素流动等制度因素影响（Mendola，2004）。考虑中国土地、劳动等初级要素市场不完全的现状，林毅夫（1994）通过实证研究得到的结论认为，尽管在初级要素市场不完全的条件下，当一种要素逐渐变得相对稀缺时，其边际产出会提高，农户基于收入机会成本的考虑，仍有动力寻求替代该种要素的技术，这与市场经济下的要素相对价格上升信号是等价的。

根据农户经济行为理论，从成本收益的角度看，农户既有按照要素市场价格调整要素配置结构以实现最小化成本的动力，也要考虑调整要素结构是否对最大化产出造成影响，否则利润最大化的最终目标将无法保障。在速水拉坦诱致性技术进步的基础上，Acemoglu（2002）首次构建了有偏技术进步模型，并在模型中从替代弹性的视角清晰地区分了偏向型与增强型的技术进步方向，研究认为要素市场价格效应与商品市场规模效应是决定技术进步的方向是倾向于偏向型还是增强型的两个主要因素。当某种要素的市场价格相对上升时，就有采用相应技术要素节约稀缺要素的动力；而当市场容量扩大带来的技术收益更大时，就有增强相对充裕要素产出的动力，这解释了世界经济发展过程中技术偏向型与劳动增强型的技术进步方向的合理性。Acemoglu（2007）继续之前对技术进步不同方向之间的状态衔接视角，进一步分析了内生性技术进步对要素的技术溢价效应以及后续技术进步方向的选择。Caselli（2005）基于总量生产函数中技能劳动力与非技能劳动力的不完全替代视角，对技术偏向型进步方向的国际研究认为，相对富裕国家的技能劳动力充裕，并倾向于技能劳动力增强型的技术进步方向；相对贫穷国家的非熟练劳动力充裕，且倾向于非技能劳动力增强型的技术进步方向。因此，尽管在初级要素市场交易受到限制的条件下，要素稀缺诱致仍能够对农业技术进步起到促进作用。在针对诱致性农业技术进步的研究中，郭剑雄（2004）认为，结合农业特性，人工资本要素与自然资源要素在农业生产中的不能完全替代性，农业技术进步方向应该被扩展为改进型技术与替代型技术。赵洪斌(2004),赵芝俊和袁开智(2009)认为改革开放以来,中国农业技术进步方向主要是微弱的中性技术进步模式。陈开军等(2010)基于对拉尼斯—费景汉模型的扩展,从农业技术进步与剩余劳动力转移的互动视角的研究表明农业技术进步方向为资本偏向型,并在长期有助于农业生产资本的深化。吴凤娇和陈银忠(2011)运用超越对数模型对1963—2008年台湾省农业技术进步的研究认为,台湾农业技术进步的方向经历了由资本偏向到资本和技能双重偏向再到技能偏向的过程。

(2)农业技术进步的贡献

由经济发展不断推动的要素结构变迁诱致了相应方向的技术进步,又反过来影响经济的进一步发展。徐舒等(2011)在动态随机一般均衡模型(DSGE)的理论框架下建立了内生R&D投入与技术转化模型,认为技术进步产生了29.32%的相对经济波动。技术进步也会随着经济发展产生的要素结构变迁产生循环变化(Berger,2001;Chen 和 Groenewold,2011;Kaminski 等,2013)。戴天仕和徐现祥(2010)认为1978—2005年逐渐加快的资本偏向型技术进步是中国劳动报酬份额下降的原因。王永进和盛丹(2010)进一步从机器设备资本与技能劳动的互补关系解释了两者之间的相互促进现象,并发现技术进步作用下的技能劳动就业量与劳动收入存在倒“U”型关系。宋冬林等(2010)认为中国的技术进步使得对技能型劳动力的需求增长,产生了技能溢价效应,而资本偏向型技术进步则与技能需求、技能溢价具有较强的互补关系。张月玲和叶阿忠(2014)认为这种资本偏向并不排斥非技能劳动,但随着非技能劳动投入持续负增长,技能和非技能劳动匹配失当,将进入持续技术无效率陷阱。

早期西方世界都沉浸在马尔萨斯的“人口陷阱”理论阴郁时,农业技术进步不但有效帮助社会经济冲破了传统生产要素与资源环境限制,还引发了新一轮的经济发展。Lewis(1954)认为工业和农业的发展往往是同时进行的,在工业经济发展的初期,农业生产发展停滞将直接影响工业经济发展。基于传统农业部门与现代非农部门的两部门经济理论,Johnson(1997)认为这种农业技术进步对经济发展的贡献更在于成功向城镇输送了大量劳动力，并将农村非农部门作为初级产品与劳动要素的桥梁，促进了社会大分工演变与城镇化高速发展。Timmer(2002)认为农业技术进步是激发工业经济增长乃至宏观经济发展的重要因素，其贡献分为直接关联与间接关联。其中，直接关联即"Lewis 关联"，认为农业技术进步主要通过劳动与资本要素从低效率部门向高效率部门转移进行资源优化配置，实现经济增长与发展；间接关联即"Johnston – Mellor 关联"，认为农业技术进步提升了农业向工业生产提供初级农业产品、向工人提供食物保障以及消费工业品的能力，实现了对外贸易的开放经济增长与发展。陈宗胜和黎德福(2004)通过二元经济增长模型构建了内生农业技术进步的数理分析框架，依据其推论，全要素生产率提高以及剩余劳动力向非农部门转移在推动中国经济持续快速增长中具有重要作用。即二元经济中结构转换的均衡和持续，主要依靠的是非农业部门的资本积累和农业部门的技术进步，对非农业部门技术进步的要求并不必很高。朱希刚(2000)认为农业技术进步能够通过专业化、规模化、国际化促进生产、市场一体化，实现农产品的有效供给，提高农民收入水平、振兴农村经济。而这种以市场为导向、以农业技术进步为中介的产业化过程反过来也促进了新一轮的农业技术进步。周颖等(2012)以循环农业模式体系为例，从产业链的内涵、空间结构特征与循环机制视角，结合国内相关研究成果研究了农业技术进步对产业经济发展的促进作用。

尽管随着社会经济的不断发展，农业生产的经济地位在不可回避地下降，以劳动力要素市场方式连接的农业技术进步与经济发展关系，尤其是在中国这样的发展中国家的城乡居民收入水平差距问题上具有重要的研究意义。Timmer(2009)在总结发达国家经济发展经验的基础上，提出了农业在经济发展中的角色的四个阶段，认为在农业技术进步促进下的经济发展初始阶段，农业与非农劳动工资分配将存在显著的差距，但是随着城乡劳动与金融市场的逐渐融合，农业与非农劳动工资差距将在收入水平提高到一定程度之后开始逐渐缩小。彭国华(2005)认为中国区域居民收入的收敛与全要素生产率收敛模式相似。曾国平等(2006)认为巨大的城乡差距决定了中国城乡居民收入差距的倒"U"型趋势；Cai 等(2002)和蔡昉等(2008)认为农村劳动力流动会促进城乡居民收入差距的收敛,王飞等(2006)认为劳动力流动的自由性越大,缩小地区间收入差距效果越明显,但会因中西部的劳动资源出现过度流失,导致同东部之间的经济规模差距扩大的问题。赵伟(2007)等认为低技能的农村劳动力流动有助于延缓这种地区收入差距的扩大。同时,农业技术进步所促进的农村劳动力的跨区流动和地区工资与收入差距间变化存在内在关系(Krugman,1991;Baldwin 等,2004)。许召元等(2008)认为中国区域间劳动力转移能有效改善配置效率并提高经济增速,实质性的技术水平收敛则是保障居民地区收入差距缩小的关键。

1.2.2 关于农业技术进步的驱动结构分解

基于内生性农业技术进步在经济发展中的重要作用,作为技术进步效果的主要评价指标,包括参数型的随机前沿生产函数模型与非参数型的数据包络分析模型的全要素生产率实证分析方法,在不断地发展与逐渐成熟。一方面,技术进步的测算被细化分解为狭义技术进步与技术效率两类主要贡献因素;另一方面,越来越多的学者开始从地区与产业等维度,对农业技术进步的结构进行细化研究。

(1)基于地区的农业技术进步的驱动结构分解

基于全要素生产率视角,对各地区农业技术进步的主要驱动因素进行分析,对区域农业的平衡性发展具有重要意义。在实证研究中,陈卫平(2006)基于 1990—2003 年省际面板数据,结合 DEA - Malmquist 指数方法对中国农业全要素生产率及其构成的时序和空间分布特征的研究发现,该期间中国农业全要素生产率年均增长 2.59%,其中,5.48% 由技术进步贡献,2.78% 的损失来源于技术效率的损失;除少数西部地区省份,多数省份的农业全要素生产率都呈现正增长。李谷成(2009)和周端明(2009)进一步以 1978—2005 年省际面板数据对转型期中国农业全要素生产率增长的时空特征进行研究,认为该时期狭义的技术进步对前沿面推进的贡献明显,技术效率也有正向作用,但程度有限;各省农业技术进步间差异显著且呈现明显的阶段性,农业技术进步水平在东部、西部与中部地区依次下降,经济发展程度较高和基础设施条件较好地区的农业技术进步水平较高。赵芝俊和袁开智(2009)基于1985—2009年省际面板数据,采用SFA模型对中国农业技术进步的实证分析表明,狭义农业技术进步始终是全要素生产率提升的普通方式,但存在明显的地区技术效率差异。其中,东北、华南、华中三个区域的技术效率较高,而华东、西南、华北、西北地区的技术效率偏低。Chen和Song(2007)利用共前沿面模型方法着重分析了中国农业技术进步在区域间的技术效率与转化率差异。李录堂等(2008)对1980—2006年中国各地区农业全要素生产率的变动情况的研究表明,东部地区的全要素增长率明显高于中、西部地区,且这种差距还有进一步扩大的可能,与石慧等(2007)基于1985—2004年数据测算时得到的结论相似。王炯等(2012)、潘丹等(2012)对1978—2008年中国各地区的农业技术进步水平的研究认为,狭义的技术进步是推动技术进步的主要动力,而技术效率则制约着农业技术进步与发展。全炯振(2009)运用SFA - Malmquist生产率指数模型分析了1978—2007年中国全要素生产率的时空分布特征的研究认为,该阶段中国农业进步水平存在阶段波动性,年均进步率为0.7%,主要来自狭义技术进步,区域间增长的不平衡性源于技术效率的差异。白林等(2012)也认为区域间全要素生产率差异为58%,其余42%的差异是由技术效率差距造成的,东、中、西部地区的农业技术效率存在长期趋同趋势。

(2)基于产业的农业技术进步的驱动结构分解

研究各类农业产业的技术进步结构与主要影响因素对农业产业经济的转型发展同样具有重要意义。针对农业产业技术进步的研究,主要以整体农业产业、粮食类产业、蔬果类产业、各类畜牧业产业为研究对象,站在农业产业总体或单个农业产业视角展开。亢霞和刘秀梅(2005)运用1992—2002年省际粮食生产数据结合随机前沿生产函数模型估计了小麦、玉米、大豆、粳稻、早籼稻、中籼稻和晚籼稻的技术效率及其变动趋势,发现扩大土地经营规模对粮食产量增加有积极作用,但进一步增加肥料、种子和机械投入的增产潜力极为有限,提升粮食生产技术效率是提高产量的有效途径。杨春和陆文聪(2007)运用DEA - Malmquist指数分析方法实证分析了1990—2004年中国玉米生产的技术进步与结构,测算结果显示该阶段年均全要素生产率增长3.7%，其中，狭义技术进步为2.9%、技术效率为0.7%，狭义技术进步是推进全要素技术进步的主要因素，而技术效率的下滑却减缓了其增长。吕超和周应恒(2011)运用同样的方法研究了1994—2007年中国各地区蔬菜产业的技术进步结构，认为该阶段中国蔬菜全要素生产率增长率为负，主要受狭义技术进步的影响，而技术效率年均增长率为正，资源配置较合理。郭亚军等(2013)基于2001—2010年中国8个苹果主产区的投入产出数据，利用随机前沿生产函数模型对中国苹果生产的技术进步水平及其影响因素进行的实证研究表明，该阶段苹果生产技术效率增长较快，同时伴有显著的狭义技术进步。马述忠等(2015)运用随机前沿分析方法测算了中国农业加工企业的技术效率，发现粗加工环节企业的技术效率要高于精加工环节企业，产业关联度对农业加工企业技术效率存在显著影响。兰勇和姚屹浓(2015)运用DEA - Malmquist指数法对2004—2012年中国不同区域4种养殖规模下生猪产业生产效率进行测算结果表明，不同养殖模式下生猪养殖的全要素生产率均呈现一定程度的正向增长；其中，散养生猪的全要素生产率提升主要依赖于技术效率的提高，较大规模养殖户的全要素生产率增长是技术效率提高和狭义技术进步共同作用的结果。杨春和王明利(2013)对1998—2012年中国散养肉牛全要素技术进步及其结构的研究显示，散养肉牛生产全要素生产率总体均呈波动下降趋势，技术进步减缓是主要原因。

1.2.3 关于农业技术进步的影响因素

农户是采纳农业技术的主体，其各种改善生产技术水平与产出效果的技术决策行为汇聚成了农业技术进步的过程。因此，推进农业技术进步的根本途径在于讨论如何促进技术扩散与农户采纳技术后的效果转化过程。

(1)农业技术扩散

林毅夫(2011)认为农户在选择技术决策时，需要同时考虑稀缺要素的机会成本以及采用新技术的投入产出比。在微观农户层面的技术进步动因与扩散中，市场需求的技术诱导假说与诱致性技术进步假说是互补的。从农户的微观层面看，影响农业技术的扩散与进步效果的因素主要来自于农户的技术需求与要素禀赋的协调配置能力。Feder 和 O'Mara(1981)追踪欠发达国家所实行的粮食高产技术下的“绿色革命”效果逐渐弱化现象,沿着全球农业技术扩散中所发现的技术采纳与生产规模关系的规律思路(Pyle 和 Turnovsky,1971; Feder,1980)进行了深入研究,认为大规模农户更易采纳技术的一个主要原因在于新技术采纳所需资金投入的信贷约束。相对于小规模生产活动的农户,大规模农户获得技术所需要信贷支持的能力更强,信贷约束严重制约了农业技术向小规模农户群体的扩散。Just 和 Zilberman(1983)首次将农户禀赋与户主风险偏好特征等因素纳入到农户技术采纳行为分析框架中,为更加有效统一的实证研究奠定了基础。随后,Feder 和 Zilberman(1985)将所有权、生产规模、信贷支持、人力资本以及风险与不确定性等社会因素引入模型中,系统性地研究了技术扩散的影响因素。Smale 和 Leathers(1994)进一步从微观经济学理论出发,将“绿色革命”中农业技术的成功扩散解释为投入稳定性、获利风险可控性、首次采纳技术的安全性以及新技术的易掌握性四个因素共同作用的结果,综合讨论了技术进步动机层面与实际操作层面上的影响因素。孔祥智(2004)从农户禀赋视角分析了西部地区农户采纳新型技术的动机,认为是否采用一项新技术是新旧技术比较的结果,农户采纳技术的主要决定因素是相对机会成本。唐博文等(2010)针对农户不同属性技术的采纳行为进行的研究认为,具有不同家庭特征、外部环境特征表现出的技术采纳行为不同,而同一因素对不同属性技术的采纳行为的影响也各不相同。宋军和胡瑞法(1998)发现农户采纳技术的动机逐渐从原本的温饱需求转向小康需求,而从倾向于选择高产技术过渡到替代劳动的优质技术的过程中,人均收入水平较高的农户与女性主导的农户更倾向于率先采用节约劳动型的技术。

农户的技术决策行为具有复杂性,反映了农户追求收益增加与规避风险的两面性特征。汪三贵和刘晓展(1996)认为风险最小化是农户尤其是贫困农户的生存法则,由于多渠道获得同一信息会增加接受者的信息,被多数人所了解的新技术相对更能被农户所接受,但贫困农户的技术采纳效果更明显,应有针对性的拓宽贫困农户获取技术的渠道,并辅以一定的技术相关支持。技术信息理解差异产生的风险与要素与农产品价格不确定性是影响农户技术采纳决策与效果的主要因素(Zilberman 和 Just,1984)。Aldana 和 Foltz(2011)构建了序贯性技术扩散分析框架,并结合贝叶斯行为反映模型进行的实证结果表明,人力资本水平较高的农户学习速度较快且前期的技术经验与效果对后续的新技术集成的作用,但随着时间的推移,早期经验的重要性也在减弱。

(2)农业技术采纳效果

农户禀赋资源的异质性对农业技术采纳的效果具有重要影响。相关实证研究表明,农户技术水平直接受其文化素质(陈超和周宁,2007;宋燕平和栾敬东,2005)、种植经验等、技术认知水平(孔祥智等,2004;周宁,2007),技术信息与推广获取渠道通畅与否(徐世艳等,2009)、信贷水平(王永齐,2007)等因素的影响。技术推广经费、农技员职称级别、农业技术推广单位的性质等对农技员推广行为有重要影响(胡瑞法等,2004,2006;李立秋和刘万才,2008;黄季焜等,2009)。农业技术推广服务的频率(朱希刚等,1995;高启杰,2000;王志刚等,2007)、技术推广的具体内容及形式(廖西元等,2008;申红芳等,2008)影响着农业技术采纳的效果。同时,农业技术采纳的效果还能通过社会网络资源得以促进与加强。以邻里经验为基础不断扩张的社会资本成为农户内部获取技术决策信息以提高技术,增加收益的重要方式(Foster 和 Rosenzweig,1995;Bandiera 和 Rasul,2002;汪红梅,2011)。

随着经济的发展,小规模分散生产经营的农户难以在大市场流通中获得足够利润分配权利的困境逐渐凸显(Hussein,2001)。在以往企图通过高效农业生产经营模式改善这种状况的探索研究证实,曾广泛出现在“二战”之后的欧洲的非农兼业与多样化生产经营,在最初被假定是促进农业劳动力转出农村,使得剩余少量农民通过兼并地块实现规模化、现代化的生产经营、促进增收的方式并没有如愿以偿(Kimhi,2000;Thirtl,2003;White,2012)。高等收入与中等收入国家的实践经验表明,以资源监督型合约为主要形式的农业产业一体化的程度越高,农户采纳技术获得更高收益的能力越强(Reardon 等,2009)。

对中国曾推进的农业产业纵向一体化即鼓励农业生产销售合同等形式简化农产品销售环节以保障农产品的产后销售渠道，促进农民增收的政策效果研究认为，这种政府主导推进而非自发形成的促进模式并不理想（Huang 等，2007；2009）。根据分工与专业化理论与交易费用理论，通过合作能够获得低成本的规模化与专业化的生产与服务。农民专业合作社作为连接农户与外部市场的农户合作组织媒介，通过向社员农户提供生产、销售等方面的服务使得农户技术采用与增收能力以及在现代销售体系中的市场话语权都得到了大幅的提高（Hussein，2001；Yang，2013；Michelson，2013）。和世界其他国家的农业合作组织类似，中国的农民专业合作社主要向社员农户所提供与技术相关的物资购买、技术指导以及销售渠道等服务。这些服务对于促进农户采纳新技术（Abebaw 和 Haile，2013），改善其技术水平与销售能力（Cakir 和 Balagtas，2012；Courtois 和 Subervie，2014），推动农业技术进步、农户增收以及农产品质量安全水平提升等均具有重要作用（Reardon 等，2009；Deng 等，2010；Yang 等，2014）。

1.2.4 关于农业技术进步环境的可持续性

随着农业技术进步的不断推进，伴随着机械燃料与肥料等能源类要素的逐渐密集性投入，产生了包括过量碳排放与面源污染等一系列环境问题。因此，学者们开始从环境因素的视角重新研究农业技术进步的效果与可持续性的农业技术进步路径。

农业生产的过程是能量合成转化的过程，而能源类要素的密集性投入引发了碳排放与面源污染等环境问题（Kahrl 和 Roland - Holst，2009）。李谷成等（2011）基于农业增长、资源节约与环境保护因素的理论框架与 SBM 方向性距离函数修正的 DEA 模型，结合 1978—2008 年中国各省的农业投入产出数据，对考虑面源污染的非合意产出的农业技术进步进行实证测算的结果表明，是否考虑环境污染成本对农业生产率核算结果的影响较大，环境负效应的缓解主要依靠科技进步带来的生产前沿面“增长效应”。潘丹和应瑞瑶（2013）对 1998—2009 年考虑面源污染非合意产出下的中国农业技术进步及其影响因素所做的进一步研究认为，农村经济发展水平、农业基础设施投资水平以及城乡收入差距等情况的改善有利于促进环境污染约束下的农业技术进步水平。由于产生环境污染的根源来自于生产中的化肥、农药等能源类要素投入,基于能源类要素的生产效率的研究从另一侧面反映了可持续性的技术进步方式。Ma 和 Stern(2008)对中国能源消耗变化分析认为,扩展生产前沿面的狭义技术进步是影响能源消耗强度变化的主要原因。Yao 等(2015)从能源消耗与碳排放的环境保护视角测算分析了中国各地区技术进步效率差异;师博等(2008)从市场分割的视角,实证分析了省际全要素能源效率影响因素;Ma 和 Stern(2008)运用对数平均迪氏因素分解法对中国能源强度的下降进行了分解分析;孙广生(2012)将能源效率纳入全要素生产率的分解框架,运用 DEA - Malmquist 指数将能源效率的变化分解为技术进步、技术效率变化与投入替代效率的变化并讨论了改进的方式。曹芳萍等(2012)对 1991—2009 年中国各地区的粮食生产全要素化肥效率进行研究,认为化肥使用效率处于较低水平;平卫英(2012)认为技术进步对于农业能源效率的提高起着关键作用。包括机械、化肥、农药与农膜等在内的能源类要素投入对促进农业生产与环境负面效应的双重作用与异质性,需要通过能值核算理论进行无量纲能耗核算,进而对能源效率进行统一测算比较。徐键辉(2010)基于能值核算将中国粮食生产能源要素投入进行了转化,比较分析了 2004—2008 年各粮食主产区的能源效率变化;郭丽英等(2015)通过能值理论对近年来商洛市绿色 GDP 的核算,发现商洛市经济增长过度依赖包括化肥、农药、柴油等能源类要素的投入。

反思技术进步对环境的负面影响过程,研究如何在实际生产一线加以改进具有重要实现意义。魏玮和周晓博(2016)基于技术进步与环境约束的内生性假定,对工业技术进步方向与节能减排的相互作用进行了实证分析。农业韦鸿(2011)在对人口数量增加、农业技术进步与土地利用的环境效应的研究分析中,将农业技术进步分成两类,认为通过增加化肥等生物化学型要素投入的技术进步将导致土地利用强度增加,产生负面环境影响;而采用兴建梯田、顺坡耕种等基础设施的技术进步会减轻土地利用强度,有利于土地可持续利用。Purvis(1995)以德克萨斯州主推的奶牛农场技术为例,对农业技术扩散与进步效果的研究认为，尽管采纳该技术能够有效地提高生产率并减少环境负效应。但农户对于具有环境正外溢技术的采纳动力不足，导致该类技术扩散缓慢（Fuglie 和 Kascak，2001），李想等（2013）的研究还发现，农户在已采纳环境友好型技术之后，连续长期性使用的稳定性并不高。因此，在该类技术采纳的初期与后期，政府需要持续充当制度供给者、环境营造者和主要投资者的角色（辜胜阻等，2000）。除了农业技术推广服务，从农业可持续发展的眼光出发，对具有长期环境正效应的新型农业技术，有针对性地推进技术补贴（乔金杰等，2014），并培养鼓励采用技术效果较好的示范性农户，对技术推广意义重大。邓祥宏等（2011）和 Noltze 等（2013）认为技术补贴在一定程度上为农户层面的技术进步提供了物质基础与保障。

1.2.5　已有文献评述

目前，已有研究可以被总结如下：

第一，基于全要素生产率视角，从地区与产业维度对农业技术进步的驱动结构进行比较的研究颇为丰富。但多数地区间农业技术进步的研究忽略了各地区自然与社会经济禀赋的先天性差异，且从技术外溢的空间递减性对这种空间收敛性进一步剖析的研究较少。另外，从系统性农业技术进步角度出发，通过对各个环节的逐层比较来分析农业技术进步在产业间差异的文献较少。

第二，基于农业技术进步的微观主体——农户，分别研究技术扩散采纳行为与主要影响因素的文献较多。但多数研究侧重从农户技术采纳行为或效果的主要单一因素影响分析，缺少对各类因素所产生的系统性影响机制的整合梳理；容易忽略技术采纳与应用两个主要环节间的关联性，且很少考虑样本选择性偏差都会对实证测算结果的准确性和可靠性的影响。另外，已有研究很少关注经营管理能力所产生的农业技术效果影响，也较少根据无偏测算结果与生产一线农户技术水平的改善过程，分析有效推进微观农业技术进步的可行性方式。

第三，从中国小而散农业生产经营的现状出发，对组织化程度研究多集中于讨论加入合作社等模式对农民增收的影响，很少从改善农业技术效果的视角出发展开机制分析，并对组织化服务所产生的农业技术进步效果进行实证与影响因素的拓展分析。

第四，已有文献将技术进步对经济增长的贡献机制与实证研究较为全面，且具有启发性，但关于农业技术进步对包括非农产业部门与地区经济发展、地区居民工资与收入差距、城乡居民食品消费等农业外部的社会经济的系统性影响机理与实证结果的探讨较少。

第五，基于环境污染视角，重新审视农业技术进步的研究，将环境污染作为非合意产出或从能源类要素投入产出效率等视角进行了分析。但基于全要素生产率视角，考虑农业技术进步所使用能源类要素的生产与污染双重作用，兼顾农业技术进步的内生性，探讨缓解农业技术进步的负向环境影响的研究尚属少见。

综上所述，已有文献对宏观与微观层面的农业技术进步研究较为丰富。但以往对农业技术进步在地区与产业维度的分析很少考虑区域固有禀赋差异与空间技术外溢对技术效率的影响以及各类农业产业的天然属性差异的作用；在分析影响农业技术进步因素的研究中，缺乏针对技术扩散——采用见效全过程视角，着眼点较为独立、细碎，缺少表现影响因素共同作用效果的综合性机制分析；在实证模型构建中，容易忽略环节与影响因素之间的相互作用可能带来的偏差，且少有基于机制分析与实证结论总结持续性农业技术进步的可行性途径。另外，对农业技术进步的外部经济效应的研究凤毛麟角，或缺乏理论模型与机制分析结合下的实证研究；对环境的外部性研究将农业技术进步过程完全外生化，并未在全要素生产率框架下的实证模型构建中体现两者之间的内生性。因此，从全要素生产率视角出发，在结合空间因素与产业属性对比分析农业技术进步的宏观特征的基础上，结合具体连贯的微观数据对影响农业技术进步过程的机制与因素进行系统性分析与基于实证结果的持续性技术进步可行性途径分析，并基于理论和机制分析已有框架探索农业技术进步的溢出效应，是一个颇具研究与现实意义也较为挑战性的课题。

1.3 研究目标与研究内容

基于以上对国内外相关启发性研究的梳理归纳与总结评述，将本研究的总目标定为探索全要素生产率视角下的农业技术进步直接效果及其间接溢出效应，并将主要研究目标与研究内容划分为三个部分：①比较分析全要素生产率视角下的农业技术进步的宏观特征结构与直接效果；②深入研究影响农业技术进步直接效果的多层次的微观因素；③通过产品与要素市场的传导机制构建农业技术进步与外部经济、环境的互动的数理与实证机制，探索其溢出效应。为达到以上研究目标，本研究将通过七个主要章节进行展开：

第一部分：农业技术进步的宏观特征比较

在中国高速经济发展与转型过程中，时间、空间与产业维度的农业技术进步呈现出不同的特征，并分别对农业经济的发展产生着不同层面的影响。第一部分将从农业技术进步的历史演变与现状、空间收敛与产业差异角度展开系统性的特征研究与比较分析。

首先，基于诱致性技术进步理论，从农业生产要素资源结构、财政支农与农业科技研投入角度对农业技术进步过程演变与现状进行描述性分析，采用"索洛余值"对全要素生产率视角下的农业技术进步效果进行计量实证测算。在此基础上，继续对农业技术进步在横向地区层面的空间收敛、纵向产业层面的农业技术进步结构进行实证测算与比较分析。鉴于区域间物质投入外的自然与社会禀赋差异难以量化，且不同地区面临的生产前沿面不同、技术的空间外溢性等问题，以及各生产环节因素对各类农业产业技术进步能力的综合性作用，分别引入 MFA 与 Moran's I（莫兰指数）模型方法，Cov - AHP（协方差—层次分析法）、K - means 动态聚类方法与 DEA - Malmquist 指数方法进行实证测算，比较分析地区间平均技术进步水平并检验是否存在空间收敛性、农业产业的技术进步水平与结构及其演变过程中的差异性，并为下一部分探究农业技术进步的影响因素奠定基础。

第二部分：农业技术进步的微观影响因素分析

无论是促进地区层面的空间农业技术进步收敛，还是结合产业自身的特点实现结构调整与升级等特征,都需要从分析微观农户技术采纳行为着手。在全要素生产率的分析框架下,深入研究制约与改善农业技术进步的微观影响因素,并据此探讨促进持续农业技术进步的可行性途径,是第二部分的主要研究内容。第二部分将以农业技术的应用主体——农户为主要研究对象,结合相应理论与实地调研经验与数据基础,从农户技术禀赋和组织化程度视角展开系统性的机制与实证分析。

在实证模型的选择上,考虑农业技术的采纳与应用两个关键环节之间的关联以及农户所支配资源不同带来的生产能力异质性,分别选择剔除"自选择"偏差、前沿面上固有差异的 PSM,SFA 与 MFA 模型进行组合实证分析。该部分在对农业技术进步的影响因素进行实证比较分析,并据此着重探讨农户技术改进的深度与广度,以促进可持续性农业发展。同时,梳理出农业技术进步与农业生产经营增收之间的关系,为第三部分的农业技术进步溢出效应的机制分析打下坚实的微观基础。

第三部分:农业技术进步的溢出效应研究

农业技术进步的意义并不局限于农业部门内部,无论是研究其历史演变与横纵向发展特征,还是剖析其影响因素、探寻改善农业技术进步效果与未来农业的可持续性发展道路,其宗旨都是更好地服务社会经济与资源环境的平衡健康发展。第三部分将农业技术进步的溢出效应延伸到农业外部的社会经济与能源环境层面,通过农业技术进步过程中的要素与产品市场传导对其溢出效应进行机理分析,构建农业技术进步的正向与负向溢出效应的实证模型系统,并依据实证结果探究扩大技术进步的正向溢出、减少负向溢出效应的途径。由于农业技术进步所产生的社会经济溢出效应是要素与产品市场的传导所共同引发的,第三部分的研究也将主要围绕在农产品国内外市场竞争力、产业与地区产出、居民工资与人均收入、城乡居民食品消费等分效应展开;而其产生的环境溢出效应则可以划分为农业技术进步过程中的能源要素的密集性投入与内生性能效改善调节两个相对的子效应,相应的研究将基于农业技术进步的环境溢出效应机制分析构建相应的实证模型,并根据测算结果分析缓解农业技术进步过程中的能源环境问题的途径。具体在经济效应的实证分析中，将基于对各类主要农业产业部门的技术进步率的测算结果纳入CGE模型，对社会经济进行模拟冲击，并以农业技术扩散—生产—消费三阶段动态联立方程组刻画农业技术进步对城乡居民食品消费结构的趋同效应；在环境效应的实证分析中，将采用能源效率分解模型进行实证分析，根据实证结果分析如何发扬农业技术进步对经济与环境的正面作用、有效规避负面影响，进而提出相关政策性建议。

1.4 研究思路与技术路线

在对相关文献进行梳理总结的基础上，结合上述拟定的研究目标与研究内容，将全要素生产率视角下的农业技术进步及其溢出效应研究的具体研究思路概括如下：①对农业技术进步及其溢出效应的相关理论与文献进行梳理总结形成本书的研究思路，并为后文打下坚实的理论与实证基础；②在全要素生产率视角下的农业技术进步直接效果部分，逐层分析农业技术进步的历史演变及现状，进而对其地区与产业维度的宏观特征以及影响微观农户技术采纳与转化水平提升的影响因素进行比较分析；③在农业技术进步间接效应部分，基于其社会经济与环境溢出的数理与机制分析进行各自溢出效应的实证测算；④归纳总结主要研究结论，得到相关政策建议。

本书在研究方法上，充分结合理论与机制分析和实证分析方法，即以定性分析为基础，定量分析为主要手段。理论与机制分析方法包括理论分析法、文献研读法、归纳法，也是主要的定性分析手段；实证分析方法包括描述性统计分析法、数量经济分析法，也是主要的定量分析手段。具体而言，文献研读法是研究工作的基础，是对国内外相关研究动态与思路的梳理，为本研究的逻辑思路、理论与实证方法等提供借鉴；理论分析法是根据本研究的重点将现有相关理论流派进行分析比较，归纳法主要应用于个体的研究结论向所在群体的一般情况的推演过程中。描述性统计分析在各部分的研究中均有涉及，主要是对农业技术进步的发展过程、特点与影响因素所涉及的行为进行相关数据规律的初步判断，承接其后的数量经济分析；数量经济分析方法是服务所研究内容与目标的，因此，在本研究中采用包括索罗余值模

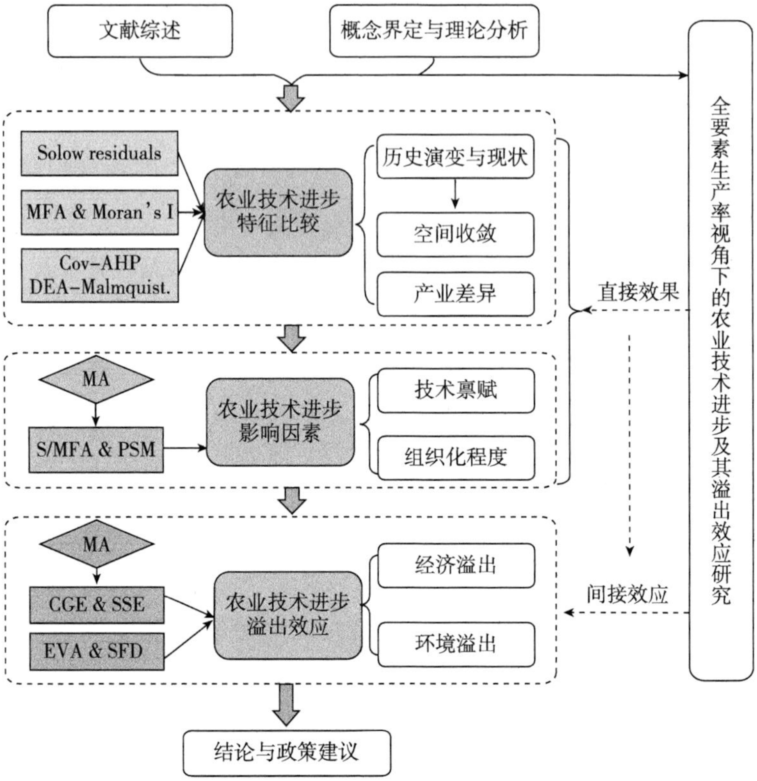

图 1－1　技术路线图

型、SFA（随机前面分析沿）/MFA（共前沿面分析）模型、Moran's I（莫兰指数）模型、Cov－AHP（协方差层次分析法）模型、DEA－Malmquist（数据包络分析－曼奎斯特）指数模型、PSM（倾向得分匹配）方法、CGE（可计算一般均衡）模型、DSSE（动态联立方程组）模型及其组合模型。

第2章 农业技术进步及其溢出效应的理论分析

农业技术进步对于农业乃至宏观经济的转型与可持续发展具有重要意义,其相关问题也在经济学理论探讨中备受重视。本书拟从全要素生产率视角切入,对农业技术进步的直接效果的研究进而扩展到对其间接的溢出效应的探究。下文将在明确界定农业技术进步及其溢出效应相关概念的基础上,对农业技术进步及其溢出效应所涉及的经济学理论与计量经济学理论进行系统性的梳理与归纳总结,为后文展开研究奠定良好的理论基础。

2.1 相关概念界定

为便于理解本研究的主要内容,即全要素生产率视角下的农业技术进步,以及其所产生的间接溢出效应。以下将对农业技术进步、全要素生产率、溢出效应的相关概念进行界定。

2.1.1 农业技术进步

对农业技术进步的定义需要从技术、技术进步的概念并结合农业特性进行剖析。"技术"一词最早由18世纪法国学者狄德罗提出,指为达成特定目标而协调的方法、手段与规划的结合体系。1983年,美国国家科学基金会引用斯科恩的定义,将技术细化为扩展人类能力的任何工具或技能,包括有形的装备和无形的方法。随后,费丽拉等人更进一步提出技术是创造出的可再现性的具有改进产品、工艺过程与服务的方法或手段的能力。进而,技术进步被普遍定义为技术所涵盖的各种形式的知识的积累与改进过程。结合农业的特殊性，庞柏林（2006）认为农业技术是以实现农业增产为目的，将农业科学研究成果广泛渗透到一切农业活动中，逐渐积累的知识、经验与技能的总和。基于诱致性农业技术进步理论，农业技术主要包括机械型技术与生物化学型技术。

本书将农业技术进步定义为运用农业技术所积累的知识、经验与技能等促进农业生产力发展的过程。由于农业所特有的自然再生产与经济再生产紧密结合的属性，农业技术进步也被赋予了区域适应性、综合性与相关性、周期性、不确定性与风险性等特殊属性（钟甫宁等，2011）。结合农业技术从技术采纳到使用见效的技术进步过程，其主要表现形式包括：①新型农业技术的采纳；②农业技术推广采用转化率的提高；③农业生产经营管理能力的提升。

也可以从节约要素角度将农业技术进步划分为中性、劳动节约型和资本节约型三类。其中，劳动节约型主要指机械型技术要素替代节约劳动力的技术进步类型；资本节约型主要指通过生物化学型技术要素补充土地，进而节约土地的技术进步类型。郭剑雄（2004）认为，结合农业特性，人工资本要素与自然资源要素在生产中具有不完全替代性，农业技术进步方向还应该被扩展为劳动与土地改进型，而改进型与替代型技术进步应该是相互依赖与促进的。

农业技术进步不仅包括各种促进农业生产力发展的要素结构与模式演变，也包括所产生的效果。从直接与间接角度看，既包括农业技术进步最终的产品产出层面的直接效果，也包含农业技术进步过程中的要素结构与市场层面的间接效应。其中，产品层面的直接效果反映的是农业技术进步的特征与差异，和要素结构与市场层面的间接效应共同体现的是农业技术进步对外部的冲击作用。

2.1.2 全要素生产率

关于农业技术进步的特征与差异的比较，通过其直接效果进行研究是成熟的经济学切入视角。目前，技术进步效果分析的主要研究视角包括单要素生产率与全要素生产率两类。其中，单要素生产率视角的农业技术进步是以单一生产要素作为研究重心，侧重分析单一要素投入产出效果的动态变化；全要素生产率反映剔除要素投入后的要素整体产出情况，不突出单个生产要素的产出效果，而是强调整体生产要素组合意义上的结构、集成使用效率与生产前沿面的变化，更能全面反映技术进步的效果，因此被广泛应用于技术进步效果的研究中。

全要素生产率变化的具体分解形式如图 2－1 所示，横轴表示要素投入组合 X，纵轴表示产出 Y。全要素生产率变动是指在要素投入组合不变的情况下 Y 的变化，即在 X 不变的情况下，可以按引发 Y 变化的不同方式对全要素生产率进行分解。图中，A 点和其所在的生产前沿面 $f_a(x)$ 的垂直距离较大，产出效率为 OY_1/OY_2，较低；B 点和其所在的生产前沿面 $f_b(x)$ 的垂直距离较小为 OY_3/OY_4，产出效率较高。A 点可以通过缩小其与前沿面的垂直距离提高产出水平，即通过提高个体的相对技术效率提升其技术进步水平；或在一定技术效率下，推动其所在的生产前沿面 $f_a(x)$ 向 $f_b(x)$ 的整体绝对扩张来提升产出能力，即狭义技术进步。以 A 点向 B 点的跨时期的跃迁过程为例，全要素生产率变化（即技术进步效果）可以表述为：$\frac{TFP^1}{TFP^0}=\frac{OY_a/OY_4}{OY_1/OY_2}\times\frac{OY_4}{OY_2}$，其中右侧两项分别代表技术效率与生产前沿面变化。

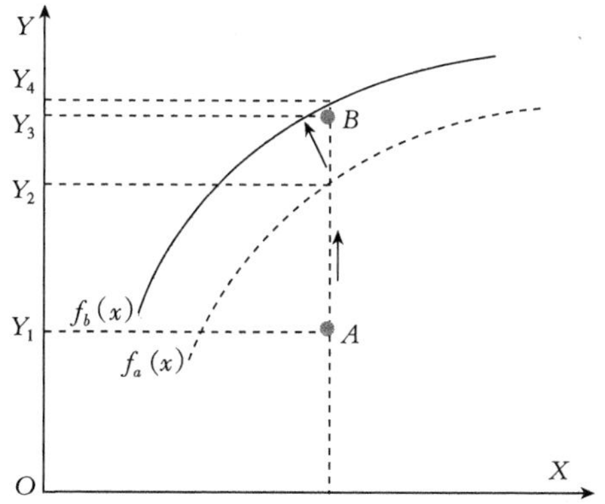

图 2－1　全要素生产率变化的分解

为进一步准确测量技术进步的主要原因，学者们先后对全要素生产率及其变化的分解进行了概念上的细化与方法上的拓展。目前,全要素生产率视角下的技术进步测算方法主要包括索罗余值分析法、参数随机前沿函数分析法与非参数数据包络分析法。索罗余值分析法是将要素投入变化所无法解释的回归残差值定义为技术进步;后两种方法是在首先测定生产前沿面的基础上衡量前后时期的前沿面扩张的绝对"增长效应",即狭义技术进步,并据此前沿面测算个体与其所在前沿面的产出相对差距变化的相对"水平效应",即技术效率变化。后两种方法的区别在于,参数随机前沿函数分析方法是采用随机性前沿的计量学方法,对样本量有一定要求,能同时测算得到投入要素弹性与技术非效率因素,且不需要多阶段估计,保障了结果的一致性和有效性,适用于做要素产出弹性的比较以及非效率损失影响因素的识别;非参数数据包络分析方法是基于确定性前沿的线性规划,对样本量要求不高,能反映多产出情况下的综合全要素生产率变化情况,适用于考虑环境因素的绿色技术进步测算。

综上,结合之前对农业技术进步的定义,全要素生产率视角下的农业技术进步来源,即知识、经验与技能的积累可被进一步划分为两个层次:一是农业生产者个体积累产生的相对农业技术效率改进,即相对农业技术进步水平的提高,二是农业生产者整体积累形成的绝对农业生产前沿面的扩张,即绝对农业技术进步能力拓展的狭义技术进步。农业生产者基于对知识、经验与技能的积累通过投入生产要素进行生产的最终目的在于产出效果的提升。其中,共性的个体积累引发了产出效果的生产前沿面变化,在此基础上,个性的个体积累则产生了技术效率上的差异。

2.1.3 溢出效应

从产品要素结构与市场层面切入的间接效应是农业技术进步过程中的外部溢出。溢出的概念最早由马歇尔提出,用来解释外部性,后被庇古首次应用于经济增长过程中所产生的环境污染问题的福利经济学分析中,分为外部经济的积极溢出效应与外部不经济的消极溢出效应,但并没有给出具体的定义。斯蒂格莱茨在其研究中将溢出效应定义为市场效益中未被包含的额外成本或收益,即溢出效应是指经济主体在追求特定目标时,给外部社会经济、环境等带来的间接效应。

结合中国农业发展历程,农业技术进步过程中所伴随的农产品产量与价格变动、农村劳动要素释放与相对价格变动、机械与生物化学型要素的相对密集性投入与产出弹性的变化,都是其产生的外部社会经济与环境方面的溢出。基于上述农业技术进步所产生的产品、要素市场作用,农业技术进步将对农产品市场竞争力和其他产业的产出能力、农村劳动力释放转移产生的产业经济差异、地区间居民收入差距、城乡居民食品消费结构变化与生态环境产生间接影响。因此,本书将农业技术进步的溢出效应定义为农业技术进步在促进农业生产力发展的主要目标外,对社会经济与环境产出的间接效应。为便于展开系统性研究,进一步划分为经济与环境两个层面与正向、负向效应两个方向展开。

2.2　农业技术进步及其溢出效应的相关理论分析

农业技术进步是一个复杂的动态过程,包括技术进步的方式、原理、模式、技术扩散收敛及其农户主体采用效果。以下将针对上述研究所涉及的理论进行梳理和总结。

2.2.1　创新理论与农业技术进步方式

技术进步可以通过多种方式的创新加以实现。熊彼特在其《经济发展概论》一书中将经济"增长"与"发展"区分开来,认为资本和劳动力投入的变化还能通过体系内部产生另外一种形式的经济变化,即创新的作用。一般意义上的经济增长仅是由人口和资本的增长带来的,并没有产生本质上的变化,不能称作经济发展,只能被归结为一种适应性过程中的自然数据变化。创新和平时所观察到的逐渐走向均衡的趋势不同,它是一种潜在的、自发的、间断性的经济增长变化过程。技术创新正是这种内生经济增长产生的技术工具与技术方法的新组合的总和,其实质是在不断打破旧有结构的同时创造出来的新结构,是把生产要素与生产条件重新组合引入到原来的生产体系中去。具体表现形式包括引进新产品、采用新生产方法、开辟新市场等,能够实现经济实体内部的自我更新,并创造出新的价值。

新价值体现在新工具与新方法的应用上,即创新的核心是技术上的创新,是在发明新工具与新方法的基础上加以应用得到的。两者之间衔接得越紧密,创新的效果就越好。技术创新包括引进新的技术或生产方法和创新资源的组合方式。学术界对于熊彼特的创新理论从创新的动因、创新与经济增长的互动效应进一步探索,基于其所提出的包括技术推动、需求拉动、相互作用、整合与系统整合网络等代表性创新模式,并据此构建起技术创新、机制创新、创新双螺旋等理论体系。其中,技术创新动力的相关理论包括"供给推动论"和"需求推动论";技术创新所产生的技术进步效果是提高生产效率,甚至推动生产可能性曲线向更高水平移动。

结合农业的复杂性,农业技术进步的创新方式主要是引进新技术、改善原有要素组合结构以及采用更高效的生产管理方法,而这些方式相互衔接的紧密度越高效果越好。同时,随着创新理论的不断发展,农业技术进步将成为中国农村三产融合与一体化进程中的核心推动力与重要桥梁。

2.2.2 经济增长理论与农业技术进步原理

由于技术进步最终体现在其所促进的经济增长上,因此其原理也内嵌于经济增长理论中。技术进步的概念在哈罗德—多马模型中最早被提出。然而,这种技术进步恒定不变的假定在长期实践中并不符合经济发展的实际情况。在新古典经济增长理论中,技术进步被外生化,对索洛—斯旺改进模型的推导认为,没有不断地技术进步,人均收入就无法持续的增长。内生经济增长理论对于技术进步的原因进行了更深入的探讨,认为技术进步是"知识"内生积累的结果,即强调技术进步是"干中学"过程中的沉淀与积累。卢卡斯(1988)尤其强调实物资本的增长需要人力资本的支持与恰当的结合,否则通过学习获得的技术与知识对于生产率的增长贡献将十分有限。

经济增长理论不仅指出了技术进步对经济发展的重要贡献与主要来源,更对技术进步方向做了剖析与讨论。在与马克思理论预期一致的工业化初期经济增长类型(下称"马克思类型")中,技术进步即全要素生产率增长对于人均收入和劳动力工资收入增长的作用较小;而从 1875 年以来发达国家实际经济增长资料中抽象出的高级阶段经济增长类型（下称“库兹涅茨类型”），却得到了相反的结论。前者强调以利用资本和节约劳动为主的技术进步，而后者的技术进步则是以强化劳动节约资本为目的。针对两种类型经济增长的技术条件，即两种类型的经济增长类型的转变机制，速水佑次郎等（2009）认为存在两种可能的解释：一是工业技术体制中的技术由可见转变为不可见；二是人们从对产品的标准化需求转移到了产品的差异化上。

经济增长理论对技术进步原理的讨论主要从其产生的经济增长角度展开，但由于缺少对技术进步产生动因的深入研究，剖析的深度有限。该理论为分析农业技术进步提供了借鉴，同样适用于农业技术进步，即没有持续地农业技术进步，农业经济与农民收入的增长也无以为继；由于农业特殊的自然属性，无论是自下而上的经验型农业技术改良，还是自上而下的新型农业技术推广，都需要通过“干中学”改进技术效率以加快农业技术进步；农业经济增长的过程中同样可能存在方向的变迁，即可能存在从土地与劳动力替代的“马克思类型”技术进步向土地与劳动力增强型的“库兹涅茨类型”技术进步转变。

2.2.3　诱致性技术变迁理论与农业技术进步方向

分析农业技术进步的驱动力进而理解模式对探讨其改善路径具有重要指导意义。希克斯在《工资理论》中讨论经济进程的分配效应时首次提出了诱致性技术进步的概念。舒尔茨在其理性小农增收与农业发展的讨论中也指出，只有通过技术变革，提供新技术、新品种和新动力，才能实现农业部门的增长。随后，速水和拉坦提出了以农业发展为基础的经济发展系统性框架，通过分析资源禀赋、文化状态、技术和制度四大发展因素间的相互作用关系，总结出了著名的诱致性农业技术变迁理论。该理论认为技术进步是在原有经济中的要素供给和产品需求条件发生变化的过程中所诱致出的需求；同时强调，要使一项技术创新成为农业发展的有效手段，需要与这些诱致性的变化趋势进行良好的适应与结合（速水，2000b）。进一步，考虑市场相对价格所体现的要素相对稀缺性，施莫克勒—格里克斯在其所《发明和经济增长》一书中提出市场需求技术诱致假说，认为要素供给的相对稀缺性导致投入要素组合内的各要素的相对价格变化，从而诱致相对丰富而廉价的要素对相对稀缺而昂贵的要素的替代。以上两种诱致性技术变迁理论均以完全的要素与产品市场为前提。林毅夫在对中国不完全要素市场的现状下，实证分析讨论了诱致性农业技术进步的适用性。并认为只要技术投入市场不受到限制，这两个假说同样适用于中国目前不完全的土地与劳动要素的市场情况。这为利用以上两类理论假说研究中国的农业生产经营过程中的技术进步奠定了坚实的基础。

目前，诱致性技术变迁理论已经被普遍接受，尤其是在农业技术进步上的应用体系上。其对农业技术进步进行经济学理论探讨中的基本原理为：若一个国家人口密度较大且经济增长迅速，土地相对于劳动会日益稀缺，因而土地相对于劳动的价格逐渐变得更为昂贵，农业技术进步就会按照替代土地的方向发展，即向着作用于土壤肥力与作物生产所需要的环境保障，提高土地生产率的生物化学型技术进步；若在一个劳动力稀缺而土地资源相对丰富的国家，劳动力的相对于土地价格较高，农业技术进步就会朝着替代劳动的方向进行，也就是机械型技术进步，主要通过机械对简单或者程序化的劳动进行替代，从而节省生产的单位劳动力投入，提高劳动生产率。

从节约要素的角度看，技术进步方向可以被划分为中性技术进步（neutral technical progress）、劳动节约型技术进步（labor - saving technical progress）、资本节约型技术进步（capital - saving technical progress）。其中，中性技术进步是指前后等量要素或要素组合的产出水平的提高，而节约型技术进步则是在假设劳动、资本两种基本要素投入的生产体系中，旨在节省资本或者劳动的投入，而相对密集地投入另外一种要素。同样，也可以从要素的产出贡献角度将技术进步方向分为中性技术进步、劳动增强型技术进步（labor - augmenting technical progress）、资本增强型技术进步（capital - augmenting technical progress）；进而从贡献的相对强度又分为增加要素本身强度视角，将此过程划分为中性技术进步、劳动偏向型技术进步（labor - bias technical progress）、资本偏向型技术进步（capital - bias technical progress），其中，增强型技术进步表现的是生产要素产出效率的变化，而偏向型技术进步指要素边际产出提高的程度,这不仅与增强型技术进步有关,还与要素间的替代弹性有关(Acemoglu,2002)。郭剑雄(2004)认为,改进型与替代型技术进步是相互依赖与促进的。

无论是要素结构还是要素相对价格变迁都将打破原有的生产要素组合。基于增加产量或节约成本的目的,对劳动与土地的替代与补充的农业技术进步过程也必将受到农业生产属性的影响,从而呈现出不同的技术进步模式与特征。

2.2.4　技术扩散理论与农业技术进步收敛

技术扩散对技术进步的效果发挥起着重要作用。关于技术扩散的研究始于 20 世纪初,法国社会学和社会心理学家加布里塔德首先对创新的扩散进行阐释,把技术扩散的规律称为模仿定律。20 世纪 20 年代,关于技术扩散的研究在美国兴起,社会学和农村社会学者开始关注技术扩散规律。瑞安和格罗斯对杂交玉米种子的扩散进行了研究,并为传统扩散案例奠定了重要基础。随后,农村社会学家对技术扩散的研究在美国和一些发展中国家大量地开展起来。其中,代表人物之一就是哈格斯特朗(Hagerstrand T.),他对农业技术扩散的空间过程作出了开创性贡献,构造了“平均信息域”模型,模拟了农业技术的扩散过程。1983 年,斯通曼(Stoneman P.)在《技术变革的经济分析》中对技术扩散进行了大量的实证研究,并构建了技术扩散模型。

关于农业技术扩散规律的主流研究包括“S”型曲线技术扩散与“技术踏车”理论。Griliches 以杂交玉米为例研究美国 20 世纪 30 年代的技术进步与扩散,并于 1957 年率先提出了技术扩散的“S”型曲线理论。即技术采用量随着时间推移呈现“S”型变动,在技术扩散的初期与末期比较缓慢,而在中间阶段较快。随后,包括 Bass 和 Roger 在内的学者对这一理论又进行了深入研究。1958 年 Cochrane 在农村社会理论的研究中提出了“技术踏车”理论,该理论认为技术采纳者可根据采纳技术的先后顺序分为早期采纳者、跟随者与后进者三类。技术的早期采纳者受市场利润最大化的驱使,先行采纳技术并从产品价格的提升中获得超额利润;获得利润的好处使得技术在跟随者中得到扩散应用,而随着采纳技术产出的产品的增加,超额利润也被逐渐稀释甚至消失;当产品价格已经下降到了平衡的水平,落后者无法从中获得超额利润。由于农业技术的早期采纳者获得了超额利润,会继续寻找下一个新技术,形成周期性的循环,这种农业技术的“踏车效应”也由此而生。Bass(1969)建立了应用与扩散视角的新产品增长模型,将技术采用的主体—农户分为先行者与模仿者两类,技术先行者指独立采纳新技术的农户,而模仿者指通过向别人学习而后采纳技术的农户,研究结果验证了两类农户技术扩散随时间呈“S”型曲线变化的规律。Feder 和 O'Mara(1981)考虑农户的生产与消费双重属性以及农业技术扩散的复杂性,将随学习过程逐渐减少风险因素引入效用最大化技术采用模型,并从沉默成本与采纳成本角度丰富了对新旧技术进行集成应用效率的研究。Aldana 和 Foltz(2011)继续从风险角度出发,研究在新旧技术的集成应用过程中,影响序贯性技术扩散与应用的数理框架,进而通过实证模型验证了前期技术经验与技术采纳效果、人力资本水平与时间因素对技术扩散的影响。

技术的扩散存在外溢性,Griliches(1979)通过扩展的知识生产函数研究科研对全要素生产率贡献研究,提出了技术外溢可能存在的空间递减规律。农业技术的空间扩散可以归纳为渐进扩散、等级扩散和跳跃式扩散三种形式(王雅鹏,2014)。其中,渐进扩散是指由源头向周围地区扩散,呈现空间上的连续性,一般是近距离地区先会采用技术,随着空间距离的增加,其辐射强度会逐渐减弱;等级扩散是指技术从较高等级地区向较低等级地区扩散,主要以农业科技园区为创新源的技术按照中心地高等级的体系划分,此类技术扩散的决定因素不在于距离的远近而在于地区在该体系中的等级;此外,技术扩散也可能表现为空间上不相邻的地区的农业技术扩散,表现为空间“跃迁性”。

综上,农户总是倾向于凭借自身禀赋与社会资源获取技术进步,增加产量与收入。在此过程中,禀赋异质性与风险认知与偏好差异决定了其技术采纳行为的先后顺序。模仿者会在先行者通过技术达到一定收益后才会逐渐采纳技术,技术得以在空间中得以不断扩散,进而技术进步水平在决策能力类似的农户间不断收敛,使农业技术进步出现由极化中心向外围移动的现象。但是，这类研究多关注的是技术扩散的现象规律，缺乏从经济学理论出发，研究这种先后扩散与收敛的农户行为动机的论述。

2.2.5　农户经济行为理论与农业技术进步效果

农户作为采用农业技术并汇聚形成农业技术进步的主体，其行为产生的农业技术进步影响研究多基于农户经济行为与组织化程度影响。鉴于此，以下将从农户经济行为理论、合作组织经济理论两个方面逐步展开总结梳理。

(1)农户经济行为理论

农户经济行为理论的两大主要流派是以恰亚诺夫代表的劳动消费均衡论流派以及以舒尔茨和波普金为代表的利润最大化理性小农流派。劳动消费均衡论认为农户经济行为是生产和消费的总和，两者之间存在"有条件的均衡"。该条件是当农户消费的边际效用等于休闲不劳动的边际效用时，即当农户对劳动的投入产生的边际非效用与其消费所获得的商品带来的边际效用相等时劳动的投入会自动停止。小农的生产属于自给自足型的自然经济生产行为，其最优化的行为选择是消费获得满足与需要付出的劳动的辛苦之间的均衡，而不是对成本与收益权衡。但囿于其所研究的革命之前的"俄国"小农，该理论没有将市场因素纳入分析框架，而"劳动要素市场不存在"的假定无法很好地解释具有一定要素市场程度背景下的农户经济行为选择。利润最大化的理性小农理论则强调小农经济行为的理性动机，提出了著名的"穷而有效"假设。该理论假说认为：农户对生产要素配置效率低下的情况很少见且并不存在劳动边际生产率为零的现象；传统农业停滞的现象主要来自于生产要素的长期不变，改造传统农业的适合方式是在现存组织和市场中确保向小农提供合理价格下的生产要素供给，并对农户进行人力资本的投资，而削弱农户生产组织功能与自由市场体系的方式则并不合适。但其完全竞争的假设、先验性的小农理性，以及利润最大化为目标的假定并无法解释非完全竞争与社会条件下的小农行为，比如中国现存的二元经济背景下的小农经济行为。

结合"实体经济学"与"形式经济学"的农户经济理论辨析，黄宗智针对近现代中国的农业生产经营状况提出了“内卷化”假说，指出“经营式农场”更适合用舒尔茨的“利润最大化”理论进行解释，而“家庭式农场”则更适合以恰亚诺夫的“劳动消费均衡”理论理解，提出总产出在以单位劳动的边际报酬递减为代价的条件下扩展的内卷化的农业生产要素的配置模式。但其理论的前提假设是农户家庭受耕地规模限制且家庭剩余劳动力过多，缺乏自由流动的劳动要素市场而从事农业劳动的机会成本几乎为零，对当前的农业技术进步分析有重要的分析借鉴作用，但无法解释在要素市场逐渐完善过程中，农户实际经济行为的变迁。

以利普顿为代表的风险厌恶论学派从心理学的角度切入对农户经济行为进行解释，在其代表作《小农经济和理论》中指出风险厌恶是农户尤其是贫困小农的“生存法则”。农户基于“生存法则”，会作出一些看似不理性的决策，其实质是对避免灾难的考虑。另一代表人物斯科特继承了这个观点，并在其提出的“道义经济”命题中指出，“生存伦理”是农户社会行为的基本原则，生活在生存线边缘的农户家庭根本没按照有收益最大化的机会行事的机会。

(2)合作组织经济理论

农户不但能够根据其所具有的禀赋选择其经济行为，根据分工与专业化理论与交易费用理论，还能通过合作获得低成本的规模化服务与专业化生产。由欧美国家农场主高参与率促进的农业合作社发展，逐渐成为经济学理论研究的重点。Emelianoff 出版的著作《合作经济理论》和 Enke 随后发表的《消费合作社与经济效率》使对农业合作社的经济学研究正式登上了历史舞台，并逐渐形成了以 Sapiro 为代表的美国加利福尼亚学派（Califonia School），以 Nourse 为代表的市场竞争标尺学派（Competitive Yardstick School）。Spairo 主要致力于解决“一战”之后的美国农业经济危机，即农场主及由农场主组成的合作社农产品滞销问题。他认为合作社是农业生产者组织的非股份制公司，应专业化经营一种农产品，与社员间建立长期合作关系，并建立健全的销售制度，实行高度集中制垄断农产品市场，运用其对市场价格的一定控制。Nourse 则主张农业合作社基于民主原则给予其社员决策权,反对合作社对农产品市场的垄断。他认为农业合作社应具有高效率,作为竞争标尺与其他企业进行竞争,即在农产品、农用物资和服务市场上控制一定的份额,同时维持与其他企业的竞争状态,克服资本主义制度可能出现的固有弊端,且需要受到政府提供的合法保护与支持。

20 世纪中期之前,由于企业制度一直被新古典经济学当成仅是实现成本最小化的组织形式,并未得到研究的关注,这一阶段对于农业合作社的主要研究方法停留在完全竞争市场假定的均衡与边际分析上,考虑农户纵向协调对于农户实现规模生产、获得技术、提高融资能力、降低风险和提高质量等方面的作用(刘勇,2009)。随着产业组织理论的发展,才逐渐形成了三种合作社模式。一是垂直一体化模式,认为合作社是农户的延伸与不完全联合,且否认了其具有企业的性质。二是独立企业模式,即投资者所有企业的一种变体,认为合作社作为有经理人员主导的“高级协调者”,其目标是通过实现生产者剩余和消费者剩余最大化从而最大化社员的福利。在此基础上,Hoos 运用企业理论构建了农业购销合作社模型;Hemberger 研究了合作社在不同市场结构条件下对市场绩效的影响。三是联盟模式,其主要观点认为合作社是一种单个农户为完成纵向一体化功能而具有横向联合性质的制度设计,农户参与其中的动力来自于能获得的实际收益。

随着 20 世纪 60 年代的科斯经济学以及 20 世纪 80 年代博弈论的不断发展,产权理论、交易费用理论、委托代理理论、不完全契约论与博弈论等理论给合作社制度安排与效率实现的理论研究提供了新的补充思路。以 Eiler 和 Hanf 为主提出的合作社模式再研究,使得契约连接模式出现了。在该模式中,结合委托代理理论的研究认为农户和合作社在相互提供合同时,其实际扮演的委托人和代理人的角色也在转换;并结合不完全契约与交易费用理论的研究了合作社基于财产权形式的投资与控制约束关系,同样也对合作社存在的制度缺陷与创新空间进行了研究。

农户与合作组织经济理论适用于以小农为主体的农业生产经营格局。尽管从不同假定出发的农户经济理论虽各有局限,但从各个角度部分解释了不同阶段的小农生产决策行为。同样,合作组织经济理论以及科斯经济学、博弈论的发展也为不同市场经济条件下的农户合作模式奠定了良好的理论基础,有助于解释农户采用技术决策与微观农业技术进步的效果。

2.2.6 农业技术进步溢出效应的理论分析

溢出效应(Spillover Effects)是指某一项活动在进行时,除达成所预期的直接效果外,对外部的人或社会产生的间接影响。溢出效应的概念最早由马歇尔提出,阿罗首次用外部性解释了溢出效应对经济增长的影响。以下将对技术进步,尤其是农业技术进步的溢出效应的相关理论进行分析梳理与总结。

在经济学的相关理论研究中,溢出效应具体指代经济活动与过程中由于自身的外部性所产生的间接效果,相关理论广泛分散在经典的经济学理论中。大卫·李嘉图认为,大量使用对劳动进行替代的技术进步过程中产生了结构性失业,但也同时通过降低产品的相对价格,促进了消费从而创造了新的就业机会。Solow 基于 Douglas 推导出的生产函数模型与简·丁伯根(Jan Tinbergen)的时间趋势项来测定技术进步模型,提出了总量生产函数度量的科技进步,并在古典经济模型中增加了替代弹性与工资弹性进行量化分析,认为技术进步还能通过利润分配与促进新投资补偿实际工资水平的降低。即技术进步能降低产品成本,增加利润,一方面通过利润分配提高实际工资水平,另一方面也能刺激新的投资与消费,促进就业。Feder(1982)利用两部门经济模型对技术进步的研究认为存在部门间溢出效应。蔡小慎(2008)据此分别从企业、产业与宏观三个层面对技术进步的经济溢出效应进行了分析,认为技术进步能够提高企业的生产效率并调节企业内部产品生产扩大或缩减的决策,通过知识经济效应带动各产业经济的发展,调整产业部门结构;并通过要素配置的优化,实现居民收入水平的普遍提高与人们生活质量的改善。

技术进步的过程也伴随着经济的发展,同时还出现了一定的环境污染效应。Panayotou 借用库兹涅茨于 1955 年研究人均收入与收入不均等之间关系的倒“U”型曲线理论,在 1996 年提出代表环境质量与人均收入间关系的环境库兹涅茨曲线(EKC)。该假说认为,在经济发展的初期阶段,环境质量开始随收入的增加而退化，而当收入水平上升到一定程度进入下一阶段，环境质量将逐渐随收入的增加而得到改善，即环境质量与收入存在倒“U”型的关系。随后，Grossman 和 Krueger 通过经济增长中存在规模效应、技术效应与结构效应在技术进步的不同阶段的主导地位对这种现象进行解释。即在经济增长初期，以规模效应为主导的大规模生产要素投入，在促进产量的同时造成了严重的环境污染问题；而在中后期，随着科技水平与知识经济的不断发展，以科技进步与要素结构优化驱动生产率与循环资源利用为主要方式的技术效应与结构效应，则成为技术进步过程中经济发展对环境影响的主导效应。Popp（2004）的研究认为技术进步对环境的外溢效应存在内生性，Manne 和 Richels（2004）进而从“干中学”视角对原有模型进行改进，验证了技术进步过程对二氧化碳减排成本的内生性溢出效应。

结合技术进步的溢出效应原理，农业技术进步的溢出效应在中国经济发展尤其是转型期中具有重要的现实意义。Krugman（1991）提出的新地理经济学理论，分别从劳动力市场的“蓄水池”效应、生产部门的中间投入品效应以及相似技术的外溢效应三个角度总结了地区与产业部门之间通过要素与产品市场相互作用的原理，也体现了农业技术进步溢出效应的机制，结合中国二元经济与结构转型背景，具有重要的现实意义与研究必要性。

刘易斯根据在发展中国家观察到的工业和农业、城市与乡村间的巨大二元反差现象提出了二元经济理论，将所有产业部门分为农业部门与非农部门，讨论了这种二元经济可能出现的转型。即在初期劳动力能被无限供给，非农部门较高的工资水平会吸引大量农村剩余劳动力，而农村劳动力向非农行业的转移又会促进非农部门资本积累的过程；但随着非农部门的不断扩张，农村劳动力供给不再无限，越过“刘易斯拐点”后，人口红利将逐渐消失。

黄宗智在其著作《中国的隐性农业革命》一书中提出“隐性农业革命”概念，认为中国农村劳动力的相对过剩与报酬递减更值得关注，真正的农业革命动力即劳动生产率的突飞猛进的来源并不是欧美发达国家的机械型技术的投入，也不是东亚模式的生物化学型技术所带来的“绿色革命”，而是来自食品消费结构变化产生的农业生产结构的调整引发了被动的农业技术进步。

基于诱致性技术进步假说,初期的机械型与生物化学型技术要素的大量投入在增加农产品产量的同时也造成了碳排放与面源污染等问题。沈能和张斌(2015)从纳入环境因素的农业技术进步视角拓展了对传统环境库兹涅茨曲线(EKC)的研究,认为中国农业增长与环境生产率间存在“正U型”关系,大部分地区仍处于农业环境生产率随经济发展下降阶段,农业技术进步对“正U型”曲线形成和环境生产率提升具有关键性作用。

农业技术进步通过劳动要素市场产生的溢出效应,普遍存在于农村劳动力向非农部门乃至更发达地区的转移过程中,研究其在转型期对宏观经济贡献、地区发展的平衡性与城乡居民福利的作用所具有的意义重大。结合中国的隐性农业革命假说,农业技术进步所产生的效应将进一步促进农村居民的农业与非农收入,并对城乡居民的相对食品消费结构升级进程产生作用。

2.3 全要素生产率视角下的农业技术进步评价

结合以上农业技术进步的理论梳理与总结,本节将从全要素生产率视角对农业技术进步效果的内涵与外延进行剖析,并通过总结主流实证模型方法的原理及演变,为下文研究奠定基础。

2.3.1 全要素生产率视角下的内涵与外延

全要素生产率作为研究农业技术进步效果的主流经济学评价视角,其基础理论研究较为成熟。通常,生产率即产出投入比是衡量技术进步效果的主要指标,可分为单要素生产率与全要素生产率两种具体的体现方式。与单要素生产率不同,全要素生产率反映的不仅是某单一要素的产出贡献,能较为全面系统地反映要素组合的综合贡献,因而其变化被广泛应用于反映技术进步的效果。全要素生产率技术进步的理论基础源自于新古典经济学经济增长模型中 A 所代表的无形的知识积累与改进。经过上述技术进步相关理论研究的积累,其基本的作用原理可由图2-2所示。

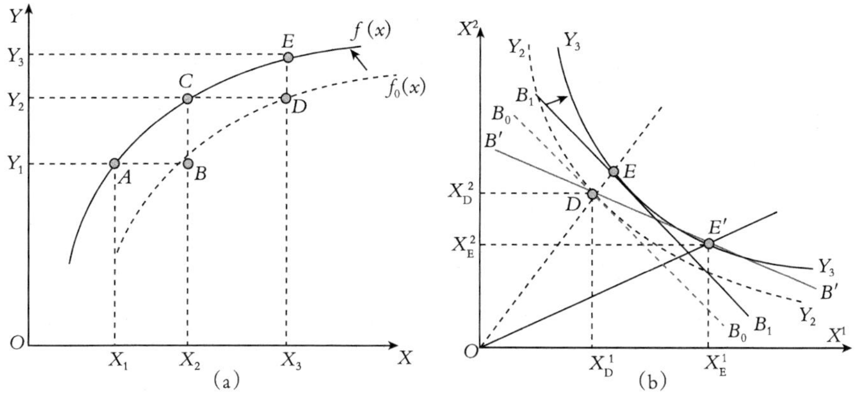

图2-2　全要素视角下的技术进步分解原理

图2-2(a)中,横纵轴分别代表投入与产出。其中,B、D 点在上一期生产前沿面 $f_0(x)$ 上;而 A、C、E 点在当期前沿面 $f(x)$ 上。以 B 点为例,是某一要素组合为 X_2 生产的决策单元所得到 Y_1 产出的情况,其产出 Y_1 也可以由更少的要素组合 X_1 所对应的 A 点获得,而在该要素组合上,其最优产出为 C 点所对应的 Y_2,因此,B 点的技术效率为 OY_1/OY_2。技术效率所表现的是在某个时期,单个决策单元以某一要素组合进行生产所得到的实际产出相对于最优产出的差距。同理,对于 D 点,其最优产出是 E 点,当前技术效率为 OY_2/OY_3,但在当期 D 点的技术效率要高于 B 点。假设具有 X_2 要素组合的决策单元在最优产出的生产前沿面函数为 $f_0(x)$ 的初始时期的实际产出为 B 点,在最优产出的生产前沿面函数为 $f_1(x)$ 的下一时期的实际产出为 C 点,则其通过跨期的技术效率的变化实现了个体的相对技术进步,因此技术效率体现的是相对技术进步水平。另外,当最优产出的生产前沿面向外扩张时,例如图中函数为 $f_0(x)$ 的实际生产前沿面向函数为 $f_1(x)$ 的生产前沿面扩张时,则体现了狭义技术进步所实现的绝对意义上的整体技术进步。

图2-2(b)为全要素生产率视角下,每个决策单元实现技术进步的具体途径。假设两种生产要素 X^1 和 X^2,B_0B_0 表示上期生产可能性曲线即充分利用要素所能实现的最大产出,B_1B_1 分与 $B'B'$ 分别表示当期的生产可能性曲

线；从原点 O 出发的不同斜率的射线分别代表各种要素配置结构，Y_2Y_2 和 Y_3Y_3 是图 2－2(a) 中对应的两条等产出曲线。那么，如图 2－2(a) 中所示，每个决策单元的技术进步可以由两种具体途径来实现。一种途径是考虑一个个体的实际产出在 D 点，其原本的生产性可能曲线为 B_0B_0，当其投入要素综合产出能力增加时，相当于其生产前沿面向右上方平移至 B_1B_1，并与等产出曲线 Y_3Y_3 相切于 E 点，其产出增加；另一种途径是考虑另一个个体，其实际产出仍为 D 点，但是其原本的生产前沿面就是 B_1B_1，当决策单元将两种要素从以 X_E^1 比例组合结构向 X_E^2 的比例组合结构进行调整时，生产性可能曲线 B_1B_1 与 Y_3Y_3 切于 E' 点，同样促使其产出增加。而所有决策单元在以上两种途径的技术进步就分别形成了生产前沿面扩张的绝对技术进步与相对技术效率改进。

由于研究目的与层次的差异，农业技术进步过程中决策单元可能是地区、产业或者农户，因此，产出具体是以产值还是产量的形式体现需要视不同情况而定。由于量纲比较的限制，对农业技术进步效果的地区间比较只能采用产值的形式；在开放市场的流通环境下，农产品价格外生性较强，从产量的角度做产业的技术进步比较相对合适且准确；而在研究农业技术进步的主体——农户的技术水平提升的具体影响因素与改进方式时，考虑农户家庭生产的商品化率与消费者对农产品需求质量标准的不断提升，体现质量提升的价格可能是引入新技术的结果，在这种情况下，产值可能是更为客观的技术进步比较变量。

2.3.2 全要素生产率视角下的实证方法演变

随着以全要素生产率为主流的技术进步原理研究的不断展开，学者们开始继续探索如何测算分析进而提升无形的全要素生产率的方法。Koopmans 提出了技术效率的概念，并定义了投入产出的技术有效性，即在一定的技术条件下，如果不减少其他产出，就不可能增加任何产出，或者不增加其他投入就不能减少任何投入的情况。随后，Farrell 在研究生产有效性时，提出了基于经典的经济学生产理论中的帕累托最优前沿面概念，并开始运用前沿面生产函数模型（在既定技术条件与生产要素组合下，各投入与最大产出之间的函数关系)将生产效率划分为反应决策单元在给定要素组合下获得最大产出的能力的技术效率以及在给定要素价格下将优化要素投入结构的配置效率,为全要素生产率的测算发展奠定了坚实的实证基础。随后,针对这种反映技术进步的前沿面生产函数模型,逐渐被分为参数法和非参数法,并仍在克服方法本身缺点的过程中不断改进。Aigner,Lovell 和 Schmidt 与 Meeusen 和 Van den Broeck 于 1977 年分别提出了随机前沿生产函数参数方法,此后,Schmidt(1980,1986), Kumbhakar(1988,1990),Batese 和 Coelli(1988,1992,1995)又对该方法进行了完善。针对非参数方法的研究的主流方法是 DEA(数据包络分析)方法,Fare 等(1994)对该方法进行可变规模报酬与 Malmquist 指数方向延伸。

具体而言,随机前沿分析的参数法实证模型原理是在确定性前沿面生产函数的基础上,提出了复合扰动项概念,将随机扰动项分为不可观测与控制的随机误差项与由于可观测因素引发的技术非效率损失误差项。在模型估计的技术处理上,将分离出的技术损失误差项定义为非负的随机变量,分布形态为零点截断型,反映技术的非效率损失,由技术非效率方程体现,与随机误差项独立。该参数方法可以根据研究对象的特征,通过选择 C－D 或 Translog 的函数模型形式体现规模报酬的性质以及要素间的相互作用;由于模型反映要素组合的技术结构方程与反映技术损失的技术非效率方程能够被同时估算,有效地识别各类生产要素的产出弹性以及影响技术效率的主要因素的作用方向与大小,但是对样本量的要求较高。随后,模型还被扩展到运用面板数据的时变技术效率测算、成本方程,以及考虑个体基于异质性资源禀赋所面临的生产前沿面差异产生的 MFA 模型,从对个体技术进步的影响因素挖掘逐渐过渡到个体的技术进步在群体内部与群体之间的不同层次的差距的细化分解研究。

基于 DEA 模型的非参数法的原理是构造一个包含所有生产方式的最小生产可能性集合,据此确定最优要素投入与要素投入冗余,进而计算其效率。尽管这种方法无法精确测量各类要素对产出与技术效率的作用,但由于对样本量要求不高,在实证比较技术进步效果时的适应性较强。另外,考虑“好产出”与“坏产出”的多种产出实际情况，DEA 模型能结合与研究需要与各种距离函数进行改进与深入测算；同时考虑技术进步的连续性与前沿面的可传递性假定，窗口 DEA、序列 DEA 与全局 DEA 模型等也逐渐被研究出来，以扩展原有模型的应用范围。

2.4 本书研究框架

为清晰而系统性地展现全要素生产率视角下农业技术进步及其溢出效应的研究思路，下文将在以上概念界定与相关理论归纳总结的基础上，将主要研究内容分为全要素生产率视角下的农业技术进步效果的特征比较研究、主要影响因素分析以及间接溢出效应探究三个主要部分逐步展开，并将本书研究框架归纳如图 2－3 所示。

图 2－3 中，上下两个粗虚线框分别代表农业内部与农业外部，上面的粗虚线框主要讨论全要素生产率视角切入的农业技术进步的直接效果，包含的两个细虚线框分别代表农业技术进步的特征比较与影响分析两个核心部分；下面的粗虚线框是对农业技术进步产生的外部溢出效应的延伸探讨。菱形框代表研究对象，即在农业技术进步中的角色，在特征比较研究的对象—整体与地区、产业农业技术进步效果是体现宏观与中观农业技术进步的主体；影响因素研究的对象—农户经济行为是承载农业技术进步的微观主体；外部效应研究的对象—市场竞争力、非农产业部门与地区经济、收入与城乡食品消费差距、能源效率是承担农业技术进步产生溢出效应的外部客体。

具体而言，本书主要框架分为以下三个部分，七个主要章节：

(1)从全要素生产率视角研究中国农业技术进步的历史演变与现状，从诱致性农业技术进步方向、农业科研创新、农田水利等基础设施建设保障与技术转化效果视角加以逐层剖析，并据此进行全国农业技术进步的实证测算分析，体现在第 3 章的研究分析中。在此基础上，从横向空间视角与纵向产业视角对农业技术进步的效果特征分别展开系统性比较。其中，从共前沿面技术效率切入横向地区间农业技术进步水平的比较，并研究区域内与

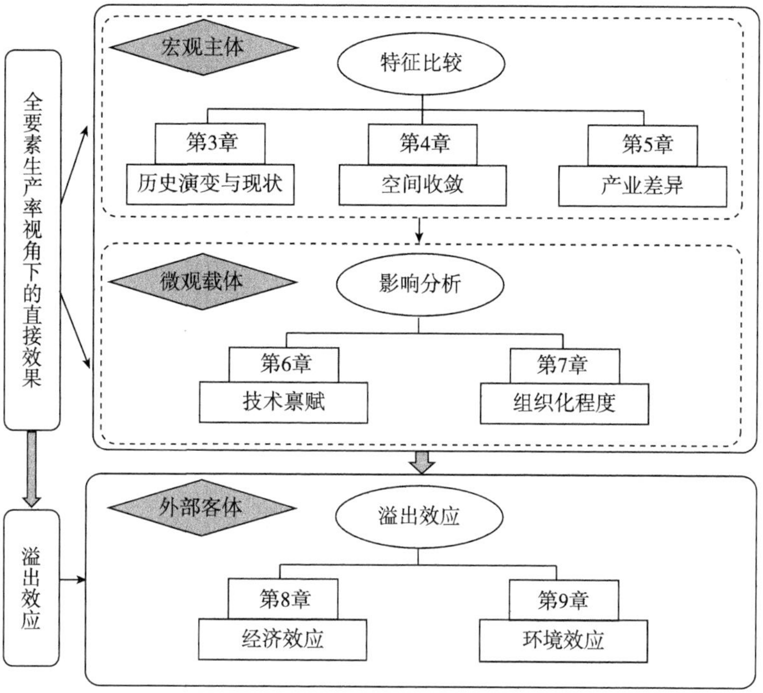

图 2－3　研究框架

区域间的农业技术进步的空间收敛，是第 4 章要解决的核心问题；而针对纵向产业间比较的研究主要从产业自身属性的差异性、从综合技术进步水平评估及科研投入、生产支撑与产出转化等各主要技术进步环节的影响因素逐步展开差异化的比较与因素分析，是第 5 章的主要研究内容。

（2）农户是农业技术进步的主体，其各种改善生产技术水平与产出效果的技术决策行为汇聚成了农业技术进步。第二部分将结合农户经济行为与合作经济理论、以及中国农业生产经营实践，从农户相关技术禀赋，以及从农民合作组织等制度安排中获取的服务两个视角，分别对农业技术进步效果的影响因素进行有侧重的实证测算与比较分析。对两个视角下研究目的与实证研究对象的差异，将通过第 6 章、第 7 章的机制与实证进行分析。在实证方法上，将针对样本“自选择”偏差问题、农户是否加入合作组织所具有的服务资源产生的生产前沿面差异问题，农户面临不同的生产前沿的现状情况，分别选择 PSM－SFA，MFA 等模型方法运用微观数据对具体技术、服务展开实证建模测算分析，研究其分别对农业技术进步效果差异的影响，并探索未来农业技术进步可持续发展的可行性路径。

（3）基于前两个部分对于农业技术进步的宏观特征与微观影响因素的直接效果研究，第三部分将进一步研究农业技术进步过程中的溢出效应，探讨如何发挥其在社会经济中的正向效应，有效改善其所产生的环境负效应，促进中国未来农业与宏观经济的可持续经济发展。第 8 章将结合第 5 章对主要农业部门的技术进步率的测算结果，挖掘中国目前推行的农业技术进步的内在动力机制，系统性分析其影响社会经济发展的数理推导基础上，结合 CGE 模型测算农业技术进步对产出、市场竞争力、产业与地区经济发展、地区工资收入差距等造成的冲击，并进一步通过构建农业技术扩散—生产—消费三阶段动态联立方程组模型研究其对城乡居民食品消费结构趋同的内生性作用。第九章将从能源环境的可持续性角度，借鉴并改进全要素生产率分解框架，基于对随机前沿生产函数模型对农业技术进步过程中的能源效率进行分解，研究内生性农业技术进步过程下的能源效率变化的分解作用，并根据实证测算的结果探讨改善能源效率，缓解环境负效应的途径。

2.5　本章小结

本章基于对农业技术进步、全要素生产率、溢出效应等概念的界定；从技术创新理论、新古典经济增长理论、诱致性技术进步与扩散理论以及农户经济行为理论着重分析了农业技术进步及其溢出效应的理论基础；并从外部性视角分析了溢出效应理论在农业技术进步外部性中的应用，进而归纳了全要素生产率视角下的农业技术进步研究模型与方法，并构建本书的主要研究框架，总起下文的研究逻辑脉络，为后续研究奠定了良好的理论基础。

第3章　农业技术进步的历史演变与现状

粮食产量“十二连增”从一个侧面反映了中国农业生产力的不断提升，农业技术的进步。农业技术进步作为一个复杂的动态过程，需要要素结构优化、科技创新投入与生产经营能力改善对生产前沿面和技术效率的共同作用。基于诱致性农业技术进步理论，生产要素结构的可优化主要指劳动力与机械型技术要素、土地与生物化学型技术要素的替代与补充。科技创新与农业生产经营能力的改善则来自于财政支农政策保障下的生产基础设施改进和农业科研投入支撑的农业技术研发与推广转化。因此，本章将从要素结构、财政支农与农业科研投入保障角度对农业技术进步过程的历史演变与现状展开分析，并在此基础上，结合索洛余值模型对农业技术进步率的历史演变与现状进行实证测算，以便理解改革开放以来，中国农业技术进步变迁发展的基本情况。

3.1　农业生产要素结构的演变与现状

要素相对结构的变迁既是农业技术进步的自然驱动力，又是农业技术进步过程的体现。以下将根据诱致性技术进步理论，主要从劳动力与机械型技术要素间的替代、推动与生物化学型技术间的补充视角分别有层次性地对中国农业技术进步的演变与现状展开分析。

3.1.1　劳动力与机械型技术要素结构变迁

劳动力作为主要的生产要素，其生产性人口结构比重的不断提高，形成了经济增长的人口红利（蔡昉，2009）。这种“人口红利”曾在亚洲“四小龙”

国家全要素生产率并未持续改进的时期创造了经济迅速增长的“东亚奇迹”。一方面在劳动力无限供给的背景下，剩余劳动力未被全部吸纳，所产生的人口红利使资本报酬递减现象并未发生。另一方面，由于农业生产天然的季节性与周期性，农村劳动力的剩余与相对低价的丰富供给也在中国二元经济发展模式中起到了重要作用。然而，随着中国人均 GDP 逐渐迈入中等水平，这种以人口红利为基础的经济高速增长机制开始弱化。特别是 2012 年以来，中国经济增速放缓，劳动工资逐年增长即中国已经走过了刘易斯拐点（蔡昉，2011；2013），使得单纯依靠低成本的剩余劳动力的农产品在国际市场的比较优势逐渐消失。中国农业技术进步变迁也逐渐从以提高产量为主要方向的初期改革阶段转向提高劳动生产率的后期改革阶段（蔡昉，2010）。

图 3－1 展示了改革开放以来，从事农业的劳动力要素投入及其地区[①]的结构性变迁。整体上看，全国农业劳动力要素投入基本呈现逐年下降的趋势，其中，1990—2000 年下降较为缓慢，从 2001 开始迅速下降，东部地区平均农业劳动力要素投入缩减最快，达到 49.66%；中部地区其次，缩减了 43.89%；即使是西部地区也缩减了 35.12%。

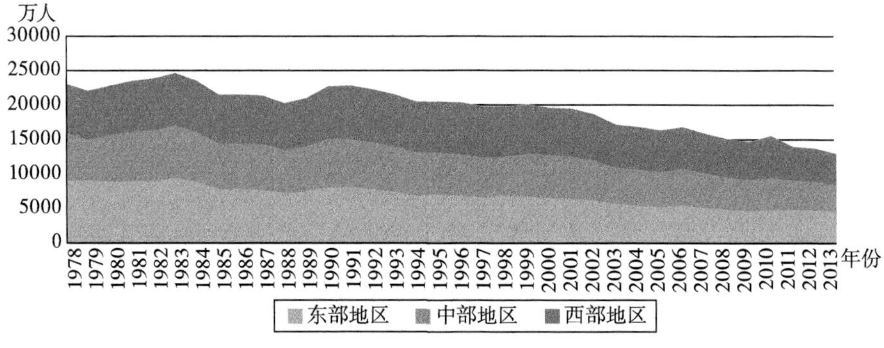

图 3－1　农业劳动力要素投入及其地区结构的变迁

资料来源：《新中国成立 60 周年资料汇编》、2009—2014 年《中国统计年鉴》。

① 本书按照农业生产自然条件相似度将农业生产区域划分为东、中、西三个部分。其中，东部地区包括：北京、天津、河北、上海、江苏、浙江、福建、山东、广东、海南、辽宁、吉林、黑龙江；中部地区包括：山西、安徽、江西、河南、湖北、湖南；西部地区包括：内蒙古、广西、重庆、四川、贵州、云南、西藏、陕西、甘肃、青海、宁夏、新疆。

随着农村劳动力的不断移出、农村劳动力年龄结构的老龄化，农用机械工业的不断发展，机械型技术要素广泛替代了农业劳动力。近年来，受益于国家政策的支持，中国农机产业从“十一五”期间已经开始步入迅猛发展的阶段。农资产业的整体规模、企业数量以及从业人员都实现了长足的发展，在全国工业与机械行业的产销增速持续回落的背景下，仍保持稳中有升的业绩。根据中国农业机械工业协会的数据统计：2012 年，大规模农机企业工业总产值同比增长 19.41%，达到3115.61亿元；其中，销售总产值也同比增长 19.49%，达到 3055.37 亿元，从业人员达到 35.1 万人，出口交货值同比增长 31.77%，达到 258.91 亿元。中国农机产业的不断发展保障了农用机械型技术要素足量供给以及机械型技术在更大范围的劳动力替代。

图 3－2 展示了 1978—2014 年中国农用机械总动力以及由于数据限制的 1995 年与 1998—2012 年电动机和农用柴油发动机的动力使用的历史演变与现状情况。从图中不难发现，整个过程中，各类农用机械指标均呈现投入增加的趋势，且以 1989 年为拐点，其后的农用机械总动力增幅明显加大。农用机械总动力从 1978 年的 11759.9 万千瓦翻了 9 余倍，2014 年达到了 108056.6 万千瓦；其中，电动机动力从 1995 年的 8443.7 万千瓦增长了 101.17% 达到了 2012 年的 16985.3 万千瓦；柴油发动机动力涨势迅猛，与农用机械总动力类似，从 1995 年的 24176.3 增长了 2.41 倍，达到了 82365 万千瓦。另外，使用柴油发动机进行大型耕种与收割的动力上涨明显，而电动机动力（主要被用于配合排灌等设备）增幅相对缓慢。这与 1990 年开始的第一产业劳动力的下降相对应，说明机械型技术要素在农村劳动力大量流失的过程中，起到了有效的替代作用。

图 3－3 展示了改革开放以来，东、中、西地区农业机械型技术要素投入的结构变迁，整体在 2012 年之前呈现加速增长趋势，2012 年与 2013 年的投入总量基本持平。东部地区平均农业机械总动力规模在基期位居第二，年平均增长率较低为 6.03%，直到 2013 年，投入规模稳定增长至 3527.73 万千瓦；中部地区的农业机械投入规模在基期第一，年平均增幅中等，为 6.53%，到 2013 年分别是东部地区与西部地区平均水平的 1.51 倍与 2.46

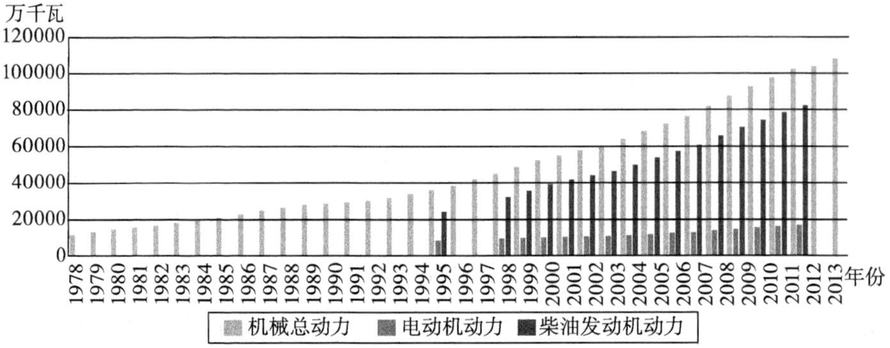

图 3－2　农用机械型技术要素投入的变迁

资料来源:《中国统计年鉴 2015》《中国农用机械工业年鉴 2000—2013》。

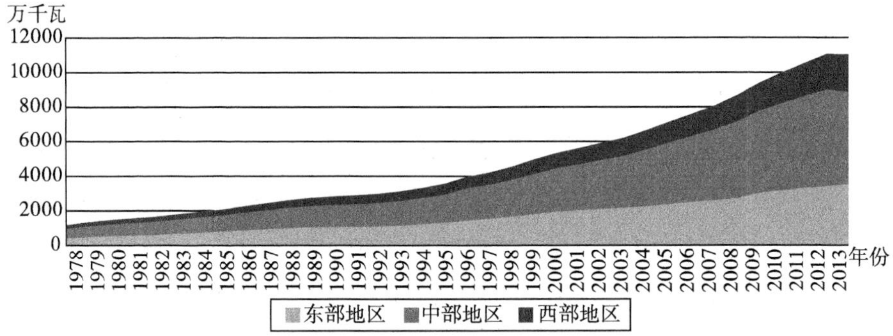

图 3－3　农业机械型技术要素投入的地区结构变迁

资料来源:《新中国成立 60 周年资料汇编》、2009—2014 年《中国统计年鉴》。

倍;基期平均化肥投入规模最低但是增长最快的西部地区,年平均增加 6.73%,但截至 2013 年,其平均机械投入规模仍最小。由于机械型技术要素主要替代农业劳动,在农村劳动力要素投入下降的过程中,各地区的农业机械化水平提升速度有所差异,相对而言,西部地区仍存在提升机械要素投入的潜力空间。

3.1.2　土地与生物化学型技术要素结构变迁

土地也是农业生产重要要素资源,是农业生产经营的主要场所,能够永续利用,且无法被其他要素替代。因此,其投入量在保障中国农产品供应中起到重要作用。图 3－4 展示了改革开放以来,中国东、中、西地区农业的平均土地要素投入(播种面积)情况。整体上看,原本中部地区平均土地要素投入规模最高,东部次之,西部最低;其中,东部地区平均土地要素投入量基本变化不大,2013 年投入水平较 1978 年下降了2.75%,年平均下降 0.08%;中部地区平均土地要素投入量稍有增加,2013 年投入水平较 1978 年上浮了 8.61%,年平均增加 0.23%;而西部地区平均土地要素投入量有明显的增加,年平均增加 0.66%,2013 年较 1978 年上升 26.62%,实际投入量已经接近东部地区的平均水平,说明土地资源投入提高点主要体现在西部与中部地区上。

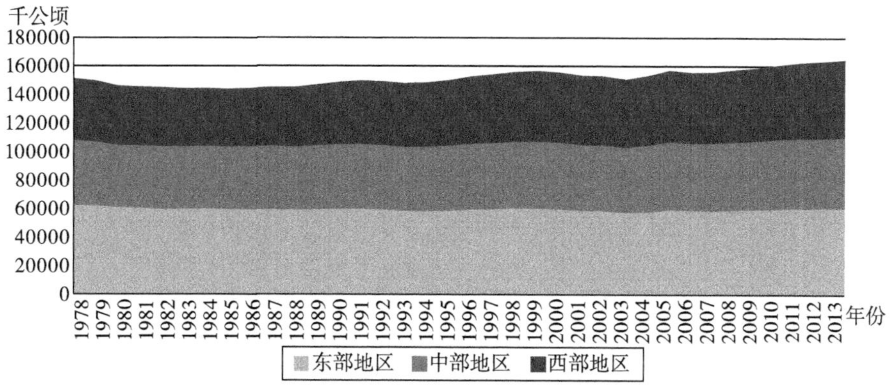

图 3-4　土地播种面积及其地区结构变迁

资料来源:《新中国成立 60 周年资料汇编》、2009—2014 年《中国统计年鉴》。

随着农产品商品化率的不断提高,理性农户以市场与成本为导向的土地要素资源分配也在逐渐改变着土地要素使用结构。1978 年,中国农作物总播种面积为 15010.4 万公顷,到 2013 年该面积上涨了 9.68%,达到 16462.7 万公顷。图 3-5① 展示了中国土地要素分配结构的历史演变与现状。从绝对量看,粮食作物的播种面积在 2003 年达到最低点之后反弹,播种面积基本稳定,下降 7.15% 至 11195.6 万公顷;经济作物(包括油料作物、棉花、糖料作物、烟叶、茶)总体播种面积增长了 77.25%;蔬菜、水果的播种面积至 2003 年明显增

① 糖料、烟草与茶类作物由于其播种面积相对较小,为保证其显示的清晰度,使用右侧次坐标并以折线表示。

加,虽然其后增速放缓,但整体上增幅达到5.67倍,所占比重也从3.32%上升到20.21%;青饲料播种面积也缓慢增长14.10%。从相对比例上看,粮食、油料与糖类作物的播种面积所占的总播种面积的比例逐年减少,相反,蔬菜水果的播种面积比例则在缓慢提升。一方面中国居民消费水平的提升,使得蔬菜水果等易腐蚀易腐烂的农产品播种面积逐年上升;另一方面,由于粮食作物中玉米与大豆豆粕等能作为畜牧业的饲料作物,在肉蛋奶等农产品的逐年消费增加、国际粮食市场不断开放与各种粮食补贴政策与以往的最低价收购价政策的多重作用下,仍然保持着相对均衡的播种面积。

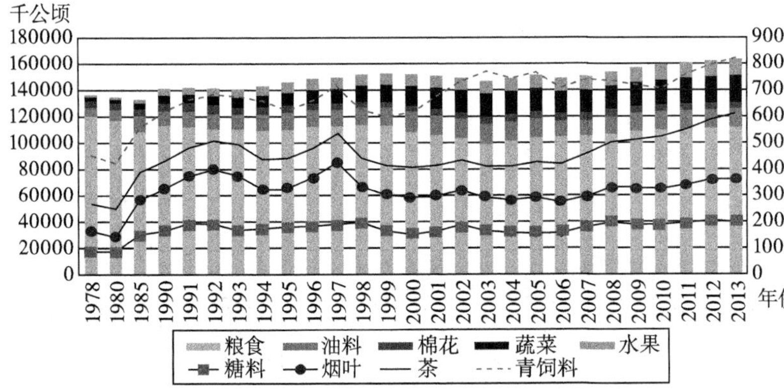

图3-5　土地要素使用结构的历史演变与现状

资料来源:2009—2014年《中国统计年鉴》。

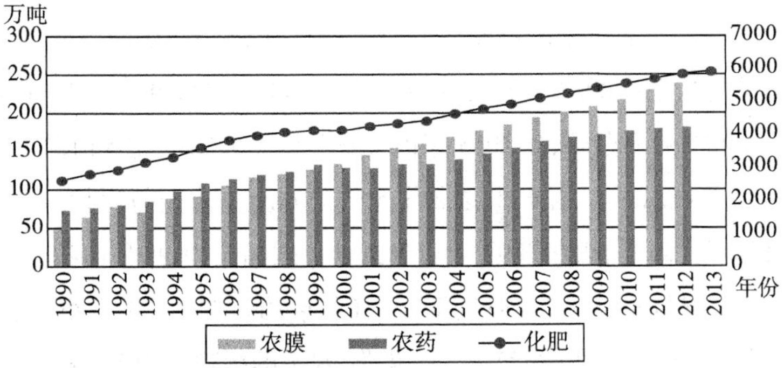

图3-6　主要生物化学型技术要素投入的历史演变与现状

注:化肥投入使用次坐标。

资料来源:1991—2014年《中国农村统计年鉴》。

由于土地资源有限以及逐年耕种产生的土壤肥力退化,仅凭密集性使用土地要素进行生产的方式已经不足以满足居民食品消费在质与量上所增加的需求,更无法灵活应对居民从粮食消费向肉蛋奶与果蔬等产品的结构性转移的趋势。畜牧业的养殖过程需要投入大量的饲料粮,从获取能量角度看,居民消费间接消费粮食的量在折算加权之后不降反升。2012 年,中国居民人均粮食消耗量为 327.5kg,预测 2030 年,在不考虑工业用粮、种子用粮与浪费等的情况下,该指标上升 18%,达到 386.5kg(辛良杰等,2015)。因此,需要通过加大生物化学与基础设施等的投入,保障土地生产率的提高。同时,蔬菜水果的生产对土壤肥力要求很高,需要通过化肥、农药与农膜等生物化学要素较为密集性的投入进行补充。

图 3-6 显示了 1990 以来中国包括化肥、农药以及农用塑料薄膜(包括农用地膜、棚膜)在内的主要生物化学型技术要素投入的历史演变与现状。其中,化肥和农药的投入缓慢上升,农膜投入的上升速度相对较高,肥料整体投入与图 3-4 中播种面积趋势相近,说明其具有生物化学型技术要素补充土壤养分以及保障土壤生长期的温度与湿度条件的作用。

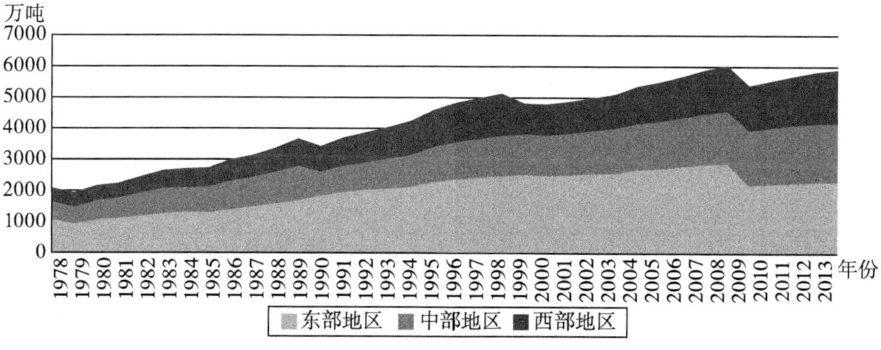

图 3-7　化肥投入的地区结构演变与现状

资料来源:《新中国成立 60 周年资料汇编》、2009—2014 年《中国统计年鉴》。

图 3-7 是中国主要农业生物化学型技术要素—化肥投入的变迁过程。整体上呈现阶梯性上升的过程,且增长速度逐渐减缓。其中,东部地区化肥投入规模在基期较大,但增长缓慢,年增幅仅为 2.12%;中部地区化肥基期投入规模其次,年均增幅居中,为 3.38%;基期化肥投入规模最低,但增长最

快的是西部地区，年均增长速度为 3.87%；值得关注的是，从 2009 年起，东部地区的化肥投入量开始出现了显著的下降，而中部与西部地区农业生产的化肥投入量仍然在上升中。由于生物化学型技术要素主要是补充土地养分的技术要素投入，相对各区域相对稳定的平均土地要素投入量与比例，如果忽略投入化肥质量上存在的广泛差异，东部地区的化肥投入密度已经较高，而中部地区，尤其是西部地区仍存在合理利用化肥投入补充土地要素投入的空间。

3.2 农业科研投入与转化的演变与现状

农业科研投入与成果转化是以科技进步推动生产前沿面的根本方法。由于农业技术的公共品属性，以及农业技术在扩散过程中的正外部作用，为实现农业科学技术的不断研发与良好的推广应用效果，中央与地方政府正在逐年扩大财政支农支出的总规模，以推动农业科研有效供给与转化，为农业技术进步奠定良好的基础。

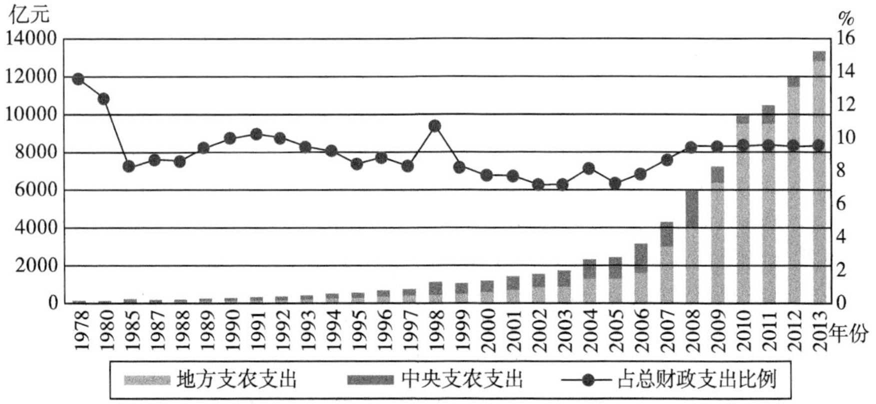

图 3-8 财政支农支出的历史演变与现状

数据来源：《新中国成立 60 周年资料汇编》、2009—2014 年《中国统计年鉴》。

图 3-8 展示了改革开放以来，财政支农（农林水事务）支出的结构以及在总财政支出中所占比例的历史演变与现状。由图可知，从财政支农支出绝对量上看，财政支农支出在 2005 年之前增加缓慢，而从 2006 年开始出现

了迅速增长;从财政支农结构与比例上看,地方财政支农占比在不断攀升,且相对增速较高,说明财政支农的重心逐渐从中央转移到地方。随着总财政支出的不断增加,财政支农支出在总财政支出中所占比例也小幅波动,于2007年基本稳定在9.5%的水平上,体现了中国各级政府对于农业发展的长期关注与不懈支持。农林水事务的支持政策的稳定性,也为中国农业技术进步提供了基础设施上的有利条件。

3.2.1　农业科研投入

农业科研投入与转化比率是体现农业科技进步与效果的重要指标。其具体研究目标包括增加农产品产出或者降低生产成本来提高农业生产效益,或减弱与农业相关的气候条件因素等带来的农业生产的风险性与不确定性(赵阳,2001)。20世纪50年代以来,农业科研投入得到了政府的广泛关注,尤其在十一届三中全会以来得到了重视,并开始了长足的发展,并获得了丰硕的成果。黄季焜等(1999)认为中国农业科研投资的回报率大体能够达到73%～108%,这种收益率远远高于其他领域,同时也远高于回报率为35%～40%的美国、58%～68%的澳大利亚等发达国家以及回报率为40%的印度。

图3-9显示了1991—2013年全国农业科研的投入人员、完成科研课题数以及所投入经费的演变过程,其中投入经费是剔除通胀之后的数据。从整体上看,农业科研的课题完成数与投入人员数的演变方向基本相同,投入人员数的变化更为灵敏,从1991—2001年呈现减少趋势,2002—2008年开始回升,2009年骤降并伴有小幅回升。投入经费明显经历了三个阶段,1991—1997年经历小幅的下滑;1998—2008年则是从42656.7万元至189337.6万元的快速增长期,年平均增幅达14.51%;2009—2013年则在明显下降后稳步回升。这是由于1985年在《中共中央关于科学技术体制改革的决定》中指出为克服单纯依靠行政手段管理科研工作,要在国家项目中引入经济杠杆与市场机制,具体在组织机构方面,改变部门与行业分割等科研与生产脱节的现象,并在人事制度方面推进人才流动。1987年正式颁布的《国务院关于进一步推进科技体制改革的若干规定》则将其进一步落实。但这种在外部市场机制还未形成时采取的类似"休克疗法"的竞争机

制的引入,使得大多科研机构由于经费不足,大批科研人员被迫"下海"或者出国留学。因此,从1993年开始有所调整,其标志是"211工程"的实施;此外,1997年开始实施的"973计划"则是继自然科学基金后的又一高强度的支持基础研究的国家计划。1999年颁布的《中共中央、国务院关于加强技术创新、发展高科技,实现产业化的决定》以及其后的科研机构转制则是从实质上推进科研的表现。这也是造成相应的农业科研人员与投入经费波动的主要原因。而2009—2013年农业科研投入占比下降则导致其经费投入出现了后期的波动。

在整个农业科研投入演变的过程中,人均承担课题的数量有所上升,从1991年的人均0.403逐步演变成2013年的0.505,说明农业科研人员的整体能力正在逐年提升。

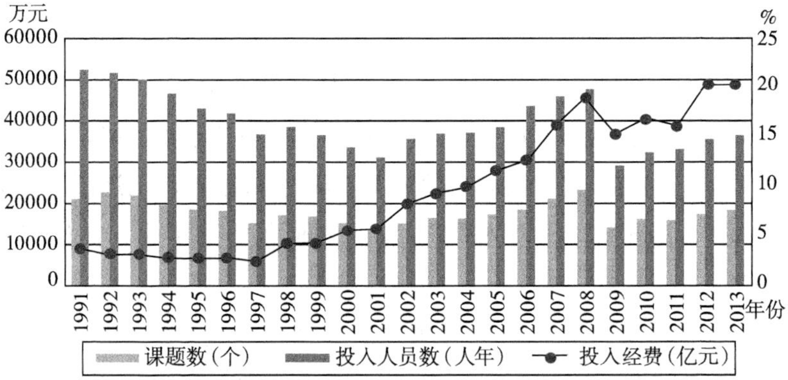

图3-9 农业科研投入情况的历史演变与现状

资料来源:1992—2014年《中国科技统计年鉴》《中国统计年鉴》。

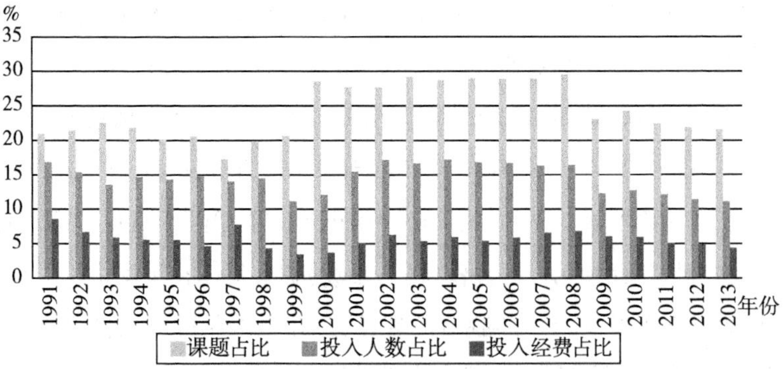

图3-10 农业科研投入占各行业科研投入比例的历史演变与现状

资料来源:1992—2014年《中国科技统计年鉴》《中国统计年鉴》。

图3-10是农业科研投入占各行业科研投入的比例的演变过程。相对而言,农业科研投入经费占各行业总体的科研投入经费的比例仅为5%左右,从2009年开始出现下降的趋势;而农业科研课题占比却最高,其次是投入科研人数的比例,在1991—1999年阶段分别平均为20.61%,14.37%;2000—2008年阶段有所升高,分别平均为28.69%,16.12%;2009—2013年阶段又有所回落,分别平均为22.68%,11.94%。农业科研人员承担课题的能力相对其他行业也在整个过程中不断提升,为以科技创新驱动的中国现代农业发展提供了坚实的基础。

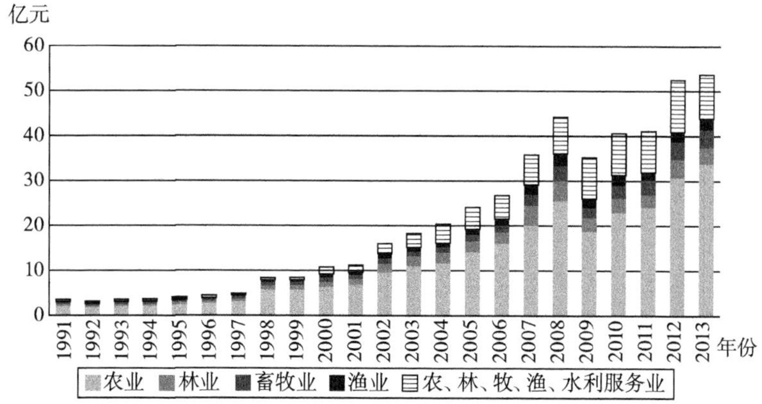

图3-11　农业科研投入经费结构的历史演变与现状

资料来源:1992—2014年《中国科技统计年鉴》《中国统计年鉴》。

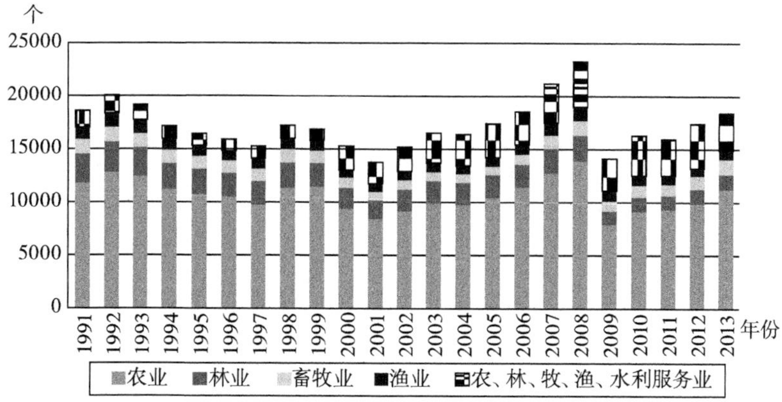

图3-12　农业科研课题结构的历史演变与现状

资料来源:1992—2014年《中国科技统计年鉴》《中国统计年鉴》。

从农业内部各主要部门的科研投入结构情况看,图3－11到图3－13分别对应了科研课题数、科研投入人员与经费的结构示意。从农业科研投入经费角度看,从1991年3.24亿元上升到2013年的53.6亿元,年均增长率高达13%。从结构上看,狭义农业部门的科研经费投入比例超过一半,农、林、牧、渔、水利服务业增长迅猛,使得所占比例的排序从1991年倒数第二位转变为2013年的正数第二位。从农业科研经费的投入分配的变迁角度上看,各部门均基本经历了多个周期的涨落。其中,狭义农业部门的科研投入经费占比有所上升,从1991年的54.16%、20413.2万元最终达到了2013年的63.12%、33874.7万元;林业部门的科研投入经费金额与占比均有下降,从1991年的10.57%、3984.8万元下降到了2013年的6.60%、3540.1万元;畜牧部门的科研投入经费金额虽稍有上升,从1991年的3183.6万元到2013年的3195.4万元,占比稍有下降,从1991年的8.45%下降为2013年的7.38%;同样,渔业部门的科研投入经费金额虽稍有上升,从1991年的2327.9万元到2013年的2498.6万元,但占比也稍有下降,1991年占6.17%,到2013年仅为4.66%;大幅度的增长现象集中体现在农、林、牧、渔、水利服务业科研投入经费上,不仅绝对投入从1991年的2534万元上升了2.86倍,达到2013年的9790万元,占比也大幅提升,从6.72%上升至18.24%。

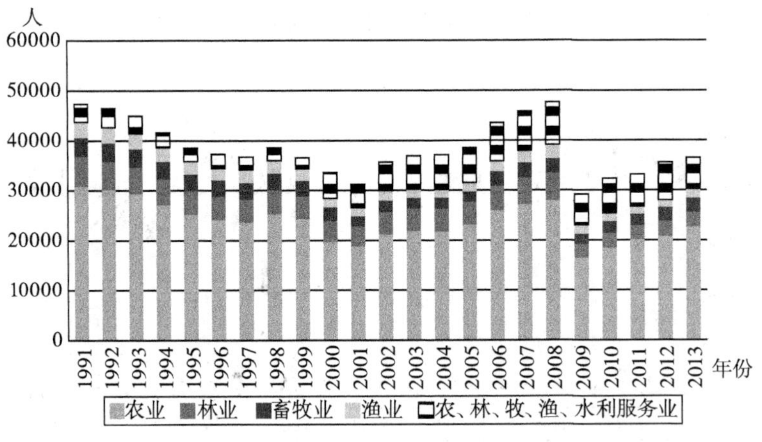

图3－13　农业科研投入人员结构的历史演变与现状

资料来源:1992—2014年《中国科技统计年鉴》《中国统计年鉴》。

从农业科研课题结构上看,狭义农业部门的科研课题比例超过一半,农、林、牧、渔、水利服务业增长迅猛,使得所占比例的排序从1991年的农业、林业、畜牧业、农、林、牧、渔、水利服务业、渔业,转变为2013年的农业、农、林、牧、渔、水利服务业、畜牧业、林业、渔业的排序。从农业科研课题分配的变迁角度上看,各部门同样经历了多个周期的涨落,其中,狭义农业部门的科研课题占比有所上升,从1991年的55.88%、11804项最终达到了2013年的61.03%、11231项;林业部门的科研课题数与占比均有大幅下降,从1991年的13.10%、2767项下降到了2013年的6.60%、1429项;畜牧部门的科研课题数虽稍有上升,从1991年的1341项到2013年的1410项,但占比稍有下降,从1991年的6.35%下降为2013年的7.66%;同样,渔业部门的科研课题数虽稍有上升,从1991年的1101项达到2013年的852项,但占比也稍有下降,1991年占5.21%,到2013年仅为4.63%;农、林、牧、渔、水利服务业科研课题大幅度地增加,不仅项目数从1991年的1592项上升了1.19倍,达到2013年的3479项,其占比也大幅提升,从7.54%上升至18.91%。

从农业科研投入人员结构与课题结构变迁的整体情况类似,但除农、林、牧、渔、水利服务业上升了72.37%以外,其他农业部门的科研人员数均有明显下降,下降比例分别为26.50%,51.79%,25.14%,42.43%。从农业科研投入人员的分配的变迁角度看上,狭义农业部门的科研投入人员占比有所上升,从1991年的58.81%上升到了2013年的62.17%;林业部门的科研投入人员占比均有大幅下降,从1991年的11.32%下降到了2013年的6.22%;畜牧部门的科研投入人员数占比稍有上升,从1991年的7.45%下降为2013年的8.02%;渔业部门的科研投入人员占比也稍有下降,1991年占5.83%,到2013年仅为4.83%;农、林、牧、渔、水利服务业科研投入人员大幅增加,占比从6.91%上升至17.12%。

3.2.2 农业科研成果转化

在国家各级政府对于农业科研的不断投入与大力支持下,中国农业的基础科研也获得了丰硕的成果。表3-1是2009—2013年农业科研成果情况。其中,农业科技论文总数有所上升,2011年总篇数最多,为32013篇,2013年有所回落至31667篇,但其中的国外发表论文数量却持续上升,从

2009 年的 2046 篇增长 1.12 倍，达到 4334 篇，农业科研的质量不断提高；相对各行业的科研成果，农业科研科技论文比例有所下降，而在国外发表科技论文的比例却上升了 2.64 个百分点。农业科技著作与形成国家或行业标准数的变化情况与整体科技论文情况类似，但是相对而言，到 2013 年在各行业的科技著作中所占稍有所上升。专利申请数（包括发明专利）、有效发明专利件数、专利所有权转让及许可数及其收入在绝对量上都有不同程度的上升，其中，以有效发明专利件数的增加速度最快；从结构上看，申请专利数占比稳定且略有提升，有效发明专利稳步提升从 10.29% 上升到 14.12%；专利所有权转让及许可数有所下降，而转让收入却大幅上升，分别从 18.47% 骤降至 2013 年的 6.66%，从 1.2% 逐步上升为 9.08%。相比上述农业科研经费的约为 5% 的占比水平，产出成果的相对回报率确实明显高于其他产业。

另外，论文被引用率也是衡量农业科研成果的在指导科研与实践的能力的重要指标。根据 2014 年《中国科技统计年鉴》中每隔五年对已发表的 SCI 收录论文的引用率的统计数据，1995—1999 年的该引用率仅为 1.58%，而对 2008—2012 年的该指标统计已经稳步提升至 5.62%；其中，从 2006 年开始，SCI 收录论文被引率出现了显著的增长。但从世界基本科学指标数据库所统计的 2001 年 1 月—2011 年 8 月论文被引次数的国家排名看，中国处于第 19 位；被统计的排名前 20 国家的平均被引用次数为 12.37 次，而中国引用次数仅为 6.21 次，明显低于平均水平。

表 3-1　农业科研成果的历史演变与现状

年份	项目	科技论文		科技著作	专利申请数		有效发明专利	专利所有权转让及许可数	专利所有权转让及许可收入	形成国家或行业标准数
			国外发表			发明专利				
2009	总成果	138119	25882	4788	15773	12361	17677	509	120824	2458
	农业	30576	2046	888	2198	1459	1819	94	1454	585
	占比（%）	22.14	7.91	18.55	13.94	11.80	10.29	18.47	1.20	23.80

续表

年份	项目	科技论文		科技著作	专利申请数		有效发明专利	专利所有权转让及许可数	专利所有权转让及许可收入	形成国家或行业标准数
			国外发表			发明专利				
2010	总成果	140818	26862	3922	19192	14979	22679	572	290655	3594
	农业	31492	2582	920	2473	1666	2282	116	13742	466
	占比(%)	22.36	9.61	23.46	12.89	11.12	10.06	20.28	4.73	12.97
2011	总成果	148039	31598	4292	24059	18227	29260	735	66623	3960
	农业	32013	2925	926	2637	1712	3132	141	2766	522
	占比(%)	21.62	9.26	21.58	10.96	9.39	10.70	19.18	4.15	13.18
2012	总成果	158647	35173	4458	30418	23406	42908	1095	42403	4862
	农业	31638	3678	839	3996	2730	4930	134	2246	581
	占比(%)	19.94	10.46	18.82	13.14	11.66	11.49	12.24	5.30	11.95
2013	总成果	164440	41072	4619	37040	28628	53636	2644	39681	4368
	农业	31667	4334	917	5292	3405	7576	176	3603	828
	占比(%)	19.26	10.55	19.85	14.29	11.89	14.12	6.66	9.08	18.96

资料来源:1992—2014年《中国科技统计年鉴》《中国统计年鉴》。

3.3　农业技术推广的演变与现状

农业技术进步不但需要良好的农业科研基础下的科技创新成果,同样需要技术的推广,通过指导一线生产的农户有效利用新型农业技术与提升管理能力来改善整体技术水平。农业技术推广是打通农业科技“最后一公里”的重要方式,更是提高农业生产力、保障农民增收的重要依托和手段(陈新忠等,2014)。中国农业技术推广经历了多个阶段:1978—1988年是改革初期农业技术推广机构和人员队伍迅速发展的时期,全国共成立的县级农业技术推广中心就达到1003个。1989—1990年,受初期商业化使农机部门推向市场化的理念以及将县镇农机推广的人、财、物三权下放至乡的双重作用，大部分农业技术人员离职、基层农业技术推广体系出现了"网破、线断、人散"的现象。为解决这种农技部门"断奶"现象给农业技术推广工作带来的不利影响，1991 年 11 月国务院发布了《关于加强农业社会化服务体系建设的通知》，1992 年联合下发了《乡镇农技推广机构人员编制标准（试行）》将"三权"收回。但是 1991—2000 年，该过程并未得到财政部门的配合，因而农业技术推广工作的开展仍存在困难。2001—2003 年是市场化改革的后期，进行了第二次"三权"下放，农业技术推广队伍又进入缩减期。2004 年开始，继续精简农业技术推广队伍人员，但是分离了农业技术推广机构的商业活动，并将"三权"第二次上收（黄季焜等，2009）。2006 年，《国务院关于深化改革加强基层农业技术推广体系建设的意见》对基层农技推广体系改革做出了全面部署，农业部于 2009 年 7 月印发了《农业部关于加快推进乡镇或区域性农技推广机构改革与建设的意见》，深入推行农技推广体系改革。改革优化了结构并增强了农业技术推广服务的整体素质，为实现农业现代化以农业生产性服务转型、减少农业生产成本奠定了良好的制度基础。

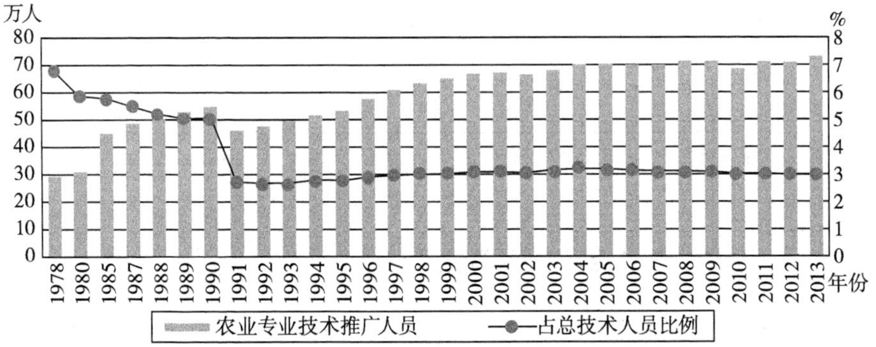

图 3－14　农业专业技术推广人员的历史演变与现状

注：农业专业技术推广人员占总技术人员比例使用次坐标。

资料来源：1992—2014 年《中国科技统计年鉴》《中国统计年鉴》。

图 3－14 展示了农业技术推广人员的历史演变与现状。根据《中国科技统计年鉴》，农业技术推广人员属于公有经济企事业单位的专业技术人员，如图 3－14 所示，全国农业技术推广人员从 1978—1990 年呈现显著的上

升趋势，在经历了1991年的小幅回落之后又开始逐年增加，直到2004年，基本稳定在70万人左右，而农业技术推广人员占总技术人员比例却从1978年的6.8%明显下降至1991年并持续稳定在3%的水平上。这说明随着国家对科技与研发的不断重视与人员投入，有关政府也在逐渐增加相应的农业技术推广人员，以促进农业技术创新转化。而在整个科研体系中，生产一线农业技术的推广人员的比例却在降低，虽然不能排除农业技术推广的方式方法的多样化以及农业技术推广人员的推广服务能力有所提升的可能，但相对其他行业，经历了被逐渐弱化与稳定的过程。

3.4　农业技术进步率的历史演变与现状实证

针对全要素生产率视角的技术进步率，Abramovitz 和 Solow 基于索洛经济增长模型开创了测算“索洛余值”模型方法。基于诱致性技术进步理论以及模型适用性和样本容量的综合考虑，以下将采取索洛余值模型对中国农业技术进步历史演变与现状进行实证分析。

3.4.1　索洛余值模型的基本原理

由索洛提出的生产函数模型，将无形知识的积累或者工艺的改进用要素 A 来表示，得到具体的正产函数模型为 $Y(t)=F[K(t),A(t)L(t)]$，并对函数两侧做全微分处理与一系列转化能够得到产出增长率的表达式如(3-1)式：

$$\frac{\dot{Y}(t)}{Y(t)}=\alpha_K\cdot\frac{\dot{K}(t)}{K(t)}+\alpha_L\cdot\frac{\dot{L}(t)}{L(t)}+R(t) \tag{3-1}$$

其中，$\alpha_K=\frac{\partial Y(t)/Y(t)}{\partial K(t)/K(t)}$是 t 时刻资本的产出弹性；$\alpha_L=\frac{\partial Y(t)/Y(t)}{\partial L(t)/L(t)}$是 t 时刻劳动的产出弹性，$R(t)=\frac{\partial Y(t)/Y(t)}{\partial A(t)/A(t)}\cdot\frac{\dot{A}(t)}{A(t)}$作为残值，表现非物质解释的经济增长即代表技术进步的效果。以上推导中并没有假定生产函数的形式即不受替代弹性的模型限制，且除 α_K，α_L 和 $R(t)$ 外，其他项均已知，可以通过 OLS 回归，得到这两个产出弹性与技术进步率。

3.4.2 实证模型构建与结果分析

根据前几节中对中国农业技术进步的历史演变与现状的分析,具体模型设置中将劳动保留,并将资本要素扩展为土地、化肥与机械等重要的农业生产要素。其中,实证测算中所需要的数据为1978—2013年东、中、西三个地区的农业生产情况,具体指标来源同第三章第一节,产出变量为农业产值(已剔除通胀率),投入变量分别为播种面积、农业劳动人口数、化肥量以及农用机械总动力。

在对基于索洛余值法测实证模型进行面板OLS估计过程中,考虑可能存在的固定效应进行了Hausman检验,结果显示不存在固定效应,因此,采用随机效应模型进行MLE估测,得到的测算结果见附表-A1。其中,土地、劳动、化肥的产出弹性均显著,分别为1.571 、0.457、-0.215。这说明改革开放以来,土地与劳动,尤其是土地的产出弹性明显且具有递增的特点,而随着化肥的密集性使用,其对产出的贡献在逐年下降且已在某种程度上阻碍了产出的增长,而机械型农业技术要素的投入在该阶段的产出贡献并不显著。

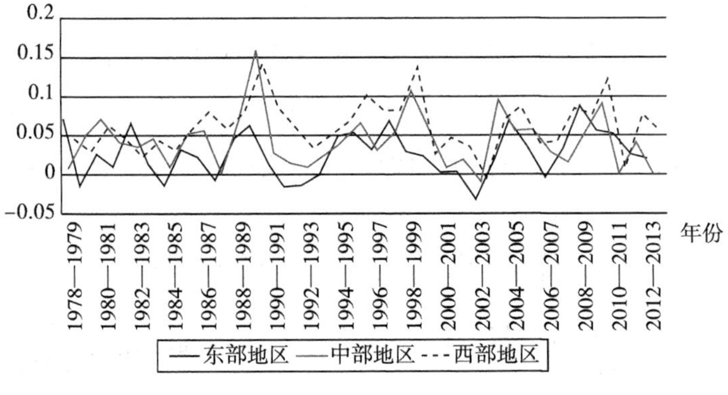

图3-15 农业技术进步率的历史演变与现状

图3-15展示农业技术进步率的历史演变与现状的实证结果,1978—2013年中国东中西地区的农业技术进步的贡献率,整体呈现围绕5%水平的周期性波动,其中包括1991—1999年、2000—2010年两个完整的周期,波动幅度与区域间差异逐年减缓。

3.5　本章小结

本章从要素结构、科研投入与成果转化、技术推广以及技术进步率角度，对改革开放以来中国农业技术进步方向、支农保障与技术进步效果的历史演变与现状展开逐层分析，主要结论如下。

（1）农业从业人员的绝对量逐年下降，其中，东部地区下降幅度最大；农用机械总动力尤其是大型机械使用的柴油发动机动力明显加速增加；粮食类作物播种面积的相对比例出现萎缩，蔬菜、水果以及青饲料的绝对面积与相对比例上都增长明显，化肥、农药等生物化学型技术要素投入增加。

（2）总财政支农支出在 2005 年之前增加缓慢，随后出现迅速增长，财政支农支出在总财政支出中占比在波动后于 2007 年基本稳定在9.5%的水平，财政支农的重心逐渐从中央转移到地方；农业科研的课题、人员与投入经费均经历了阶段性波动与回升过程，科研投入人员的能力正在逐年提升；农业科研相比其他领域，其产出回报率较高。

（3）中国农业技术推广制度经过了多个阶段，农业技术推广人员数量基本稳步上升，并于 2004 年开始基本稳定在 70 万人的水平上；农业技术推广人员所占总技术人员比例却从 1978—1991 年显著下降，并逐渐稳定在 3%的水平上。

（4）对农业技术进步率的实证测算显示，土地与劳动，尤其是土地的产出弹性明显，而随着化肥的逐渐密集性使用，其对产出贡献在逐年下降，且已在某种程度上阻碍了产出的增长；农业技术进步的贡献率整体呈现围绕 5%水平的周期性波动，波动幅度与区域间的差异逐年减弱。

第 4 章　农业技术进步的空间收敛

中国幅员辽阔,各地区农业生产经营的自然条件与社会经济环境千差万别,既形成了农业技术进步水平上的差异,又关系着农业经济乃至宏观经济的地区协调与平衡发展(石慧等,2007;李录堂等,2008)。目前,针对地区间农业技术进步的相关研究表明,改革开放以来,狭义技术进步是各地区农业技术进步的源动力,技术效率则是制约因素(全炯振,2009;潘丹等 2012);从时间维度对农业技术进步水平的地区间收敛性的研究发现,技术效率仍然被认为是决定性因素(曾先峰和李国平,2008;白林等,2012;张海波和刘颖,2012)。各地区的技术条件所导致的生产能力差异(Battese 和 Rao,2002),以及技术外溢对各地区的技术进步水平间的空间作用(Krugman,1991)往往被不同程度地忽略。Chen 和 Song(2008)基于前沿面差异对中国区域农业技术效率差异进行了共前沿面模型下的分析。Yu 和 Lee(2009)运用动态空间面板模型对美国 48 个州进行了全要素生产率框架下的技术进步水平比较分析;余泳泽(2015)对省际全要素生产率下的技术进步进行了动态空间收敛性实证;李纪生和陈超(2010)等对农业科研投入的空间关联性进行的研究显示,农业科研投入存在较强的区域溢出效应。但研究农业技术进步空间相关性的文献较少。

综上,技术效率即相对技术进步水平是农业技术进步地区不平衡性的关键点,综合考虑空间因素对地区间农业技术进步的差异收敛性进行比较的研究尚属少见。因此,本章将在全要素生产率视角下,考虑空间生产前沿面差异,将中国划分为东、中、西三个区域,结合共前沿面随机前沿生产函数模型,逐层对其空间收敛性展开区域内部相对技术进步水平与区域间可比的技术进步转化能力的实证分解与测算比较,并进一步从空间相关性视角对农业技术进步水平的收敛性展开讨论分析,据此探讨各区域农业技术进步的发展方向与空间。

4.1　农业技术进步的空间比较原理与模型构建

在全要素生产率视角下,研究地区间农业技术进步效果比较对地区农业经济的平衡性发展具有重要意义。综合已有对东中西部地区的农业技术进步差异的实证研究结果,农业技术效率是空间农业技术进步不平衡性的主要因素,由于空间农业自然与社会经济禀赋存在着显著差异。因此,下文将着重从技术进步水平差异角度对各地区的农业技术进步差异进行实证比较分析。

4.1.1　农业技术进步的空间比较模型原理

由于一定区域范围内的制度环境、经济发展水平、要素禀赋与市场价格不同产生的技术条件不同使得各区域所在的生产前沿面不同,不具有可比性(Yang,1996;Krusekopf,2002)。因此,Battese 等(2004)构造了由不同技术条件的分组前沿面构成的共前沿面分析(MFA)模型。随后 O'Donnell 等(2008)、Huang 等(2014)进一步研究了 MFA 模型的非参数与参数估计方法。Chen 和 Song(2008)基于 1999 年中国县域数据,运用 MFA 模型实证比较分析了中国各区域的农业技术进步水平上的差异;Otieno(2011)应用 MFA 模型分析方法对不同肯尼亚肉牛生产体系的技术与畜疫防治水平进行了研究与比较分析。因此,下文将引入具有经济学集约型增长方式内涵的共前沿面的两阶段前沿生产函数模型,对描述农业技术进步的全要素生产率的变化进行测算分解。

MFA 模型的原理是构建在随机前沿分析(SFA)模型原理基础上的。首先,基于生产函数的随机前沿分析模型的基本原理如下(Battese 和 Coelli,1995):

$$y_{it} = f(x_{it}, t, \beta)\exp(v_{it} - u_{it}) \qquad (4-1)$$

(4－1)式是随机前沿函数模型的基本形式，在实际建模中由技术结构方程与技术非效率方程两个部分组成。其中，f 函数代表随时间变化的生产可能性边界，体现为模型中的技术结构方程，x 是投入要素向量，β 是技术结构参数，t 为时期变量，i 表示第 i 种投入要素；v 表示随机总误差，服从正态分布，u 为非负的随机误差项，分布形态为零点截断型，反映技术效率的损失，由技术非效率方程体现，v，u 之间彼此独立。

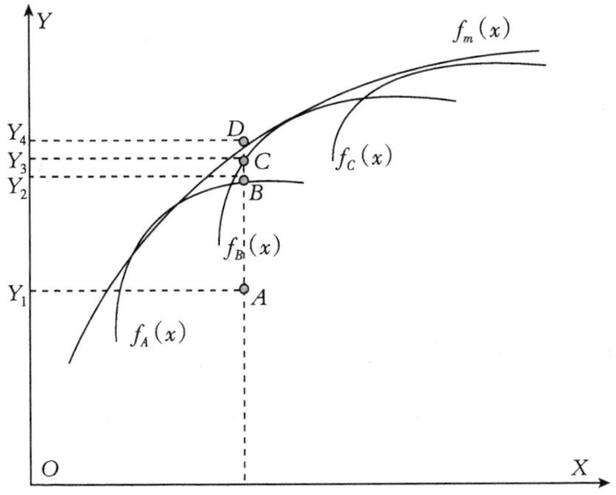

图 4－1　共前沿面模型原理

基于以上分析，图 4－1 展示了共前沿面模型的原理。其简要原理是在随机前沿生产函数模型基础上，将个体与各类群体构成的共前沿面上的技术水平差距分为两个层次阶段：第一个层次是个体技术效率与其所在组的前沿面上的技术效率水平的差距，体现组内部各个决策单元的技术进步潜力，由于各组的前沿面不同，无法进行比较；第二个层次则是各组前沿面到各类群体构成的共前沿面上的距离，即组间技术效率转化率，体现地区之间的相对技术进步水平。图中展示了三个组 A、B、C 的生产前沿面自下而上依次为 $f_A(x)$，$f_B(x)$，$f_C(x)$，并共同组成了共前沿面 $f_m(x)$；点 A，B，C，D 是以同一要素组合而分别得到 Y_1，Y_2，Y_3，Y_4 产出的四个点。当 A 点代表的是群体 A 中某个决策单元的投入产出行为时，其第一层次组内技术效率为 OY_1/OY_2，其第二层次的组间技术效率转化率为 Y_2/Y_4，综合技术效率为 OY_1/OY_4；当 A

点代表的是群体 B 中某个决策单元的投入产出行为时，其第一层次组内技术效率为 OY_1/OY_3，其第二层次的组间技术转化率为 OY_3/OY_4，尽管综合技术效率同样为 OY_1/OY_4，但是所蕴含两个层次的技术潜力结构完全不同。因此，通过 MFA 模型，可以将生产前沿面的空间属性纳入主导地区间农业技术进步效果差异的技术效率的分析中，将其进一步细化为各组内的不可进行组间比较的相对技术进步水平差异，以及组间可以进行比较的相对技术进步水平转化能力，从而展开空间收敛的平衡性分析。

根据 Battese 等（2004）在共前沿面模型的研究，定义所有样本个体所面临的共前沿面为：

$$Y_i^* = f(x_i, \beta^*) = e^{x_i\beta^*}; i = 1, 2, \cdots\cdots, N; N = \sum_{j=1}^{2} N_j \quad (4-2)$$

其中，β^* 代表共前沿面上最优的投入产出系数，$x_i\beta^* \geq x_i\beta_j$，即代表最优的资源投入配置。

$$f^j(\mathrm{x}_{ij}, \beta_j) = f(\mathrm{x}_i, \beta^*) e^{-u_{ij}^M} = \varepsilon_i j - \hat{\varepsilon}_i j \quad (4-3)$$

4－3 式定义了各组前沿面与共前沿面的关系，其中 $u_i^M j \geqslant 0$，代表 i 个体所在的 j 组所在的前沿面到各类群体构成的共前沿面上的距离，即组间技术转化率（TGR），其具体的表达式如下：

$$\mathrm{TGR}_i^j = \frac{f^j(x_{ij}, \beta_j)}{f(x_i, \beta^*)} = e^{-u_{ij}^M} \quad (4-4)$$

组间技术效率转化率被用于描述各生产组生产前沿面之间的差异所造成的相对共前沿面上技术的差异，在本书中则代表各区域的相对技术进步水平的转化能力，根据定义，不可观测的各组的前沿面 $f^j(x_{ij}, \beta_j)$ 可以从第一阶段随机前沿估算中得到。据此，（4－6）式中的各组前沿面与随机前沿面的关系中可以转化如下：

$$\ln f_{\hat{}}^{\,j}(x_{ij}, \beta_j) = \ln f(x_i, \beta^*) + v_{ij}^M - u_{ij}^M \quad (4-5)$$

Battese 等（2004）在测算两阶段共前沿面的过程中忽略了用 $f_{\hat{}}^{\,j}(x_{ij}\beta_j)$ 代替 $f^j(x_{ij}, \beta_j)$，则在第二阶段运用 programming technique 方法无法剔除系统中存在随机变量 v_{ij}^M 的缺陷。因此，以下将采用 Huang 等（2014）研究提出的两阶段 SFA 模型估计方法，假定系统随机变量的冲击不变，通过第二阶段的测算得到组间技术效率转化率，进而结合其在各自前沿面上得到组内技术效率。基于此方法，组内技术效率转化率的估算表达式如下：

$$\hat{TGR}_i = TE_i^* / TE_{ij} = \hat{E}(e^{-u_{ij}^M} \mid \hat{\varepsilon}_{ij}^M) \leqslant 1 \tag{4-6}$$

其中，$\hat{\varepsilon}_{ij}^M = \ln\hat{f}^j(x_{ij},\beta_j) - \ln\hat{f}(x_i,\beta^*)$是在估算得到各组前沿面与共前沿面基础的差距，即组间技术效率转化率，而其所体现不同区域农业生产组前沿面到共前沿面的差距则可以进行比较。

4.1.2 农业技术进步空间比较的 MFA 模型构建

东、中、西地区在自然与气候条件上存在明显差异，且随着中国经济的不断发展形成了不同的社会经济环境。这些差异将通过影响地区的农业自然资源禀赋结构、地方财政支农投入等对各地区农业技术进步产生不同程度的作用。另外，农业生产的知识、经验与技能也会随时间的积累对农业技术进步产生影响，且长期生产与市场环境变化可能产生要素替代弹性的变化。因此，模型还将时间因素纳入，采用超越对数的生产函数形式进行测算。在具体模型的构建中，将反映以上因素的指标作为自变量，纳入技术结构和技术非效率方程中。其中，各区域前沿面与共前沿面的技术结构方程具体设定如下：

$$\begin{aligned} LnY_{ijt} = {} & \beta_0 + \beta_K \ln L_{it} + \beta_m \ln M_{it} + \beta_m \ln M_{it} + \beta_f \ln F_{it} + \beta_t t_i + [\beta_{kk}(\ln K_{it})^2 + \beta_{ll}(\ln L_{it})^2 \\ & + \beta_{mm}(\ln M_{it})^2 + \beta_{ff}(\ln F_{it})^2 + \beta_{tt}(t_i)^2] + \beta_{kl}\ln K_{it} \times \ln L_{it} + \beta_{km}\ln K_{it} \times \ln M_{it} + \\ & \beta_{kf}\ln K_{it} \times \ln F_{it} + \beta_{lm}\ln L_{it} \times \ln M_{it} + \beta_{lf}\ln F_{it} + \beta_{mf}\ln M_{it} + \beta_{mf}\ln M_{it} \times \ln F_{it} \\ & + \beta_{kt}\ln K_{it} \times t_i + \beta_{et}\ln E_{it} \times t_i + v_{it} - u_{it} \end{aligned} \tag{4-7}$$

其中，β 为生产函数方程中各解释变量的系数，i 表示第 i 个地区；j 表示第 j 个区域，t 表示所在时期，以 1978 年为基期，($t = 1,2,3,\cdots,36$)；K，L，M，F 分别代表土地播种面积（千公顷）、农业劳动人口（万人）、机械总动力（万千瓦）以及化肥施用量（万吨）。

考虑财政支农支出逐渐从中央转移到地方，以及地方财政支农支出对技术效率的长期改良作用，将财政支农、时间因素纳入技术非效率方程中，具体模型设定如下：

$$u_{it} = Z_{it}\delta + e_{it}\,;u_{jt} = Z_{jt}\eta + e_{jt} \tag{4-8}$$

$$Z_{it}\delta = \delta_0 + \delta_{lfa}LFA_{it} + \delta_t \times t_i\,;Z_{jt}\eta = \eta_0 + \eta_m D_M + \eta_w D_w + \delta_t \times t_i \tag{4-9}$$

其中,LFA 代表地方财政支农支出(百万元);δ 为技术非效率方程中各解释变量的估计系数;另外,在共前沿面的类似技术非效率方程中,D_m 与 D_w 分别代表中部地区与西部地区的虚拟变量,以东部地区作为对照组,体现区域间农业技术进步的差异。

4.2 农业技术进步水平的空间比较实证分析

基于上述对 MFA 模型原理以及实证模型的构建,以下将着重从区域内部各个决策单元的技术进步潜力的不可比的空间技术水平差异与共前沿面转化能力两个层次展开实证测算与比较分析。

4.2.1 实证结果分析

基于随机前沿生产函数两阶段模型的设定,考虑不同区域存在的自然气候条件与外在经济环境差异可能导致的生产前沿面的不可比性,运用 Frontier4.1 进行的共前沿面模型的第一阶段,即基于各区域各自前沿面的农业技术进步效果的测算结果见表 4-1。

表 4-1 各地区农业技术进步水平测算结果

变量		东部地区		中部地区		西部地区	
		系数	t 值	系数	t 值	系数	t 值
技术结构	常数项	-8.214***	-10.087	-26.118***	-11.429	-11.503***	-10.599
	$\ln K$	2.088***	6.914	2.393	1.313	5.252***	8.013
	$\ln L$	0.280	0.810	4.210*	1.784	-0.504	-1.338
	$\ln F$	0.010	0.051	-2.915**	-2.321	-1.676***	-6.007
	$\ln M$	-0.238	-0.890	2.416	1.193	-1.606***	-3.196
	t	0.135***	6.419	-0.065	-0.481	0.190***	6.768
	$(\ln K)^2$	-0.086	-1.059	0.366	1.092	-0.803***	-4.645
	$(\ln L)^2$	0.057	1.018	0.112	0.416	-0.189***	-3.136
	$(\ln F)^2$	-0.026	-0.837	-0.365***	-6.943	-0.053***	-2.651

续表

变量		东部地区		中部地区		西部地区	
		系数	t 值	系数	t 值	系数	t 值
技术结构	$(\ln M)^2$	-0.010	-0.385	-0.215	-1.423	-0.130	-0.992
	t^2	0.000	-0.977	0.000	-0.375	-0.001*	-1.722
	$\ln K\times\ln L$	-0.118	-0.945	-1.216**	-2.132	0.560***	3.131
	$\ln K\times\ln F$	-0.241***	-4.468	0.668***	2.950	0.453***	4.960
	$\ln K\times\ln M$	0.202*	1.908	-0.408	-1.159	0.580**	2.109
	$\ln L\times\ln F$	0.373***	6.878	0.225	0.977	-0.060	-0.940
	$\ln L\times\ln M$	-0.181***	-2.859	0.672**	2.084	-0.194	-1.263
	$\ln F\times\ln M$	0.011	0.320	-0.191	-1.127	-0.208**	-2.327
	$\ln K\times t$	-0.006	-1.139	-0.014	-0.510	-0.044***	-2.434
	$\ln L\times t$	-0.007	-1.454	-0.039	-1.327	0.003	0.287
	$\ln F\times t$	0.007*	1.810	0.041***	2.641	0.016***	2.784
	$\ln M\times t$	-0.004	-1.138	0.040	1.456	0.026	1.490
非效率	常数项	0.102	1.553	-3.341*	-1.655	0.674***	11.584
	LFA	-0.011***	-6.884	-0.043*	-1.756	-0.010***	-16.322
	t	0.013***	4.981	0.026***	2.845	0.016***	6.092
	σ^2	0.027***	8.886	0.451*	1.689	0.024***	14.465
	γ	0.903***	11.086	0.992***	164.505	0.420***	14.187

注：*，**，***分别表示在10%，5%和1%水平下显著。

其中，σ^2，γ 与多数技术结构即技术效率方程的变量系数估计结果均显著，且 γ 值尤其在东部与中部的随机自前沿面的回归中接近于1，说明应当采用包括技术非效率方程的随机前沿模型进行实证测算，整体回归效果良好。

从技术结构方程估算的结果看：①东部地区的播种面积项投入产出弹性较大且显著，说明产出对于土地投入的依赖程度较高；时间项系数显著为正，说明东部各地区存在显著农业技术进步；播种面积与化肥的交叉项系数显著为负，说明两者存在一定程度的替代作用，而与机械投入交叉项系数显著为正，说明了两者之间的互补关系；同理，劳动与化肥交叉项系数显著为正，而与机械的交叉项系数显著为负，说明劳动与化肥投入具有互补关系，与机械投入则表现出替代关系；化肥与时间交叉项系数显著为正，说明化肥投入的产出弹性会随着时间推移而增加。②中部地区的劳动投入产出弹性显著为正而化肥投入产出弹性显著为负且绝对值均较高，说明该地区产出对于劳动投入的依赖程度较高，而对于化肥存在非理性的过量施用现象，又由于化肥平方项系数显著为正，与时间的交叉项系数显著为负，说明这种过量施用带来的产出弹性的损失将会随着投入量的扩大而加剧，但是该趋势将随着时间的推移得到一定程度的缓解；播种面积与劳动的交叉项系数显著为负，而与化肥的交叉项系数显著为正，说明土地与劳动之间呈现替代作用，与化肥投入为互补关系；劳动与机械交叉项系数显著为正，说明该地区农业生产中劳动与机械投入间主要呈互补关系。③西部地区的播种面积投入产出弹性较大且显著，但平方项，及其与时间的交叉项系数显著为负，说明产出对于土地投入的依赖程度较高但是这种弹性依赖将随投入的增加与时间的推移而逐渐降低；化肥投入产出弹性显著为负且绝对值均较高，说明该地区对于化肥存在非理性施用过量现象，而其平方项系数显著为正，与时间的交叉项系数显著为负，说明这种过量施用带来的产出弹性的损失将会随着投入量的扩大而加剧，但是该趋势将随着时间的推移得到一定程度的缓解；时间项系数显著为正而时间的平方项系数为负，说明西部地区存在技术进步趋势，但是这种趋势将随时间推移而有所减弱；播种面积与劳动、化肥和机械的交叉项系数显著为正，说明土地与其他要素之间均存在互补关系；劳动与机械交叉项系数显著为正，说明该地区劳动与机械间主要呈互补关系。

从技术非效率方程估算的结果看：各地区的地方财政支农支出系数显著为负，均具有缓解技术非效率的作用，且在中部地区的作用效果最明显；时间项系数在各地区均显著为正，说明除地方财政支农外，各地区的相对技术进步水平均随着时间推移呈现小幅下滑趋势，这与王炯等(2012)的研究结论一致。

表 4－2　农业技术进步的空间比较测算结果

变量		系数	t 值
技术结构	常数项	－2.870***	－7.682
	$\ln K$	1.381***	7.960
	$\ln L$	－0.658***	－4.666
	$\ln F$	－0.116*	－1.658
	$\ln M$	0.071	0.962
	t	0.052***	23.994
	$(\ln K)^2$	－0.191***	－5.263
	$(\ln L)^2$	－0.055*	－1.868
	$(\ln F)^2$	0.027***	4.166
	$(\ln M)^2$	－0.012*	－1.953
	t^2	0.318***	4.961
	$\ln K \times \ln L$	－0.101***	－4.379
	$\ln K \times \ln F$	0.096***	3.267
	$\ln K \times \ln M$	0.063***	2.944
	$\ln L \times \ln F$	－0.160***	－7.370
	$\ln L \times \ln M$	0.060***	5.684
	$\ln F \times \ln M$	－0.700***	－18.080
	$\ln K \times t$	－0.475***	－24.401
	$\ln L \times t$	0.000***	－2.648
	$\ln F \times t$	0.005***	5.276
	$\ln M \times t$	－0.004***	－3.399
技术非效率	常数项	0.090**	2.353
	D_m	0.001	1.619
	D_w	0.001***	2.517
	t	－0.009***	－5.286
	σ^2	0.028***	10.859
	γ	0.933***	51.741

注：*，**，***分别表示在10%，5%和1%水平下显著。

表4－2是在第一阶段的各地区内部前沿面测算的基础上，进一步测算得到的共前沿面模型的实证结果。该结果解释了剔除各组内的技术效率损

失以及系统本身存在的不可观测的误差后,1978—2013 年间东中西地区的整体技术结构与技术效率趋势情况。其中,γ 的值为0.933且显著,说明各地区前沿面与共前沿面之间仍存在区域各自前沿面内部差异所不能解释的技术效率差距。其中,最值得关注的是西部地区虚变量的系数显著为正但值很小,说明西部地区的前沿面相对东部地区存在微弱的劣势,而时间项的系数显著为 -0.009,说明全国各区域的共前沿面技术转化率年均 0.9% 的增长趋势。

4.2.2　空间比较分析

根据上节实证测算的结果,下文将在估算得到的各组随机前沿生产面以及全要素生产率分解得到的技术效率、技术进步率的变迁情况。由于第一阶段得到的各地区技术效率是基于不同的生产性前沿面,其技术效率值不能进行比较,只能体现区域内各省市地区与其前沿面的平均技术效率差距。但技术进步率体现的是各地区在随时间推移的生产性前沿面的向外扩张,具有可比性。

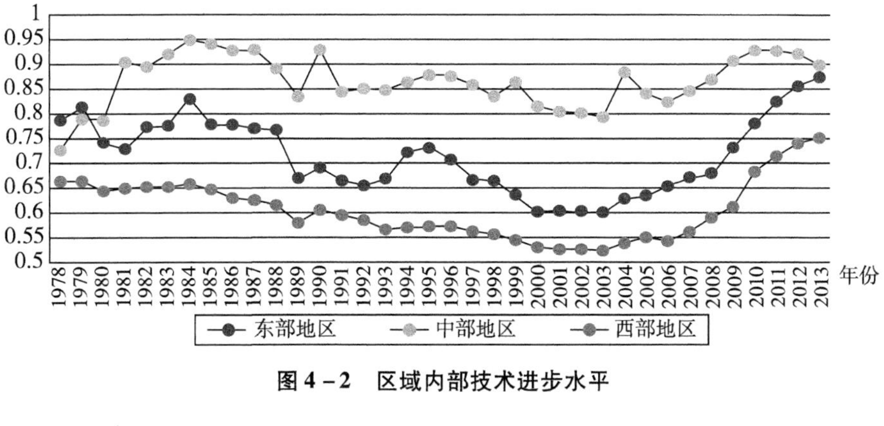

图 4-2　区域内部技术进步水平

图4-2 显示的是各区域在各自的随机前沿面上的平均技术效率水平随时间变化的情况。整体上看,各区域各自的平均技术效率水平均呈现先下降后上升的趋势,尤其是表现在东中部地区,2003 年为整个过程中的转折点。其中,中部地区内部的平均技术效率水平较高,说明中部各地区与生产前沿面的技术效率水平差距不大,因而区域内部的提升空间较小;东部地区

居中，而西部地区则相反，说明西部地区内部仍具有通过区域内部的技术外溢来获得其区域内部的技术效率整体性提升的潜力。

图 4 - 3 展现了各区域的前沿面向共前沿面转化程度的变化过程。其中，东部地区与中部地区对比明显，东部地区平均技术效率转化率从 1978 年开始上升至 1988 年基本稳定在 0.9 以上的水平，后于 2009 年出现下滑；而中部地区的共前沿面转化能力的变化方向则刚好相反，但是从 2003 年即开始反弹，转化率迅速上升；在此期间，西部地区的转化率在 1978—1986 年处于领先地位，随后的转化率水平持续居中，随后呈周期性缓慢的下降趋势，也从 2003 年开始出现小规模的回弹上升趋势。值得注意的是，三个区域的平均技术效率转化率呈现出明显的收敛趋势，说明由于自然因素与社会经济发展因素的不断发展，各地区自身的生产前沿面与共前沿面的产出差距正在逐年缩小，因而呈现出空间收敛的趋势。

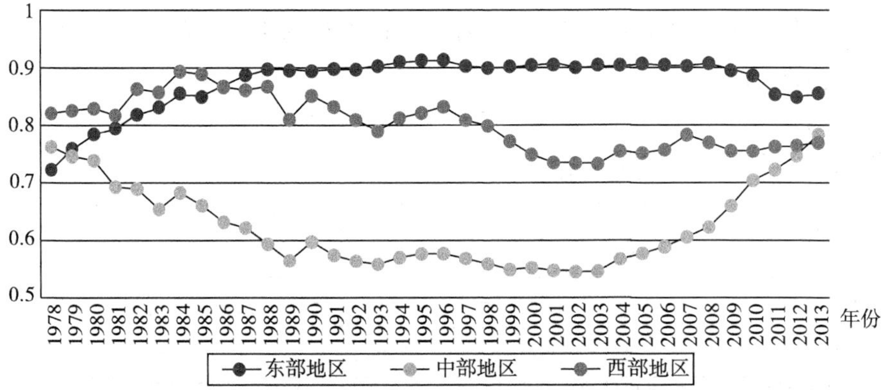

图 4 - 3　区域间技术进步转化水平

在此基础上，图 4 - 4 描绘了各区域内部地区相对共前沿面的综合技术进步水平。各地区的平均综合技术效率水平整体在 2003 年之前，呈现不同幅度的周期性下降，从 2004 年开始不同程度的提升。在此过程中，各地区间的综合技术进步水平经历了收敛、发散再收敛的过程，尤其体现在中部地区向东部地区综合技术效率的“追赶”上。这使原本综合技术进步水平相近的中部与西部地区间的差距逐渐拉大，可能是由于区域间的相对农业科研投入与基础设施差异所引发的。同时不难发现，产生综合技术进步水平差异的主要因素是各自前沿面向共前沿面的技术效率转化率,即地区技术进步转化水平。这不仅验证了上述所选 MFA 模型的正确与合理性,同时为下文继续研究中国农业存在技术进步的空间收敛提供了切入点。

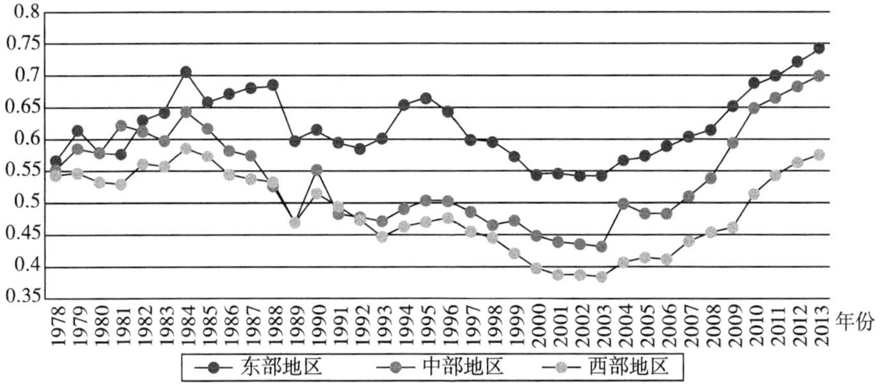

图 4－4　区域间综合技术进步水平

4.3　农业技术进步转化水平的空间收敛分析

鉴于上文得到的结论,地区间相对农业技术进步水平转化作为造成综合技术进步水平差异的主要成分,在近十几年来出现了收敛的趋势,对研究农业技术进步的地区平衡性发展与拓展空间潜力上具有重要意义。因此,考虑农业技术扩散具有空间外溢的作用(Griliches,1979),下文将继续研究农业技术进步水平的空间收敛性,并在分析主流空间收敛模型方法的基础上,选择合适的模型方法展开测算与比较研究。

4.3.1　农业技术进步水平转化的空间相关性变迁

在上述研究与分析的基础上,为更加清晰地表现全国各地区农业技术进步水平,即共前沿面技术效率转化率的阶段性变迁过程,以下首先运用 GeoDa 软件对中国各地区的共前沿面技术效率转化率的时空转移进行四分位划分,并将具有代表性的年份的情况从左到右、自上而下如图 4－5 中所示。

图 4－5 展示了各地区相对农业技术进步水平转化水平的空间演变情

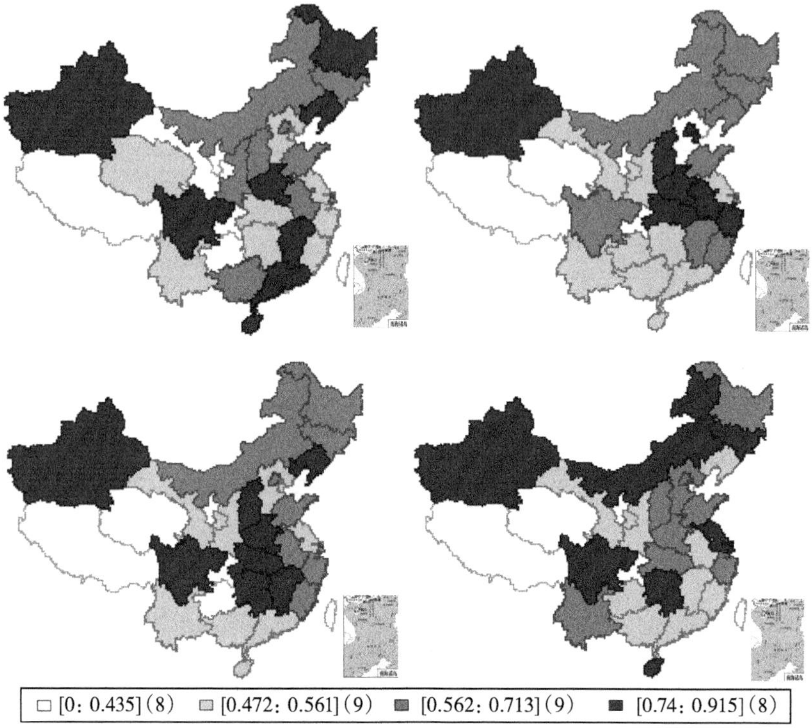

图 4－5　农业技术进步水平的时空演变(示意图)

况。图中从左到右、自上而下依次展示的是 1989 年、2003 年、2009 年以及 2013 年的具体共前沿面技术效率转化情况,按照图例颜色越深表示其转化率水平越高。图中显示,1989 年中国农业共前沿面技术效率转化率在区域间的分布较为散乱,不存在优势地区的空间集聚;而在 2003—2009 年,具有相对技术进步转化水平优势的地区开始向着中部转移;到 2013 年,中部地区的优势已经逐渐消失,相对技术进步转化水平高的地区则主要集中在西北部地区。在农业生产经营环境相似背景下,这种农业技术进步相对能力空间集聚中心的转移是否是由区域内部的空间技术扩散与外溢所产生的空间关联作用的结果呢?

4.3.2　空间收敛的主要研究模型与方法

Barro 和 Sala－i－Martin(1996)系统性地阐述了最基本的收敛概念:σ

收敛和β收敛。前者是用于测度地区某一变量值的差异程度，主要测量的方法包括：离差法、锡尔指数、基尼系数等；后者是用来描述期初人均产出较低的个体人均产出增长率高于期初人均产出较高的个体，体现的是落后的经济个体向发达的经济个体的追赶过程。按照反映整体收敛情况与个体收敛过程分为绝对β收敛和相对β收敛。但以上两类指数没有将反映空间相关性的因素纳入测算中。

随着以克鲁格曼为代表的新地理经济学的出现，空间因素逐渐被纳入经济理论框架中。1950年，研究空间自相关的莫兰指数诞生，并被广泛应用于测算地理事物分布与不同空间位置某一属性值之间的统计相关性，假定距离越近，其所具有的相关性越大（Cliff等，1970）。莫兰指数分为全局莫兰指数与局部莫兰指数，从相应的指数测算公式中不难看出，其含义类似于考虑空间因素后的σ收敛和绝对β收敛。

进一步，随着空间计量模型的不断发展，将空间因素与空间矩阵的形式纳入面板数据的空间面板模型成为时空结合的改良计量经济学模型，成为更科学的测算相对β收敛的模型方法。结合时间序列模型数据的动态性，空间面板模型主要分为空间滞后动态面板模型和空间误差动态面板模型。然而，从空间自相关入手，运用空间动态面板收敛模型对中国地区共前沿面农业相对技术进步转化水平的收敛情况进行实证分析的文章尚属少见。

为挖掘决定中国各地区农业技术进步率的关键因素——相对技术进步转化水平的区域间收敛情况，本书将采用反映空间自相关程度的莫兰指数（Moran'I）对1978—2013年各地区共前沿面相对技术进步转化水平进行空间收敛趋势的分析。所采用全局与局部莫兰指数的计算公式如下：

$$I_G = \frac{n}{\sum_i (y_i - \bar{y})^2} \cdot \frac{\sum_i \sum_j w_{ij} (y_i - \bar{y})(y_i - \bar{y})}{\sum_i \sum_j w_{ij}} \tag{4-10}$$

$$I_L = \frac{n \sum_j w_{ij} (y_i - \bar{y})}{\sum_i (y_i - \bar{y})^2} \tag{4-11}$$

式（4－10）与（4－11）分别是全局与局域莫兰指数的表达式。全局莫兰指数体现观测变量的全局内的总体空间相关性，而局域莫兰指数则体现了某个特定地区与其空间相关地区的相关性。其中，w_{ij}表示空间权重矩阵，为了更为精确而全面地体现的空间的亲疏，以下选择标准化后的空间距离作为权重；y_i、y_i 分别表示地区（共 n 个）的属性值，$\bar{y}$ 则表示该属性值的平均值。莫兰指数的值域范围为[-1,1]，当该指数小于零，地区间该属性存在空间负相关性，其值越大，说明这种负向空间作用越明显；而当该指数大于零，则地区间该属性存在空间正相关，其值越大，说明这种正向的空间相互作用越明显。

4.3.3 空间收敛测算结果的空间比较

为进一步深入研究地区技术进步水平的空间收敛，本节将分别从全局莫兰指数与东、中、西部各地区的局域莫兰指数出发，对农业技术进步水平的空间相关性进行测算，所得到的测算结果整理如下图 4 -6。

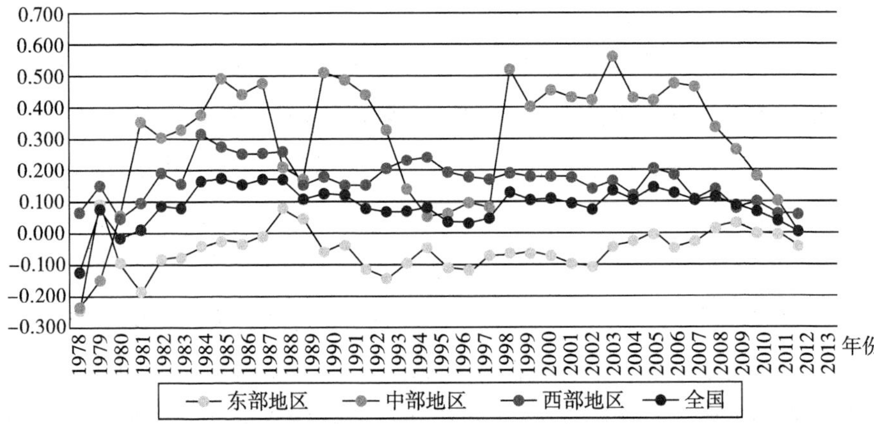

图 4 -6　农业技术进步水平的空间相关性变迁

注：其中，西部地区的莫兰指数值较低，故采用右侧的次坐标表示。

如图 4 -6 所示，中国各地区的农业技术进步转化水平从 1981 年开始，全局莫兰指数基本在正 0.05 ~0.20 范围波动，呈空间正相关性，但在 2009 年以后作用效果显著下降，其间整体呈现空间溢出的相互关联状态。其中结合图 4 -3 中各区域相对农业技术进步转化水平的实际情况，东部地区的平均局域莫兰指数在多数年份为负或微弱的正向，说明其在 1978—2013 年，东部各地区间的农业技术进步转化水平基本不存在正向空间外溢作用与收敛；西部各地区尤其是青海、甘肃、宁夏等地区的局域莫兰指数明显为正，总体存在逐渐下降趋势，而青海、甘肃与宁夏等地的实际技术进步转化水平较低，说明在此期间西部各地区间的农业技术进步转化水平存在稳定幅度的空间相关性作用，受到其邻近地区的幅度相对较小且逐渐减弱的农业技术进步水平外溢影响，因而呈现出相对技术进步水平转化水平的负向收敛；中部地区尤其是江西、湖北、河南等地的局域莫兰指数在此期间也明显为正，波动剧烈，后期降幅较大并从 2009 年开始下降，而江西、湖北、河南等地的相对技术进步水平较高，说明在此期间中部各地区农业技术进步转化水平受到波动性较大的正向的空间相关性作用，受到其邻近地区的相对农业技术进步水平转化水平的空间外溢影响在前期强烈，并从 2009 年开始这种空间相关性也出现了显著的下降。

4.4　本章小结

为准确把握中国农业技术进步发展的地区平衡性，本章基于地区的农业自然资源与社会经济禀赋差异以及技术的空间外溢作用，首先构建了 MFA 模型对东、中、西三个区域内部与区域之间的农业技术进步的技术效率的测算与逐层比较，并基于 1978—2013 年省际面板数据，对体现地区技术进步水平的转化率测算结果，采用 Moran’s I 指数对其空间相关性进行进一步测算分析，得到主要结论如下。

(1)从地区要素投入产出的技术结构变化看，东、中、西部地区的土地与劳动投入产出效率依次递减，但是差距从 2004 年之后开始逐渐缩小；各地区化肥投入产出效率呈现小幅波动但基本稳定的状态，机械投入产出效率则出现了周期性的下降趋势，此后出现了增长趋势，投入产出效率在地区间差异不大且相对变化较为稳定。

(2)从地区间技术进步效率的相对变化趋势看，中部区域内部的技术进步空间较小，东部地区居中，而西部区域尽管技术效率相对落后，但是其区域内部仍具有通过区域内技术外溢获得较大的技术效率整体性提升的潜力；表征各地区技术进步水平的共前沿技术进步转化水平存在收敛趋势，也是各地区综合共前沿农业技术进步收敛的主要因素。

（3）从空间相关性的角度对技术进步转化水平的收敛进行进一步的研究表明：相对农业技术进步水平较高的地区开始分布较为分散，后逐渐从东部向中部乃至西北部进行转移；从全局与局域莫兰指数的测算结果看，中国整体的农业相对技术进步水平的转化水平在1981—2009年呈现显著的空间相关性；结合各区域农业相对技术进步水平转化水平的实际变化趋势，东部各地区农业技术进步转化水平基本不存在正向空间外溢作用；西部各地区受到其邻近地区幅度较小，空间外溢影响逐渐减弱而呈现微弱的负向收敛；中部各地区所受的空间相关性呈现较大波动呈现正向拉动作用，但从2009年开始，空间相关性显著下降。

第5章　农业技术进步的产业差异

各地区农业技术进步来自于农业产业内部的技术进步支撑。由于农产品属性的差异,各类农业产业的技术进步方式与规律等特征往往有所不同。基于全要素生产率分析框架,农业产业的技术进步来自科技进步与转化水平,涉及全过程中的科研投入保障、生产要素投入支撑与产出转化等各主要环节的综合作用。从以上主要环节对农业产业技术进步进行系统性的差异研究便于从纵向维度来理解中国农业技术进步结构特征,并对转型期农业生产资源在产业间保持长期有效配置与农业产业发展具有重要意义。

把握不同农业产业的主要技术进步的动因与相应的改进方向,对促进农业产业发展具有重要意义。亢霞和刘秀梅(2005)对粮食技术进步进行的实证研究表明,提高粮食生产技术效率是促进技术进步的有效途径;杨春和陆文聪(2007)研究了玉米生产的技术进步情况,认为狭义技术进步是推进技术进步的主要因素,而技术效率下滑抑制了技术进步。吕超和周应恒(2011)对蔬菜产业技术进步的研究认为,其技术进步受阻于狭义技术进步的负向变动,反而技术效率的改善则是驱动力。郭亚军等(2013)苹果主产区技术进步水平进行的实证分析认为,技术进步由技术效率的快速提升为主导,并伴以狭义技术进步拉动。兰勇和姚屹浓(2015)对不同规模生猪产业技术进步的研究表明,各种规模生猪均有技术进步;其中,散养生猪技术进步主要依赖于技术效率改进,较大规模生猪则是技术效率改进和技术进步共同作用的结果。杨春和王明利(2013)对散养肉牛全要素技术进步及其结构的研究结果显示,散养肉牛生产全要素生产率总体呈波动下降趋势,受狭义技术进步和技术效率提升幅度双双减缓的影响,狭义技术进步的减缓是全要素生产率下降的主要原因。

综上,在不同阶段,主要农业产业的技术进步能力与驱动方式存在差异。为便于理解全过程各个环节作用下,各类农业产业技术进步的效果差异,本章将系统性的数量经济学模型方法对主要农业产业的全过程技术进步差异展开系统性研究。首先,对其综合水平进行评价,随后,针对以上环节展开逐层分析,进而从全要素生产率视角系统性地分析农业技术进步在产业间差异。

5.1 农业产业综合技术进步评价

综合技术进步水平评价是了解各主要农业产业技术进步效果的基础。各类农业产业的综合技术进步是研发、应用与转化实现几个层次共同作用的结果。因此,下文选择广泛应用于评估综合技术进步水平 AHP(层次分析法)方法,对产业视角的综合农业技术进步能力进行评估。层次分析法(AHP)于20世纪70年代被提出以来,原理是通过将决策或评估过程中的定性与定量因素结合建立判断矩阵、排序计算与一致性检验。该方法能将复杂系统的评估进行层次性简化,因此使得评估的结果更具说服力而在对各个领域的评估中被广泛应用。郭雅娴等(2011)运用 AHP 方法对吉林省农业科技创新资源配置水平进行了评价;翟治芬等(2012)对比分析了 AHP 方法与粗糙集方法下的具体农业节水技术所产生的经济、生态与社会效益评价的结果差异。乔治等(2014)从科研投入能力、要素支撑能力以及技术产出能力等环节对湖南省的全过程农业技术进步进行了综合水平评估。为避免传统 AHP 方法中所存在的主观权重选择对模型一致性与结果稳定性的影响,下文将沿用这种Cov - AHP模型方法(谢忠秋,2015)对农业综合技术进步水平产业的差异性展开分析。

5.1.1 农业产业综合技术进步水平的模型构建

农业科研投入结合土地、劳动等生产要素的优化配置促进技术扩散与转化能力，反映了农业技术进步的综合水平（乔治等，2014；Tigabu 等，2015；Wang 和 Yang，2015）。因此，下文将借鉴已有研究指标体系，对反映农业产业技术进步水平的系统性准则层进行设置，主要考虑农业生产的全过程技术进步环节，将具体的准则层定为科研投入能力 B1、生产支撑能力 B2、产出转化能力 B3，详细的下层指标设定见表 5－1。

表 5－1　主要农业产业综合技术进步水平评价层次设定

<table>
<tr><th>目标层</th><th>准则层</th><th>指标层</th></tr>
<tr><td rowspan="13">种植业/畜牧业综合技术进步水平</td><td rowspan="3">科研投入能力 B1</td><td>课题数 C11</td></tr>
<tr><td>投入人员 C12</td></tr>
<tr><td>投入经费 C13</td></tr>
<tr><td></td><td></td></tr>
<tr><td rowspan="4">生产支撑能力 B2</td><td>劳动投入 C21</td></tr>
<tr><td>资本投入 C22</td></tr>
<tr><td>占农业总产值比重 C23</td></tr>
<tr><td>贡献率 C24</td></tr>
<tr><td></td><td></td></tr>
<tr><td rowspan="2">产出转化能力 B3</td><td>总产值 C31</td></tr>
<tr><td>单位产值 C32</td></tr>
</table>

其中，为便于比较，将系统中的种植业与畜牧业综合技术进步水平评价的准则层与目标层设定一致。具体的指标层设置中，将科研投入能力细化为课题数 C11、投入人员 C12 与投入经费 C13，生产支撑能力具体表现为劳动投入 C21、资本投入 C22、占农业总产值比重 C23、贡献率 C24（产出与投入比），将产出转化能力定义为总产值 C31 与单位产值 C32 两个指标。

限于连续技术进步体系指标数据的可获得性，以及研究主要农业产业的可比性，本章节将主要的农业产业综合为种植业、畜牧业两大类，并对此两大类产业进行技术进步水平的综合评价。

表 5－2、表 5－3 分别展示了 2004—2013 年种植业、畜牧业相应评价指标的基本情况。

表 5 -2　种植业综合技术进步水平评价指标情况

指标	2004	2005	2006	2007	2008	2009	2010	2011	2012	2013
C11	9767	10432	11414	12759	13893	7924	9138	9344	9896	11231
C12	21744	23055	25981	27176	27918	16455	18473	20065	20737	22649
C13	116655	139014	155505	185698	222637	164605	194534	194725	242469	259549
C21	384	440	459	488	539	517	521	898	817	860
C22	590	710	760	815	947	988	1184	1512	1777	1973
C23	0.501	0.497	0.527	0.504	0.484	0.510	0.533	0.516	0.525	0.531
C24	1.620	1.522	1.459	1.597	1.479	1.512	1.597	1.389	1.355	1.249
C31	18138	19267	20829	22771	24455	27028	31404	33866	36901	39457
C32	2321	2340	2509	3019	3056	3209	3792	4654	4859	4985

资料来源:2005—2014《中国科技统计年鉴》《农产品成本收益资料汇编》，产值指标已剔除通胀率。

表 5 -3　畜牧业综合技术进步水平评价指标情况

指标	2004	2005	2006	2007	2008	2009	2010	2011	2012	2013
C11	800	792	925	1186	1358	919	1109	1057	1219	1410
C12	2243	2105	2917	3061	2939	2058	2411	2345	2841	2922
C13	11192	11747	10949	15375	17632	15403	17018	19143	18518	17811
C21	108	120	131	134	142	139	170	215	289	332
C22	841	842	859	1135	1436	1438	1543	1832	2059	2210
C23	0.336	0.337	0.296	0.330	0.355	0.323	0.300	0.317	0.304	0.293
C24	1.239	1.103	1.178	1.279	1.192	1.126	1.136	1.198	1.108	1.078
C31	12174	13075	11695	14891	17949	17097	17704	20786	21374	21787
C32	1352	1210	1329	1809	2066	1955	2147	2677	2906	3094

资料来源:2005—2014《中国科技统计年鉴》《农产品成本收益资料汇编》，产值指标已剔除通胀率。

从表 5 -2、表 5 -3 中能够明显地发现,种植业和畜牧业科研投入能力、畜牧业生产支撑能力和产出转化能力整体呈现上升趋势,虽然在 2009 年出现突然回落,但随后仍继续呈现增长趋势。说明种植业与畜牧业的综合技术进步水平在 2004—2013 年整体有所提升。

5.1.2　基于 Cov - AHP 方法的实证与比较分析

从实证方法的比较来看，Cov - AHP(协方差层次分析)方法与传统的

AHP 方法类似，基本步骤也包括：①明确系统范围、组成要素之间的关联与隶属关系；②建立递阶层次结构，自上而下包括目标层、准则层与方案层；③根据方案层定量指标数据计算协方差矩阵，并对协方差矩阵进行变换，构造判断矩阵；④确定各方案层变量权数，对判断矩阵进行一致性检验；⑤综合计算分析方案的排序情况。而这两种方法的主要区别在于 Cor - AHP 方法采用平均协方差替代专家主观打分得到的权数，不需要由若干专家根据自己的经验来对系统各变量的相对重要性做主观判断，克服了专家的个人偏好可能带来的偏差，结果更具有效性。

表 5 - 4 是基于 Cov - AHP 模型方法得到的主要农业产业综合技术进步水平的评估结果。为便于观察比较，将全过程测算结果分为 2004—2007 年、2008—2010 年、2011—2013 年三个阶段。不难发现，三类准则层对应的多数指标自身均呈现逐年上升的趋势，但增长幅度存在很大差异；就种植业而言，在前两个阶段的综合技术进步水平的评估中，科研投入能力层的投入经费指标均起到最主要作用，而在第三个阶段中，产出转化能力层中的总产值指标则已成为最主要的贡献因素；就畜牧业而言，科研投入能力层的投入经费指标始终起到最主要作用。从标准化加权后计算得到的总分看，两大类农业产业在三个阶段的综合技术进步水平有着大幅的提升，且从第一阶段到第二阶段的过渡过程中，种植业相对畜牧业的技术进步水平优势逐渐消失；在第二阶段到第三阶段的过渡过程中，畜牧业相对种植业的技术进步水平优势也逐渐消失；直到最后阶段，两类产业综合技术进步水平彼此接近。

表 5 - 4　主要农业产业综合技术进步水平评估结果

指标	2004—2007 年		2008—2010 年		2011—2013 年	
	种植业	畜牧业	种植业	畜牧业	种植业	畜牧业
C11	0.0125	0.0043	0.0094	0.0107	0.0088	0.0139
C12	0.0344	0.0182	0.0192	0.0143	0.0201	0.0225
C13	0.1601	0.1620	0.4477	0.5561	0.7498	0.8477
C21	0.0351	0.0090	0.0847	0.0248	0.2839	0.1004

续表

指标	2004—2007 年		2008—2010 年		2011—2013 年	
	种植业	畜牧业	种植业	畜牧业	种植业	畜牧业
C22	0.0665	0.0498	0.2324	0.4004	0.6016	0.7565
C23	0.0001	0.0000	0.0001	0.0000	0.0002	0.0000
C24	0.0014	0.0001	0.0013	0.0000	0.0004	0.0000
C31	0.0783	0.0739	0.3795	0.4530	0.7895	0.8304
C32	0.0069	0.0112	0.0315	0.0439	0.0768	0.0872
总分	0.3953	0.3285	1.2059	1.5033	2.5311	2.6586

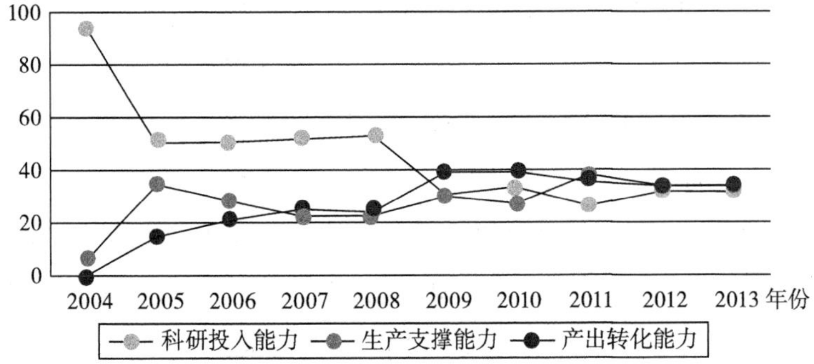

图 5 -1　种植业综合技术进步因素的作用结构

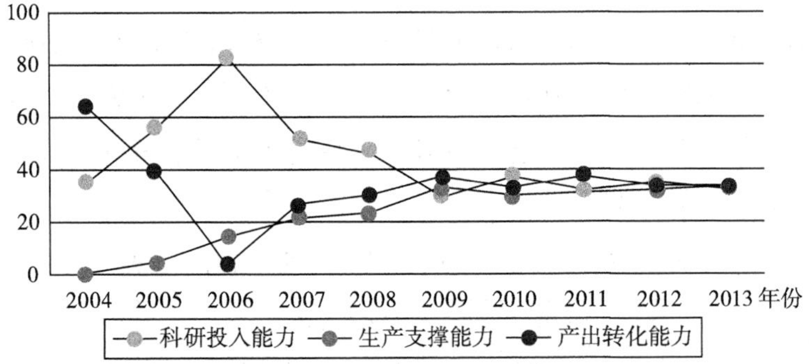

图 5 -2　畜牧业综合技术进步因素的作用结构

为进一步地从科研投入能力、生产支撑能力与产出转化能力视角研究农业产业综合技术进步水平提升的主要来源，图 5 -1、图 5 -2 分别展示了影响种植业、畜牧业综合技术进步水平的准则层主要因素的作用结构及变化情况。从图中不难发现,科研投入能力 B1 在初始阶段均是主要贡献因素,但贡献度不断下降,从 2009 年开始,与逐年增加的生产支撑与产出转化能力(B2、B3)的作用接近,并逐渐趋于平衡。

5.2　科研投入能力的产业间比较

科研投入支持力度是科技创新的重要物质保障。在全要素生产率视角下,农业科研投入能力的高低同样决定着狭义农业技术进步即扩展生产前沿面的能力。继续从课题数、科研人员数以及科研经费三个衡量科研投入的主要指标入手,从其绝对量与相对投入两个角度对种植业与畜牧业科研投入能力做进一步的比较分析。

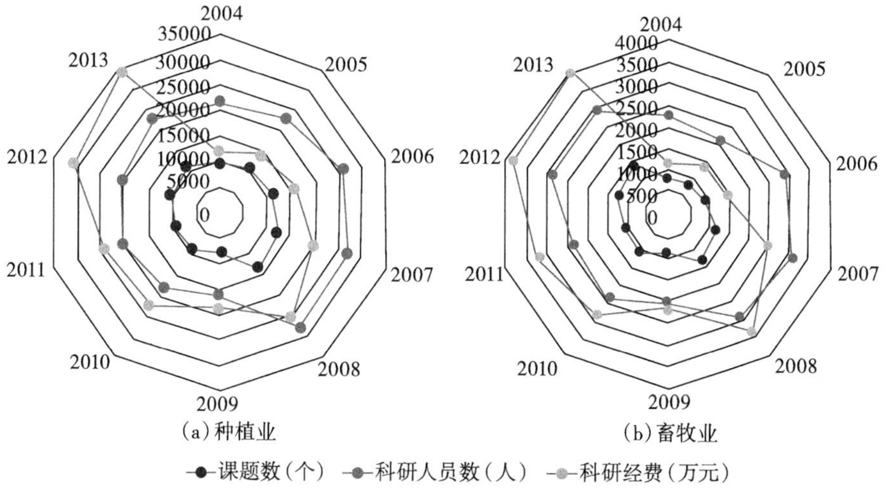

图 5-3　农业科研投入情况比较

图 5-3 展示了种植业与畜牧业的科研投入能力的主要指标的变化情况。由(a)图,种植业的研究课题数与相应的科研人员投入在 2004—2008 年的阶段性上涨后回落至初始状态并逐渐趋于稳定,而科研经费则在此后短期小幅回落又持续上升,且上升幅度较大;由(b)图,畜牧业的研究课题数、相应的科研人员以及科研经费投入均在 2004—2008 年的阶段性上涨后短期小幅回落又持续上升,且科研经费在此过程中的上升幅度也较大。说

明，相比之下，尽管畜牧业的科研投入绝对量较低，但增速较快。

表 5-5　农业科研投入结构变化（%）

年份	种植业			畜牧业		
	课题数（个）	科研人员（人）	科研经费（万元）	课题数（个）	科研人员（人）	科研经费（万元）
2004	59.61	58.68	57.35	4.88	6.05	5.50
2005	60.02	59.98	58.88	4.56	5.48	5.82
2006	61.61	59.69	60.16	4.99	6.70	5.47
2007	60.22	59.33	56.14	5.60	6.68	6.83
2008	59.71	58.63	57.74	5.84	6.17	7.61
2009	56.11	56.50	53.20	6.51	7.07	6.17
2010	56.13	57.17	56.38	6.81	7.46	6.99
2011	58.61	60.56	58.74	6.63	7.08	7.77
2012	56.92	58.36	58.78	7.01	8.00	7.33
2013	61.03	62.17	63.12	7.66	8.02	7.38
平均	59.00	59.11	58.05	6.05	6.87	6.69

进一步，将种植业与畜牧业这两类产值加总占比基本稳定在 83% 的产业置于农业整体的科研投入能力发展水平视角下，表 5-5 给出了种植业与畜牧业两类农业科研投入的结构变化。相对而言，2004—2013 年种植业在农业整体的科研投入中平均占比为 58.72%，畜牧业占比 6.54%；其中，种植业科研投入的各项指标均经历了短期上升后下降以及 2010 年后再上升的阶段性波动；畜牧业科研投入的各项指标则在此期间均基本呈现小幅的上升趋势。这表明受到农业生产与消费结构以及国家政策的影响，种植业的相对科研投入力度较大，但科研投入情况较不稳定，并没有出现明显的提升过程；畜牧业的相对科研投入力度较小，但在稳定上升。综上，从科技创新推动生产前沿面扩张的能力角度看，除科研经费投入外，种植业的科研投入能力提升并不明显，畜牧业整体科研投入能力则有缓慢提升。

5.3　生产支撑能力的产业间比较

基于综合农业技术进步能力评估结果，生产支撑能力和产出转化能力从2009年开始逐渐成为主要的作用因素。在全要素生产率的研究框架下，不同密集型属性的农业部门的生产要素投入结构变化，不但反映了市场上要素的相对稀缺程度，同时也动态体现了技术进步过程中要素结构的客观变化方向。因此，下文将从主要农业产业的生产要素结构变化入手，比较分析农业产业间的技术进步方向差异，并从要素投入量与相对投入价格角度解释该差异。根据《农产品成本收益资料汇编》中对农业产业的细化分类，下文将对种植业的研究锁定在粮食类作物、经济类作物、蔬果类作物等农业产业上，将对畜牧业的研究重点放置于提供禽、肉、蛋、奶以及畜产品的畜牧业细分产业上。

5.3.1　要素成本的产业间差异

各类农业产业由于自然属性的差异，在生产要素投入的相对密集度上呈现出各自的产业特征。另外，2004 年以来，随着农业补贴机制的不断完善、农产品商业化水平的不断提高，农户开始根据个人需要以及要素相对价格安排生产要素的投入结构。根据诱致性技术变迁理论，结合机械型与生物化学型技术要素对劳动与土地要素的替代与互补作用，以及种植业与畜牧业的生产特性差异，下文将从土地、劳动、肥料、机械四类要素视角来比较分析种植业各类农业产业的主要成本结构，并从劳动与资本成本视角来比较分析畜牧业各类农业产业的要素投入结构。

图5－4是2004—2013年中国各类种植业产业单位要素投入结构，同时反映了各类种植业产业在此期间的生产要素投入的密集性差异。其中，土地和劳动成本分别有单位面积的土地租金与人工劳动折价指标来刻画（包括家庭自用工折价以及雇工折价）；机械成本为农业生产所产生的机械使用成本，具体包括机械作业费、包括灌排水电费在内的租赁作业费（或自购机械折旧折算）与相应的燃料动力费，代表机械型技术要素的总投入，肥料成本由农业生产过程中所涉及的各类种子、化肥、农家肥、农药、农膜以及各类生产性设施的工具材料与维修费用表示，代表生物化学型技术要素的总投入。如图5－4所示，各类种植业产业的单位生产总成本基本从粮食类—经济类—蔬果类逐渐增加，主要表现在劳动与肥料投入的增长上。从各类农

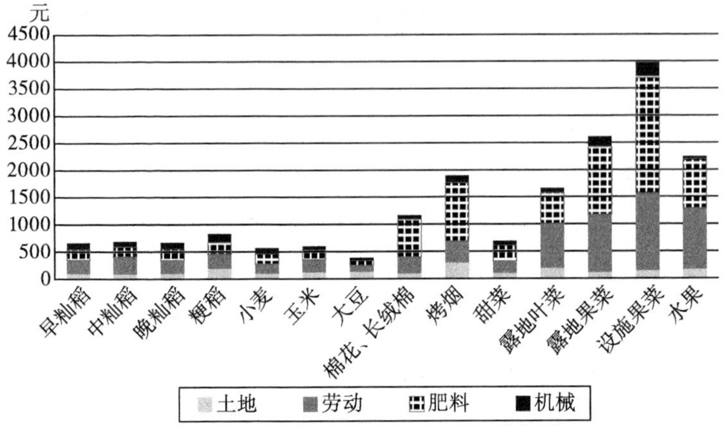

图 5 –4　种植业各类产业单位要素投入结构差异

资料来源:2005—2014 年《农产品成本收益资料汇编》。

业产业的要素投入成本结构看,机械型技术要素在粮食类产业的生产投入中比例较高,生物化学型技术要素在经济作物与蔬果类产业的生产投入中占有较高比例。即粮食类属于机械资本密集型农业产业,经济类与蔬果类则属于物质资本密集型农业产业。为便于比较,劳动成本采用的是各类劳动用工折价。随着中国宏观经济与城镇化的不断发展,劳动用工价格也在不断攀升,劳动要素在成本结构中的占比增加,推升了近年来各类种植业生产成本,但也是促进了种植业的机械化水平的提升。

畜牧业与种植业不同,其主要通过养殖畜禽获得肉、蛋、奶以及相关畜产品,以资本与劳动要素投入为主。其中,主要资本要素投入分为体现机械型技术要素投入的水燃动力费(包括水费与燃料动力费)与体现生物化学型技术要素投入的饲料费(包括精饲料费、青粗饲料费和饲料加工费)和防疫损失费(包括医疗防疫费以及死亡损失费),饲料成本占比较高。由于肉、禽类产业与奶牛、畜产品类产业的单位成本相差较为悬殊,为方便比较各畜牧业产业的要素投入成本结构,将 2004—2013 年的平均情况分别在图 5 –5、图 5 –6 中加以展示。其中,肉、禽类畜牧产业的单位总成本较低;从要素投入结构看,饲料与劳动是各类畜牧业产业生产中的核心支出项目,除散养肉牛与散养肉羊外,在其他肉、禽、奶和畜产品类产业生产中,饲料投入占据主导地位，而劳动则是畜产品产业和散养肉牛、肉羊产业生产中的主要投入要素。

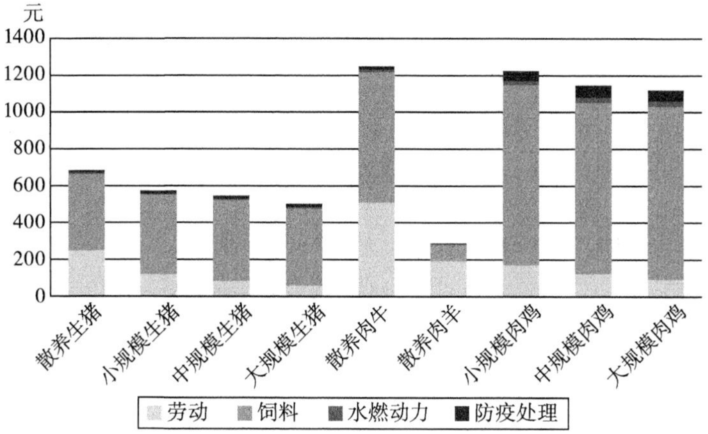

图 5－5　肉、禽类产业单位要素投入结构差异

注：其中，除肉鸡单位为百只，生猪与肉牛、肉羊单位均为头。

资料来源：2005—2014 年《农产品成本收益资料汇编》。

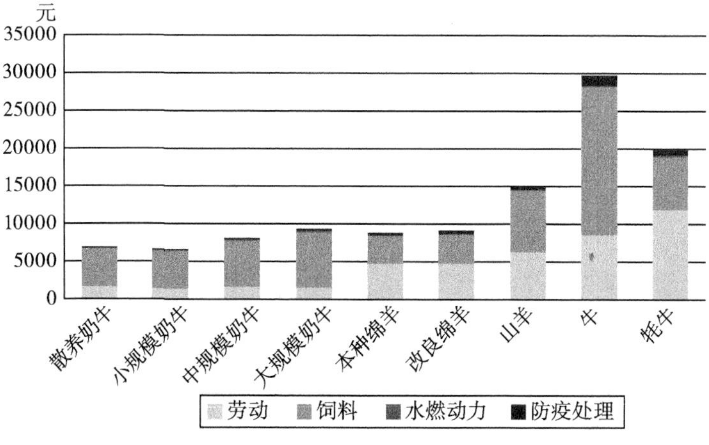

图 5－6　奶牛、畜产品类产业单位要素投入结构差异

注：其中，奶牛单位为头，畜产品类单位均为百只。

资料来源：2005—2014 年《农产品成本收益资料汇编》。

5.3.2 要素结构的动态调整

上述2004—2013年主要农业产业的单位要素分析体现了固有生产属性上的差异,进而识别出了各农业产业的主要投入要素。但由于农业产业的种类繁多,很难得出规律性的判断。下文将分别对各农业产业的相对要素相对投入结构进行聚类测算,并对其变化特征展开分析。根据上述种植业与畜牧业两大类农业生产的要素成本结构特点,下文将分别用化肥、机械对土地与劳动的补充与替代以及资本对劳动替代的要素结构变迁表现种植业与畜牧业技术进步的过程。其中,为便于进行比较分析,种植业的化肥与土地的相对比例用化肥量(吨)与播种面积(亩)比表示,机械与劳动的相对比例用机械租赁费(元)与用工(天)比表示;畜牧业资本与劳动要素结构分别用单位畜禽的物料投入费(元)与用工费(元)表示。

为明确测算上述25个种植业与21个畜牧业产业的主要要素相对结构重心,清晰展现追踪该过程中反应要素相对投入结构的指标值的变迁即技术进步方向调整的过程,下文将采用聚类分析方法下的K-means模型进行测算。K-means方法的主要原理是在对象中按照指定的类数随机找出若干个种子点,计算其他点到这几个种子点的距离,然后作出初步的分类。为使划分为一类的样本尽可能相似,还要计算初步得到的每类点的重心,重复以上步骤进行迭代,直到找到修正后的最佳重心,并作出给定样本下的最明确的分类,更能够准确获得种植业与畜牧业的要素结构的重心。下文将基于K-means动态聚类模型,通过聚类所得到的重心判断种植业与畜牧业的主要技术进步过程中的要素相对结构变化。图5-7与图5-8分别是种植业与畜牧业的聚类中心散点图,反映了2004—2013年两大类农业产业的要素相对结构调整变化的情况。

种植业要素结构的聚类得到的三类产业重心之间的距离从开始的集聚状态逐渐分散且具体产业所在的分类较为稳定。其中,具有生物化学型技术要素相对投入密集属性的种植业产业(比如蔬果产业)的重心相对稳定,而具有机械型技术要素相对投入密集属性的种植业产业(比如粮食产业)的重心则相对集聚后发散,由图5-7所示。整个过程中,先后经过了重心整体向右上方移动集聚—再向右平移并分散的过程;其中2004—2011年逐渐转变以化肥等生物化学型技术要素的密集使用节约土地的方式向两种技术要素类型共同的密集型使用以节约土地和劳动的方向进行要素配置,其后机械型技术要素进一步密集性使用以节约劳动力投入为主要方向。

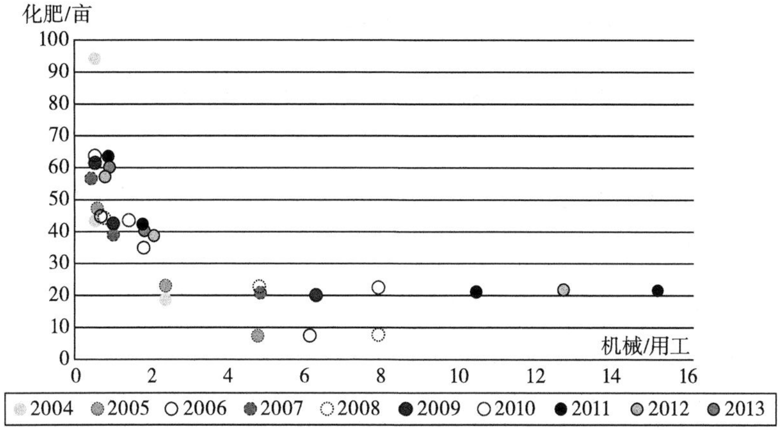

图5-7 种植业要素结构聚类重心变化

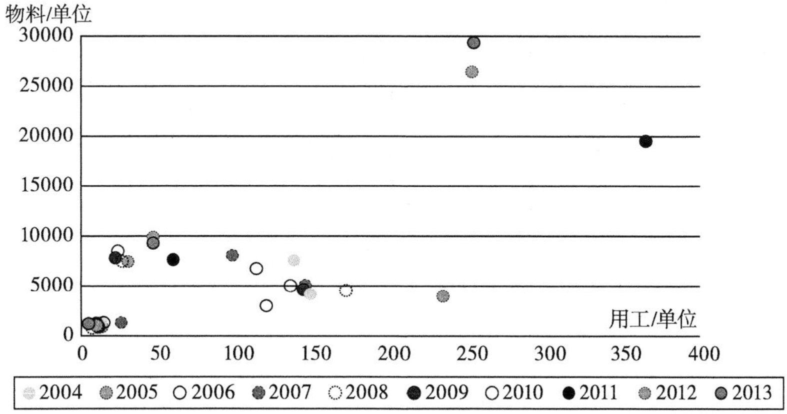

图5-8 畜牧业要素结构聚类重心变化

畜牧业要素结构的聚类得到三类重心表明各畜牧业产业较为稳定,具体的变化过程体现在图5-8中,整个过程先后经历了总体重心基本向左方的移动集聚,并在后期出现了右侧重心点向右上方分散;其中,2004—2008年变现为单位数量畜禽的劳动投入调整性的下降,随后出现了2009—2010

年短暂的稳定阶段。前两个阶段的总体相对投入结构中心较稳定,而此后则展现了右侧重心(代表山羊、牦牛等畜产品产业)的单位劳动与物料资本的双密集性投入,并与其他畜牧业产业相分离的阶段,说明节约单位畜禽的劳动投入是普遍的畜牧业要素组合原则,而对于山羊、牦牛等以产出绒毛等为主的产业则向着劳动与资本的双密集性投入方向发展。

5.3.3 要素的相对价格变动与上下游产业链关联

农业生产要素结构的动态调整体现了中国农业生产要素相对稀缺性程度调整下的农业技术进步方向。具体而言,种植业产业的机械与生物化学型技术要素对劳动与土地要素的互补与替代体现出资源节约型的农业技术进步,畜牧业产业主要呈现微弱的劳动节约型农业技术进步。除要素相对稀缺性变化外,相对价格的变化也严重影响着生产要素的配置结构。另外,为实现农业结构战略性调整目标,需要有效技术不断供应的支撑,以形成与生产结构战略性调整相适应的技术供给结构体系。这还需要从传统单一的农业生产技术进步,拓宽到产前、产后的产业链上,加强一二三产业间融合(朱希刚,2004)。由于畜牧业是种植业的天然产业链下游,则种植业产品相对价格也在一定程度上影响着畜牧业技术进步过程中的要素结构调整。因此,下文将从要素相对价格与种植业与畜牧业形成的天然上下游产业链的视角对以上各农业产业的技术进步方向进行深入分析。

表 5-6 各类种植业产业要素比价变化

年份	粮食类		经济类		蔬菜类		水果类	
	P_K/P_F	P_L/P_M	P_K/P_F	P_L/P_M	P_K/P_F	P_L/P_M	P_K/P_F	P_L/P_M
2004	14.83	3.52	21.74	2.54	22.16	3.52	26.60	4.16
2005	15.52	3.54	22.56	2.65	26.27	3.75	19.64	3.79
2006	17.33	3.46	27.28	2.96	38.57	3.47	22.46	3.94
2007	19.75	3.66	29.19	2.93	35.52	3.66	27.88	4.48
2008	17.64	3.79	15.54	3.63	29.84	4.06	23.11	4.56
2009	22.71	4.61	28.46	3.59	38.49	4.48	24.51	5.60
2010	28.33	5.27	36.26	3.86	40.08	5.21	27.90	6.11

续表

年份	粮食类		经济类		蔬菜类		水果类	
	P_K/P_F	P_L/P_M	P_K/P_F	P_L/P_M	P_K/P_F	P_L/P_M	P_K/P_F	P_L/P_M
2011	27.32	6.06	38.29	3.74	38.37	7.40	23.27	6.60
2012	27.95	7.98	35.64	4.50	38.43	7.56	29.66	8.39
2013	31.50	9.55	41.04	4.02	42.58	8.82	32.16	10.10

注：P_F，P_K，P_M，P_L分别代表肥料、土地、机械与劳动要素的价格。

资料来源：根据2005—2014年《农产品成本收益资料汇编》计算得到①。

表5-6展示了2004—2013年各类种植业产业的土地肥料要素价格比（P_K/P_F）与劳动机械要素价格比（P_L/P_M）的变化过程。两类要素的相对价格比越高，则土地或者劳动要素相对更加稀缺，而如果比价增加，则更有动力以生物化学型的肥料要素或者机械型要素的密集性的投入换取土地与劳动的节约。根据表中计算得到的要素相对价格比，种植业产业整体在这个阶段中，两类要素价格的比基本均呈现上升趋势，说明土地与劳动相对肥料与机械正在逐年呈现稀缺状态，解释了生物化学型与机械型技术要素的密集性使用的资源节约型的技术进步方向。

粮食产业土地肥料价格比值较低，而其他种植业产业尤其是蔬菜类种植业产业的价格比值较高，体现了蔬菜类产业的肥料资本密集型特征；粮食产业与水果类种植业产业的劳动机械价格比较高，说明了粮食与水果类种植业产业的机械资本密集型特征。但是，随着时间的推移，粮食类土地肥料比价增速最快尤其是从2008年开始，经济类与蔬菜类居中，水果类较慢，原本的绝对差异明显下降；而除经济类劳动机械比价增长缓慢，其他类种植业产业的该比价尤其从2008年开始增速加快，在保持相对较小差异的同时，与经济类拉开了差距。这不但有力地解释了种植业技术进步方向的重心从机械密集投入以节约劳动的方式，转向与以肥料密集投入以节约土地的共同作用、最终向机械密集化节约劳动投入的过程，同时也说明种植业产业之间

① 其中，土地、机械价格分别为每亩土地租金与租赁作业费；劳动、化肥则分别采用每亩用工成本与总用工天数之比、每亩化肥费与化肥量之比作为价格。

的肥料投入的相对密集性差异在逐渐缩小，将随着劳动要素稀缺性的逐渐凸显，成为机械型等替代劳动投入要素密集性投入的强动力。

表 5－7　各类畜牧业产业要素相对价格变化

年份	肉禽类			蛋奶类			畜产品类		
	P_L	P_K	P_L/P_K	P_L	P_K	P_L/P_K	P_L	P_K	P_L/P_K
2004	15.42	1.56	10.40	19.25	1.52	12.65	14.19	2.15	6.60
2005	17.36	1.63	11.12	21.20	1.55	13.69	16.04	2.23	7.18
2006	19.34	1.68	11.90	23.71	1.59	14.87	17.20	2.26	7.62
2007	21.57	1.89	11.60	26.09	1.84	14.19	20.37	2.44	8.34
2008	24.46	2.24	11.00	30.24	2.10	14.39	24.13	2.83	8.53
2009	28.53	2.28	12.67	32.96	2.17	15.16	27.58	2.90	9.52
2010	35.26	2.52	14.15	40.25	2.38	16.85	35.01	3.14	11.16
2011	45.01	2.74	16.55	51.10	2.56	19.93	44.89	3.38	13.30
2012	59.40	2.93	20.43	64.29	2.73	23.54	58.39	3.57	16.36
2013	70.58	3.04	23.47	75.07	2.83	26.48	71.05	3.73	19.05

注：由于精饲料在畜牧业生产投入的比例较高，故作为主要饲料资本，计其价格作为 P_K。

资料来源：根据 2005—2014 年《农产品成本收益资料汇编》计算得到①。

表 5－7 呈现了 2004—2013 年各类畜牧业产业要素相对价格即比价变化的过程。总体上，畜牧业产业的劳动与饲料资本要素价格呈逐年上涨趋势，且劳动要素价格从 2010 年开始上升幅度明显增加。在短短十年间，劳动要素价格平均上升 3.50 倍，饲料资本要素价格仅上升 84.83%。其中，各类畜牧业产业要素价格相近，蛋奶类产业劳动要素价格较高，而畜产品类产业饲料资本价格较高。蛋奶类产业劳动资本比价最高，肉禽类产业居中，而畜产品类产业较低；但劳动资本比价增速排序则刚好相反，且逐渐呈现彼此收敛的趋势。这解释了畜牧业两类子产业技术进步方向重心集聚的原因。从 2011 年开始的山羊与牦牛个别产业的突然性饲料投入增加主要是由于以内蒙古为主产地的天气骤降灾害产生的影响；此外，其他畜牧业产业间的劳动

① 其中，土地、机械价格分别为每亩土地租金与租赁作业费；劳动、化肥则分别采用每亩用工成本与总用工天数之比、每亩化肥费与化肥量之比作为价格.

与资本投入结构上的差异逐渐减小。另外,由于饲料主要是种植业产品经过各种方法加工而成,种植业产品作为产业链上游的中间品投入,其价格变化也对下游的畜牧业的劳动与饲料资本投入决策产生影响。

表5-8　各类畜牧业产业的每公斤产量耗粮变化

年份	生猪	肉牛、羊	肉鸡	蛋鸡	奶牛	畜产品
2004	1.997	6.017	4.628	1.277	0.373	—
2005	1.891	4.262	4.549	1.313	0.367	—
2006	1.917	4.626	4.560	1.310	0.381	22.481
2007	2.062	5.308	4.374	1.300	0.376	14.387
2008	2.166	4.843	4.669	1.291	0.375	16.776
2009	2.180	5.376	4.499	1.219	0.369	22.199
2010	2.149	5.111	4.430	1.233	0.376	22.909
2011	2.193	5.332	3.905	1.205	0.364	20.978
2012	2.219	4.993	3.877	1.253	0.376	19.782
2013	2.234	5.081	4.159	1.259	0.378	23.008

注:由于从2006年畜产品才开始汇报耗粮量,因此在之前的年份用"—"代表缺失值。

资料来源:根据2005—2014年《农产品成本收益资料汇编》计算得到①。

下文将进一步从种植业与畜牧业的产业关联性出发,对畜牧业产业的技术进步方向进行分析。考虑统计单位的差异,选择用每千克产量所消耗的粮食量表现上下游产业链的关联性。表5-8列出了2004—2013年各类畜牧业产业平均每千克产量的耗粮变化。整体上看,除生猪产业单位产出耗粮量还在小幅上升外,其他畜牧业产业的单位产出所对应的耗粮量基本出现微弱的回落,说明畜牧业产业的技术进步过程中粮食的中间投入利用率也在不断提升。其中,山羊、散养肉羊产业的单位产出所消耗的粮食量明显较高,除山羊外的其他畜产品产业、生猪与蛋鸡产业居中,而奶牛产业最低;另外,在不同规模的畜牧业产业中,奶牛产业是规模越大、单位产出耗粮量越少,但差异逐渐降低,而生猪、肉鸡与蛋鸡产业的情况刚好相反,且这些

① 其中,土地、机械价格分别为每亩土地租金与租赁作业费;劳动、化肥则分别采用每亩用工成本与总用工天数之比、每亩化肥费与化肥量之比作为价格。

产业的大规模生产的单位产出耗粮量与散户或中小规模的差异在逐渐扩大,散户与中小规模差异较小。这说明山羊、散养肉羊产业的技术进步与其上游所对应的种植业产业技术进步关联较密切,与同行业的中小规模产业相比,大规模生猪、肉鸡与蛋鸡产业的技术进步与其上游种植业产业技术进步关联更为密切。

5.4 产出转化能力的产业间比较

基于农业技术进步的综合能力评价,产出转化能力的作用日趋显著。从全要素生产率视角看,各类农业产业的技术进步是科技创新的不断推广与深化,以及通过优化要素结构与经营管理能力产相配合改善共同作用的结果。因此,为更进一步比较各类主要农业产业的技术进步效果差异,下文将继续对各类主要农业产业近年来的技术进步效果差异进行全要素生产率框架下的实证测算与因素分解,并据此分析讨论各类农业产业的技术进步效果、主要影响因素与未来驱动方式。

下文开展的实证分析所需数据来自于2005—2014年《农产品成本收益资料汇编》中的成本收益与费用数据、2014年《中国统计年鉴》中2004—2013年的各类农业生产资料的价格指数数据以及2005—2014年《中国农产品市场价格住户调查年鉴》中的各类农产品生产者价格指数数据。选择了上述分析的25个主要的种植业产业与18个畜牧业产业,并根据之前分析结论按照产业自身相似性,将种植业进一步划分为粮食类与经济类作物产业(共10个),蔬果类产业(15个)两大类;将畜牧业划分为肉、禽、蛋、奶类产业(16个),畜产品产业(5个)两大类。兼顾各类农业产业的样本量与测算准确性以及全要素生产率测算模型的特点,下文实证模型将运用DEA(数据包络分析)方法。考虑各类农产品的市场价格波动幅度较大,模型将选择各类产业的农产品单位产量作为产出变量,生产用工量和直接物质服务费用作为两个投入变量,并分别运用各类农产品历年的农业生产资料价格指数剔除价格因素来测算2004—2013年各主要农业产业全要素生产率变化,并基于DEA - Malmquist指数下的技术进步、技术效率变化分解,从而对比各类产业间的技术进步差异。基于 DEA 模型的 Malmquist 指数公式如下：

$$m_0(y_{t+1},x_{t+1},y_t,x_t)=\frac{d_0^{t+1}(x_{t+1},y_{t+1})}{d_0^t(x_t,y_t)}\times\left[\frac{d_0^t(x_{t+1},y_{t+1})}{d_0^{t+1}(x_{t+1},y_{t+1})}\times\frac{d_0^t(x_t,y_t)}{d_0^{t+1}(x_t,y_t)}\right]^{1/2} \tag{5-1}$$

其中，(x_{t+1},y_{t+1})、(x_t,y_t)分别代表 $t+1$ 与 t 时期的生产性可能点，d_0^t 和 d_0^{t+1}分别表示以 t 时期与 $t+1$ 时期技术为参照的距离函数。(5－1)式左侧的曼奎斯特指数是由右侧的两项技术效率变化指数与技术进步指数相乘得到的，代表全要素生产率变化，当指数大于1时，说明存在相应技术进步因素的改进；反之，则表示存在相应的倒退。该生产率指数需要基于 DEA 距离函数并线性规划法对有关投入产出的各类函数进行计算求解。具体距离函数如下：

$$\begin{array}{ll}
[d_0^t(x_t,y_t)]^{-1}=\max_{\phi,\lambda}\phi & [d_0^{t+1}(x_{t+1},y_{t+1})]^{-1}=\max_{\phi,\lambda}\phi \\
\text{s.t.}\ -\phi y_{i,t}+Y_{t+1}\lambda\geqslant 0 & \text{s.t.}\ -\phi y_{i,t+1}+Y_{t+1}\lambda\geqslant 0 \\
x_{i,t}-X_{t+1}\lambda\geqslant 0(\lambda\geqslant 0) & x_{i,t+1}-X_{t+1}\lambda\geqslant 0(\lambda\geqslant 0) \\
[d_0^t(x_{t+1},y_{t+1})]^{-1}=\max_{\phi,\lambda}\phi & [d_0^{t+1}(x_t,y_t)]^{-1}=\max_{\phi,\lambda}\phi \\
\text{s.t.}\ -\phi y_{i,t+1}+Y_t\lambda\geqslant 0 & \text{s.t.}\ -\phi y_{i,t}+Y_{t+1}\lambda\geqslant 0 \\
x_{i,t+1}-X_t\lambda\geqslant 0(\lambda\geqslant 0) & x_i-X_{t+1}\lambda\geqslant 0(\lambda\geqslant 0)
\end{array} \tag{5-2}$$

式(5－2)中，ϕ 代表实际产出水平与潜在产出水平的距离，其倒数则表示技术效率；若 ϕ 大于1表明决策单元处于无效率区，若 ϕ 等于1表明决策单元处于有效率区，即在生产前沿面上。

采用 DEAP 2.0 软件测算上述距离，并将得到的结果整理为图5－9至图5－12。其中，图5－9与图5－10分别显示了2004—2013年各类种植业产业的技术进步分解情况。在此期间，种植业整体呈现全要素生产率增长的技术进步状态。其中，粮食类与经济类种植业产业的全要素生产率的增长幅度与波动逐渐趋缓且技术进步与技术效率变化因素的作用，也逐渐降低与趋同；而蔬果类产业的全要素生产率的增长幅度与波动均呈现周期性的放大，技术进步与技术效率变化因素的作用也在增强与拉大；2004—2008年，各类种植业全要素生产率变化主要由技术效率改进拉动，而2009—2013

年,粮食与经济类产业的技术进步仍然体现在技术效率的改进上,而蔬果类产业的技术进步则受到技术进步与技术效率变化的交替作用影响。这说明在此期间,粮食与经济类产业的技术进步的脚步在逐渐放缓,而蔬果类产业的技术进步的步伐正在扩大,但同时面临着波动性的风险与挑战;技术效率改进在各类种植业产业技术进步过程中具有重要作用。

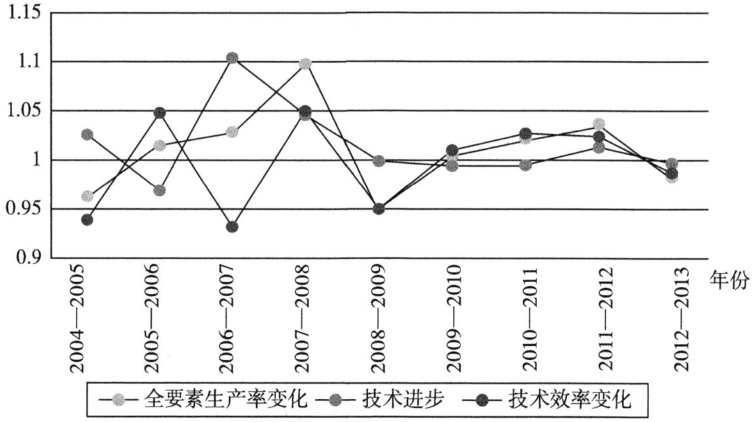

图 5－9　粮食与经济类作物产业技术进步分解

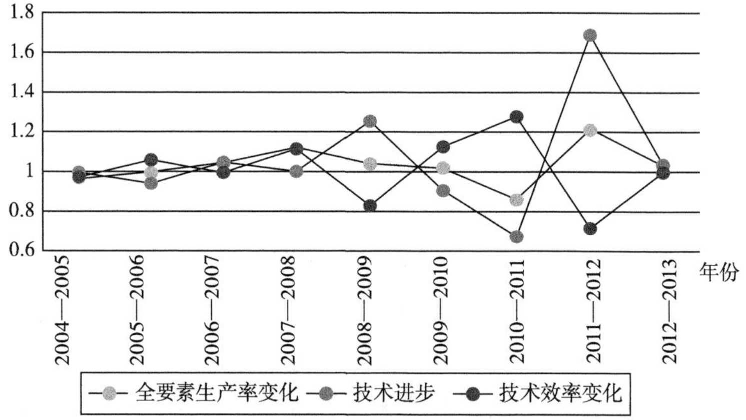

图 5－10　蔬果类产业技术进步分解

图 5－11 与图 5－12 分别显示了 2004—2013 年各类畜牧业产业的技术进步分解情况。整体来看,畜牧业产业尤其是畜产品产业呈现出全要素生产率波动不稳定的技术进步状态。其中,肉、禽、蛋、奶类产业的全要素生产

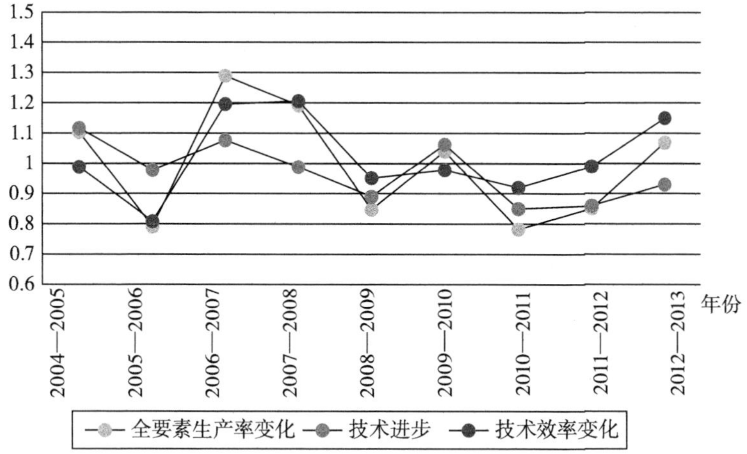

图 5-11　肉禽蛋奶类产业技术进步分解

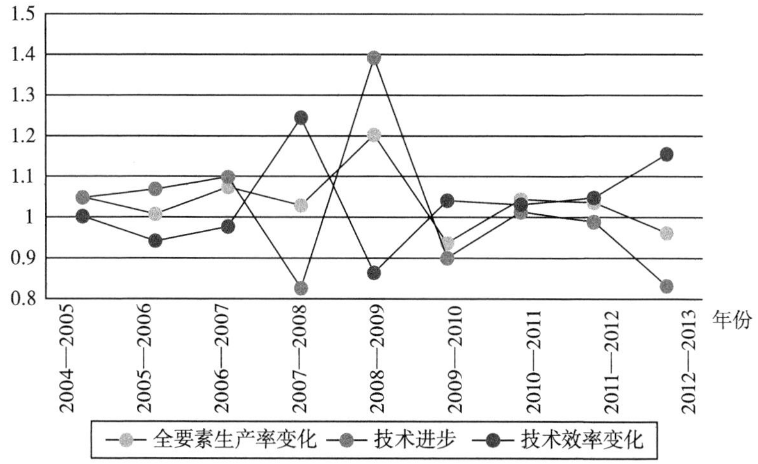

图 5-12　畜产品产业技术进步分解

率的增长幅度先扩大后收窄，由于后期技术进步与技术效率变化因素交替相反的作用；其中，畜产品产业的全要素生产率的波动趋缓。2004—2008年，技术进步与技术效率变化因素共同作用拉动了各类畜牧业产业全要素生产率增长，而 2009—2013 年，技术效率的改进成为全要素技术进步的动力，而狭义技术进步率的萎缩则成为制约因素。这说明同种植业产业一样，畜牧业产业技术进步主要源于生产过程中的经验积累与管理能力提高带来的技术效率改进，而在畜牧业科技进步的正外溢逐渐减弱的过程中，狭义技术进步逐渐成为制约因素。

结合对科研投入与生产支撑能力的研究结论，针对各类农业产业而言，如何在继续强化要素结构优化与配套生产管理能力提升所带来的技术效率改进优势，并通过保障种植业的科研投入与技术推广转化率以及侧重促进畜牧业的技术推广的转化率改善狭义技术进步的劣势，是激发各类农业产业技术进步的关键。

5.5 本章小结

主要农业产业的技术进步是整体农业技术进步的支撑。本章从农业技术进步的全过程思路出发，基于 Cov－AHP 模型方法对种植业与畜牧业的综合农业技术进步水平进行评价，进而基于农业技术进步过程中的科研投入能力、生产支撑能力以及产出转化能力，分别结合 K－means 动态聚类与 DEA－Malmquist 等方法逐层对 2004—2013 年各类主要农业产业的技术进步方向与效果进行测算与比较解析，得到主要结论如下：

（1）种植业和畜牧业表示科研投入能力在 2004—2013 年基本呈现稳步上升趋势；种植业与畜牧业的综合技术进步水平彼此接近；生产支撑能力与产出转化能力的贡献逐年增强，且与科研投入能力的贡献水平趋同。

（2）从以科技创新推动的生产前沿面扩张的能力看，在此期间种植业的提升不明显也不稳定，畜牧业则出现了稳步提升；从生产支撑能力变化的角度看，种植业技术进步经历了机械密集投入以节约劳动，转向与密集投入肥料节约土地共同作用再向进一步机械密集化投入节约劳动的过程；产业间肥料投入的相对密集性差异逐渐缩小，劳动要素相对价格推动了机械要素的密集性投入。畜牧业主要技术进步过程呈现微弱的劳动力节约趋势，畜禽产业间的劳动与资本投入结构上的差异逐渐减小，要素价格呈现逐年上涨的趋势；蛋奶类劳动要素价格相对较高，而畜禽产品类饲料资本价格相对较高。从上下游产业技术进步关联看，山羊、散养肉羊产业以及大规模肉鸡、生猪与蛋鸡产业的技术进步与粮食类产业技术进步关联较密切。

(3)在此基础上,对各类农业产业技术进步效果的实证测算结果表明:粮食类与经济类作物产业技术进步脚步逐渐放缓;蔬果产业整体技术进步的步伐扩大,但同时面临着波动性的风险与挑战;经验积累与管理能力提高带来的技术效率改进基本上主导了该阶段的技术进步。畜牧业产业整体技术进步存在周期与波动性放缓;技术进步在初期源于要素结构优化的技术效率改进与技术进步的共同作用,但在后期,来自于科研与转化能力的狭义技术进步逐渐成为制约技术进步的因素。因此,如何在继续强化要素结构优化与配套生产管理能力提升所带来的技术效率改进优势,并通过保障种植业的科研投入与技术推广转化率以及侧重促进畜牧业的技术推广的转化率改善狭义技术进步的劣势,是当前激发各类农业产业技术进步的关键。

第6章　技术禀赋对农业技术进步的影响

作为农业技术进步的载体，农户自主性技术水平改善过程汇聚在一起形成了地区与产业的农业技术进步，从根本上影响着农业技术进步的效果与未来深化发展的空间。在全要素生产率视角下，农户改善技术水平的驱动方式同样包括狭义技术进步和技术效率改进，分别通过促进新技术的采纳、增强转化能力、调整优化要素结构并提升经营管理能力的方式得以实现。此外，农户所具有的与技术相关的禀赋决定了其通过这些方式改善技术水平的能力。

从新技术的采纳视角看，拥有多样化技术传播渠道获取能力的农户更易采纳新技术（汪三贵和刘晓展，1996）；技术认知水平（孔祥智等，2004；周宁，2007）、技术信息与推广的获取能力（徐世艳等，2009）、家庭与外部环境特征不同的农户在不同类型农业技术采纳行为上有所差异（唐博文等，2010）。农户技术水平改进效果则主要受其文化素质（陈超和周宁，2007；宋燕平和栾敬东，2005）、种植经验等、信贷水平（王永齐；2007）等因素影响。

农户层面的农业技术进步效果不但受到上述因素影响，还受风险认知、周围、决策等技术环境因素影响。由于大多数农户对新技术认知能力有限以及抗风险能力较弱，农户更易于接受经验型和模仿型的新型农业技术，且技术水平的改善过程易受社会文化相容性的影响，即人际网络链中具有领导力的农户对其他农户具有显著的"示范效应"。人力资本、前期技术经验对后续的新技术集成的作用较大（Aldana 和 Foltz，2011），但随着时间的推移，前期经验的作用强度减弱，而以邻里经验为基础的社会资本逐渐成为农户获取决策信息以提高技术、增加收益的主要方式(Foster 和 Rosenzweig, 1995;汪红梅,2011;Bandiera 和 Rasul,2002)。另外,农户对具有环境正外溢技术的采纳动力相对不足,导致该类技术的扩散相对缓慢(Fuglie 和 Kascak, 2001),且长期连续的技术采纳稳定性也不高(李想等,2013)。因此,政府需要充当制度供给者、环境营造者和主要投资者的角色(辜胜阻等,2000),除农业技术推广服务,对具有长期环境正效应的新型农业技术进行有针对性的技术补贴,在新技术推广初期具有重要意义(乔金杰等,2014;邓祥宏等, 2011;Noltze 等,2013)。

综上,在复杂的微观农业技术进步过程中,人力与物质资源等农户技术禀赋同时影响着农业技术的采纳与效果的发挥,甚至持续推进行为。为便于系统性地分析上述与技术扩散与技术进步效果的相关禀赋影响,下文将其统一定义为技术禀赋。技术禀赋的差异影响着农业技术进步的效果实现,在农户普遍的技术禀赋较低以及农业技术推广资源有限的制约下,构建包括技术采纳与应用两个主要农业技术进步环节的全过程影响机制,借此探讨如何提高生产一线的可持续地自主农业技术进步具有重要的现实意义。为有效体现技术禀赋与“示范效应”对微观农业技术进步的综合影响,本章将采用具有技术推广与示范应用工程的北京市设施果类蔬菜种植农户的实地调研数据,进行有针对性的实证分析。首先剖析全要素生产率视角下技术禀赋对农业技术进步的全过程的影响机制,进而从其对技术采纳决策与应用效果的具体影响进行逐层研究与实证分析,并探讨可持续性的技术扩散与改进的有效途径。

6.1 技术禀赋对农业技术进步影响机制分析

技术扩散的属性决定了技术进步的过程性,它无法一蹴而就。无论是代表科技进步的新型技术的采纳过程、要素结构随稀缺性的调整还是生产经营经验与管理能力的积累都需要一个过程。农业技术进步的过程源自农户主动提高投入产出效率的技术改善,而技术禀赋则是衡量农户个体改善技术能力的指标。根据农户经济理论以及调研访谈经验,将其具体影响作用机制总结如下图6－1。

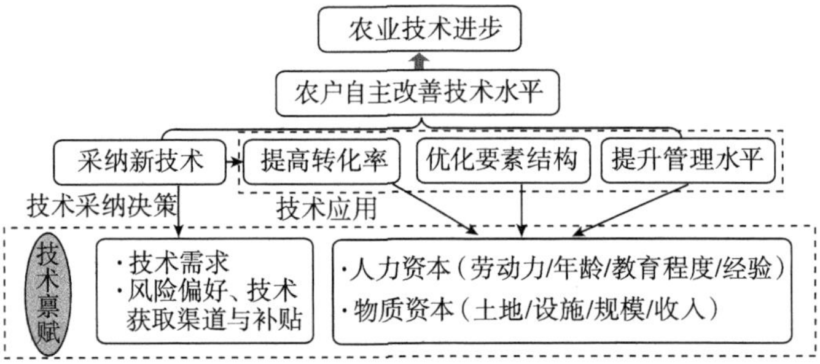

图6－1　技术禀赋对农业技术进步的影响机制

农户自主改善技术水平的行为汇聚在一起构成了农业技术进步，这在实践中主要通过提高新技术采纳与转化率（通常农户面临多类新型技术）、优化要素的投入结构以及提升其经营管理能力等提高技术效率的方式来实现。其中，决定农户技术采纳决策的因素包括农户对于技术的需求（包括技术认知）以及技术偏好、获取技术的渠道与配套的补贴情况；影响技术转化率、要素结构优化与经营管理能力的因素主要包括农户家庭的劳动力数量、户主年龄、教育程度、种植经验、土地面积、设施类型、规模化程度、农业与家庭总收入等。由于这些因素共同决定着农户技术改善能力，因此在本章中将均被定义为技术禀赋。从农户经济理论角度出发，农户技术采纳决策基于对节约成本或者增加收益的目的与尝试新技术所面临风险的理性权衡。农户对技术的主观需求是采纳技术的根本动力，但由于实际农业技术推广扩散所需的资源有限以及分布不均等原因，农户对于技术认知也存在差异；户主的风险偏好与获取技术的渠道与补贴的能力，都将影响农户的潜在技术采纳行为。而在采纳技术生产经营的效果上，农户需要综合运用其所能支配的基本人力与物质禀赋配合其选用的技术进行技术水平的改善；人力资本禀赋主要体现的是农户经营管理能力，而物资资本禀赋则主要体现的是自身抵御风险的保障能力。其中，技术需求、相关技术补贴与人力和物质资本是同时影响技术采用与技术进步效果的因素。

在图6－1中不难发现，各类技术禀赋是作用于农业技术进步的有机体，不但影响着新技术的采用决策，同样对技术应用效果造成影响，给准确测算各种技术禀赋因素对农业技术进步的影响带来了一定的挑战。

6.2　技术禀赋下的技术采纳现状

基于上述机制分析，提高技术采用率需要促进农户对新技术的采用决策，而这需要包括农户对技术的需求、对技术的认知、风险偏好、技术获取渠道是否畅通与相关补贴等在内因素的共同作用。本节将首先从技术需求与认知、风险偏好、获取渠道与技术补贴等技术禀赋差异入手，分析以上技术禀赋对农户采纳技术过程的影响，为研究其对技术进步效果的影响奠定基础。

鉴于主推技术与农户技术禀赋的地区差异性与研究对象的可比性，下文的分析将以 2013—2014 年北京市设施蔬菜农户生产的技术情况为例展开。蔬菜产业在北京市农业产业中占有重要地位，北京市作为中国设施蔬菜的优势产区，技术推广体系较为完备，更连续多年受到高产高效技术示范建设工程等政策支撑，能有效支撑从技术禀赋视角对影响农户技术进步主要因素的研究。下文的实证分析数据来自于所在团队于 2013—2014 年在北京市选取的 13 个区县，每个区县随机选择 6 个设施蔬菜生产乡镇，每个乡镇 2 个村的设施蔬菜种植农户的实地预调研与改进调研，调研内容主要包括农户的技术采纳决策与投入产出等相关生产经营情况，最终获得可用问卷样本 547 户（其中，示范户 308 户，非示范户 239 户）。

6.2.1　技术需求与认知

技术需求是农户选择采纳相应技术的基础，这种技术意愿与认知共同反映了农户自发采纳技术的内在动力。农户在自身技术禀赋与外部环境的双重作用下，总是倾向于理性地分配其拥有的要素以获得最大的效用。无论是在相同投入下追求产量与产值的提升，还是在保证一定收益下的成本节约，都需要引进农业技术加以实现。因此，农户会由于自身禀赋对不同类型技术产生不同程度的需求。

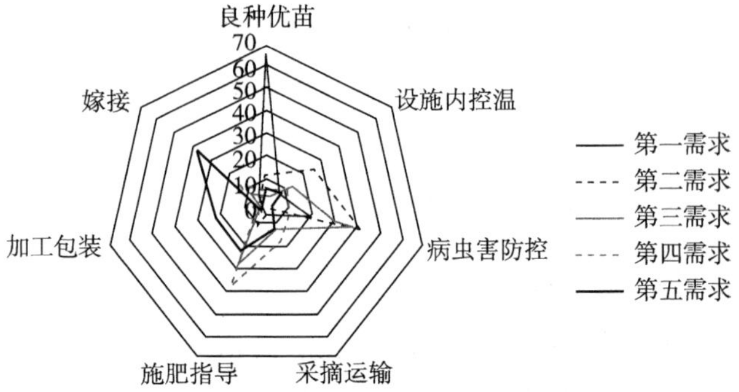

图 6－2　各类具体技术需求优先序

图 6－2 展示了农户对于不同种类技术需求的优先序情况，主要显示了蔬菜农户在包括良种优苗、嫁接、设施内控温、病虫害防治、施肥指导、采摘运输、加工包装等主要技术上的需求中前五所分别占的百分比。如图，农户的首要以及第二技术需求均集中在良种优苗、病虫害防治与设施内控温技术上，说明目前蔬菜种植农户的首要需求以及第二需求是希望采用优良品种、通过控制设施的温度以及防病虫的措施获得质与量上的产出水平的提升。其中，第一技术需求中良种优苗技术占 64.41%，第二技术需求中病虫害防治技术占 41.97%。在农户心中，排名第三与第四需求除保持了原本在病虫害防控与设施内控温技术外，主要新增了对于施肥指导、采摘运输技术上的需求，说明农户在肥力、连作障碍等土壤要素的特性制约以及劳动成本逐年上升中，对补充土壤肥力以及替代劳动的施肥与采摘运输技术上产生了相应的需求，这在第四需求中占比更高也更为明显。其中，施肥指导技术在第四需求中的比例达到了 37.5%。农户第五技术需求则进一步转移至嫁接与加工包装技术上，这两类技术相对其他技术的层次较高，说明农户在技术需求上倾向于急迫而近期容易实现的技术，其次考虑产生的附加值较高也难以近期达成的技术。

图 6－3 是 2013—2014 年北京市蔬菜农户对各类具体技术的认知率与采用率情况。图中所示的具体农业技术按照各自的特性可以分为高产高效型、质量安全型以及环境友好型三类。其中，高产高品质品种、CO_2 吊袋技

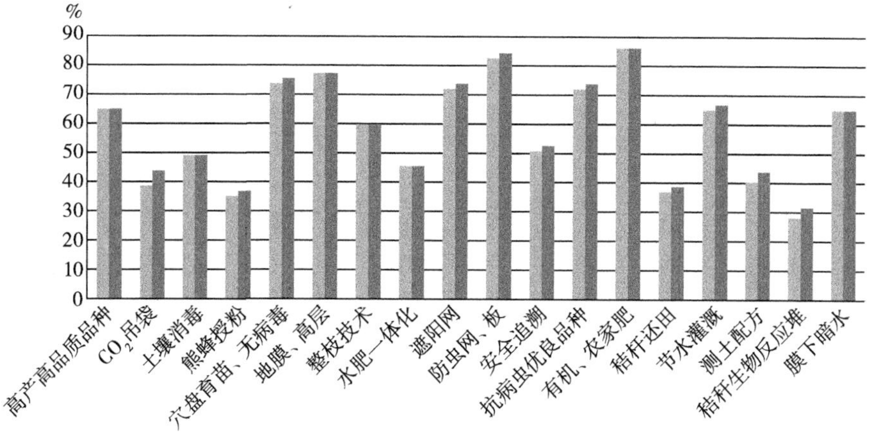

图 6 - 3　各类技术的认知率与采用率

术、土壤消毒、熊蜂授粉、穴盘与无病毒育苗、地膜与高层覆盖、整枝技术、水肥一体化与遮阳网属于高产高效型技术；防虫网与防虫板、食品质量安全可追溯、抗病虫优良品种属于质量安全型技术；有机/农家肥、秸秆还田、节水灌溉、测土配方施肥、秸秆生物反应堆以及膜下暗水、滴灌等技术属于环境友好型技术。如图所示，整体而言，目前农户对于质量安全型技术的认知与平均采纳水平最高，质量安全可追溯技术的认知率与采用率最低，也均超过了 50%；其次是高产高效型技术，防虫网与防虫板技术、地膜与高层覆盖技术、穴盘与无病毒育苗技术、遮阳网技术与高产高品质品种技术的采用率依次超过了 60%；环境友好型技术的认知率与采用率则相对较低，仅有节水灌溉与膜下暗水技术的认知率与采用率较高，超过了 60%。

6.2.2　风险偏好、技术获取渠道与补贴

基于“生存法则”理论，风险偏好、技术获取技术的渠道以及相关技术补贴从风险的角度对农户技术的采纳决策产生影响。图 6 - 4 展示的是各类技术的采纳农户所对应的风险偏好比例以及从认知技术到实际采用的滞后年限情况。如图 6 - 4 所示，总体来看，采纳各项农业技术的农户中持风险偏好态度的比例普遍较高，均在 70% 以上，风险中性态度的比例其次，厌恶风险的比例较低。其中，在土壤消毒技术的采用上的风险偏好占比最高达到了

85.19%,说明采纳技术的农户对于可能承受的风险并不很在意或者具有一定应对风险的能力。

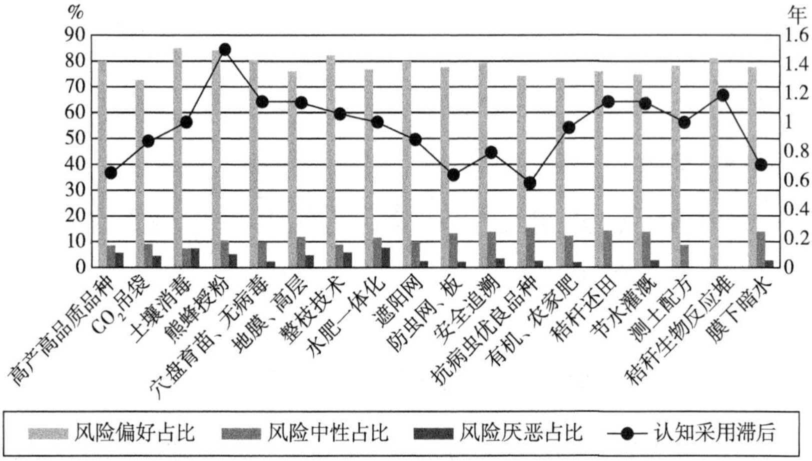

图6-4 各类技术的风险偏好与认知采用滞后

对技术采纳尤其是带有一定周期特点的农业技术的采纳效果,具有不同程度的时滞性,因而通常扩散的速度较慢。图中所示的折线体现的就是农户采纳各类技术较认知技术的平均滞后年限。与技术认知与采用率的情况类似,质量安全型技术的认知—采用滞后年限较短均不超过1年,其中采纳抗病虫优良品种技术的平均滞后不到6个月;其次是高产高效型农业技术,除平均具有1.5年滞后采纳期的熊蜂授粉技术外,平均认知—采纳滞后年限平均约为0.93年,其中,高产高品质品种与防虫网、防虫板技术的平均采用年限均不到半年,可能是由于这两种具体技术采用能够带来直接效果或收益上的提高;除膜下暗水与滴灌技术的滞后采用年限仅为0.7年外,其他环境友好类的技术从认知到采纳需要平均经过1.12年之久,说明即使是最终采纳环境友好型农业技术的农户,对于这类技术的需求使用意愿也并没有很迫切,这可能也是造成上述所提到的认知与采用比例较低的现象的主要原因。值得注意的是,这类技术存在的环境正外部性对于中国农业未来可持续发展具有重要意义,因此更需要采取措施鼓励农户更多地采纳。

尽管农业技术的扩散采用过程的天然动力来自于农户出于增产与节本目

的的意愿与风险性的权衡。但是在农业周期性的特征下，尤其对于采用效果周期较长，以及直接效果短期不明显而具有正外部性的技术，单纯依靠农户的理性很难推动技术扩散，产生相应的技术效果与整体技术进步。在这种情况下，农业技术所对应的获取渠道以及补贴的配套保障就显得尤为重要。

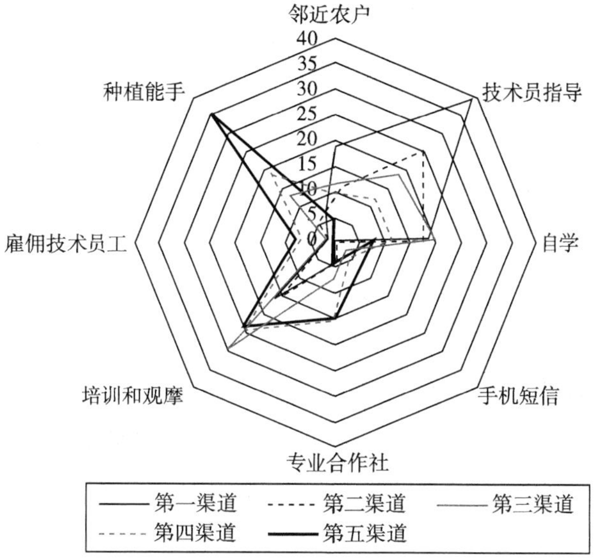

图6－5　农户技术获取渠道与优先序

图6－5反映了农户所能获取技术的渠道按照优先序的排列情况，图中选择了排名前五的渠道进行了展示。如图，农户获取技术的渠道主要包括培训和观摩、技术员指导、自学以及参考邻近农户。其中，农户获取技术的首要渠道是技术员的实地指导，第二至第五个获取技术的渠道主要是培训与观摩。通过专业合作社与雇佣种植能手也是农户排在第四与第五位的技术获取渠道。这说明目前北京市农业推广机构的技术员指导模式以及针对性的培训与观摩讲座对于在农业技术推广与采用上具有主导作用。

农业技术获取渠道的分散多样化便于促进农户采纳技术，而与之相应的农业补贴则降低了农户采用技术的成本或者通过提供配套的保障降低农户采纳新型技术可能面临的风险。农业补贴的形式也因对应的补贴对象不同而略有差异。其中，对于农机具购置、配方肥、农药与保温被购置等总购

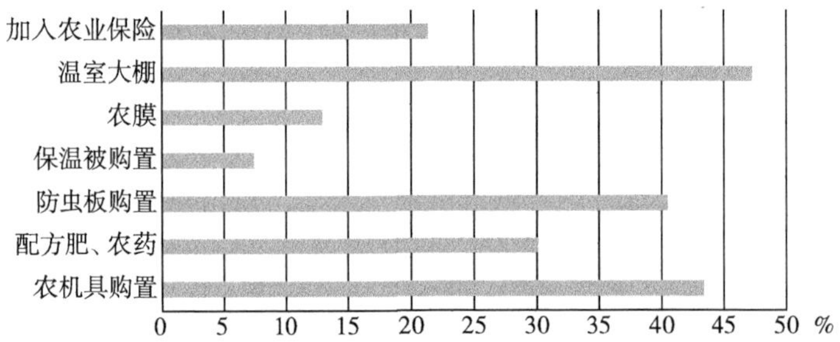

图 6-6　农业补贴覆盖率

买成本较高的农资,补贴主要方式是政府对前期购买价格补贴、采取购买后部分返现补贴或者偶尔有农技推广机构赠送;而对于防虫网、防虫板购置、农膜购买这类价格较为便宜的农资,政府补贴的方式主要是农技推广机构等免费赠送;另外,大棚建设补贴早期是以政府出资建设,农户免费使用的方式补贴,后来演化成农户修建费用的部分返还方式,逐渐随着设施蔬菜生产收益的提高而消失;加入农业保险的补贴主要以政府免费赠送或者政府与农户按照一定比例缴纳保费形式进行补贴。图 6-6 展示了各类农业补贴的覆盖率,即获得相应补贴的农户占农户整体的比例。总体上看,各项农业补贴的覆盖率均不超过 50%。其中,温室大棚的建设补贴、农机具与防虫板、防虫网购置与配方肥、农药等的补贴覆盖率较高,均在 30% 及以上,其次是加入农业保险的补贴为 21.36%,而对农膜以及设施保温被的补贴覆盖率则较低,分别仅为 12.94% 与 7.44%。需要强调的是,农业保险作为农户生产性风险的保障,尤其是以农业产量等为承保对象,实际操作层面上所需技术较为复杂。虽然事关农民增产增收的保障问题,但由于短期很难得到农户的认可,尤其需要政府在初期更大范围地补贴引导。

6.3　技术采纳对农业技术进步效果影响的实证分析[①]

微观农业技术进步作为一个复杂的动态过程,其效果是通过农户技术

① 本节内容在《基于 PSM-SFA 两阶段模型的农业生产创新——来自北京市示范户与非示范户的实验》基础上修订完成。

采纳阶段与应用管理阶段集成作用,逐渐释放出来的,以上两个阶段均要受到包括农户应用经营管理能力禀赋的影响。如上所述,提高新技术的采纳与转化率、理性调整要素组合并提升技术管理水平,是农户改善技术,从而推动整体技术进步的主要方式,三者之间并不孤立。引入新技术的效果发挥需要通过提高技术采用与转化率,要素结构调整并相应技术的管理能力得以实现。

技术采纳对农业技术进步的影响在很大程度上受到包括户主教育水平、种植经验、农户种植类型与专业化程度、规模化程度在内的基础禀赋因素的影响。但在以往研究中,通常忽略这种非技术因素对技术采纳与效果同时造成的样本"自选择"偏差,导致实证结果缺乏准确性与有效性。陈玉萍等(2010)与Pan(2014)先后运用PSM方法对农业技术效果进行评价,考虑具体技术在全要素生产率视角下的技术进步效果。近期研究开始兼顾技术采用的样本"自选择"偏差与应用管理能力差异在模型方法上的结合(Greene等,2010;González - Flores等,2014)。为准确测算采用技术产生的农业技术进步效果,下文将采用倾向得分匹配(PSM)方法进行实证模型的构建与分析。

6.3.1　实证方法原理与模型应用

PSM方法是由Rosenbaum and Rubin在1983年的研究中最早引入,由于倾向得分匹配方法的模型仅是关于变量协方差的方程,该方法既能使匹配后样本组变量协方差分布更具平衡性,又具有无偏差的优良特性,因而被广泛应用于政策评估中。为尽量避免上述所提到的采纳技术决策农户的样本"自选择"偏差对技术采纳本身的效果的测算影响,下文也将运用这种倾向得分匹配方法进行模型构建。其方法的原理解释如下:

$$ATT = E(Y_i^1 \mid D_i = 1) - E(Y_i^0 \mid D_i = 1) = E(Y_i^1 - Y_i^0 \mid D_i = 1) \quad (6-1)$$

$$\begin{aligned} ATE &= E(Y_i^1 \mid D_i = 1) - E(Y_i^0 \mid D_i = 0) \\ &= E(Y_i^1 \mid D_i = 1) - E(Y_i^0 \mid D_i = 1) + E(Y_i^0 \mid D_i = 1) - E(Y_i^0 \mid D_i = 0) \\ &= ATT + E(Y_i^0 \mid D_i = 1) - E(Y_i^0 \mid D_i = 0) \end{aligned} \quad (6-2)$$

在6－1式和6－2式中，D_i 代表 i 农户对某项技术的采纳情况，$D_i=1$ 表示采纳技术，$D_i=0$ 表示未采纳技术，Y_i^1 和 Y_i^0 分别代表采纳技术后与采纳技术后的产出。评价技术创新的贡献中需要测算的是采纳技术农户的前后产出差异，即6－1式中的ATT（Average Treatment effect on the treated）。然而，通常只能观察到的采纳与未采纳技术农户的产出差异，即6－2式中ATE（Average Treatment effect），由于所需要对照的采纳技术之前而未获得收效的反事实对照组 $E(Y_i^0 \mid D_i=1)$ 却很难观测到，造成测算结果有偏且有效性下降。因此，下文中将引入PSM方法，在假设其他变量与是否采纳技术相互独立（独立分布假设），在农户对技术采纳得分非负（共同支撑假设）前提下，采用最近邻、核密度等方法对采纳与未采纳技术农户进行技术禀赋匹配，找到与技术采纳组农户的技术禀赋相似但非技术采纳农户样本对照组，并据此测算技术采纳的技术进步效果的方法。该方法能剔除技术采纳阶段的样本"自选择"偏差，为进一步测算技术应用阶段的管理创新能力作用奠定基础。在匹配算法选取上，拟采用平均匹配质量、降低偏差效果较理想的可替代最近邻匹配法（nearest neighbor matching with replacement），该算法原理如下：

$$\hat{\tau}\mid_{T=1}=\frac{1}{|N|}\sum_{i\in N}\left(Y_i-\frac{1}{|J_i|}\sum_{j\in J_i}Y_j\right) \tag{6－3}$$

在6－3式中，$|N|$ 代表试验组即采用技术组样本量，$|J_i|$ 代表匹配后的对照组即未采纳技术组的样本量，Y_i 与 Y_j 分别代表技术采纳组与对照组的产出变量。即通过匹配得到未采纳技术农户的对照组与采纳技术农户的试验组的产出，进而得到试验组平均偏离匹配对照组的产出变量差异，就是采纳技术农户的试验组的平均效果（ATT）。

另外，由于不同种类技术的自身差异，通常采纳相应技术所需禀赋也必然有所不同。因此，为运用倾向得分匹配的方法寻找更合理的对照组，实证测算将按具体技术分类展开。Sunding和Zilberman（2001）将诱致性农业技术按照其作用分为产量增加、成本节约、质量提升、环保健康四个大的类型。结合中国正面临的环境污染严重等制约以及生产经营方式面临着质与量上的需求扩张的现状，在调研问卷的设计中将主推农业技术分为高产高效型、质量安全型与环境保护型三种技术类型。为更有针对性地研究技术采纳的农业技术进步效果,下文将选取其中最具普遍代表性的良种优苗、病虫害综合防控与测土配方施肥技术为研究对象。

6.3.2　数据分析与模型构建

基于上述 PSM 模型原理,在构建技术采纳对技术进步效果产生影响模型时,需要将同时影响技术采纳决策与效果产生的技术禀赋纳入(董莹和穆月英,2016)。结合本章已有的数据来源与机制分析,下文将选择技术需求意愿、相关补贴与基本生产经营禀赋等具体因素,并对采纳与未采纳技术农户进行分类统计分析如表 6-1。

表 6-1　按技术采纳情况分农户自身禀赋特征

变量	良种优苗技术				病虫害综合防控技术				测土配方施肥技术			
	未采纳农户		采纳农户		未采纳农户		采纳农户		未采纳农户		采纳农户	
	均值	标准差	均值	标准差	均值	标准差	均值	标准差	均值	标准差	均值	标准差
示范户(0,1)	0.66	0.47	0.71	0.45	0.59	0.49	0.78	0.41	0.66	0.47	0.78	0.42
技术需求(0,1)	0.32	0.47	0.85	0.35	0.38	0.49	0.77	0.42	0.22	0.42	0.69	0.46
年龄(岁)	47.50	1.20	48.16	1.20	48.36	1.17	47.39	1.22	47.75	1.20	48.28	1.19
经验(年)	9.14	2.21	11.35	2.17	10.47	2.05	10.14	2.35	10.32	2.19	10.25	2.24
受教程度(年)	9.25	1.28	9.57	1.32	8.93	1.30	9.94	1.30	9.32	1.31	9.83	1.28
播种规模(亩)	3.10	3.31	3.22	3.15	3.14	2.80	3.19	3.64	3.18	3.13	3.12	3.56
菜收比重(%)	67.95	1.72	73.60	1.53	70.98	1.60	71.07	1.64	69.76	1.65	75.88	1.47
配方肥补贴(0,1)	0.29	0.45	0.41	0.49	0.28	0.45	0.42	0.49	0.32	0.47	0.47	0.50

续表

变量	良种优苗技术				病虫害综合防控技术				测土配方施肥技术			
	未采纳农户		采纳农户		未采纳农户		采纳农户		未采纳农户		采纳农户	
	均值	标准差	均值	标准差	均值	标准差	均值	标准差	均值	标准差	均值	标准差
防虫网补贴(0,1)	0.35	0.48	0.47	0.50	0.32	0.47	0.51	0.50	0.41	0.49	0.45	0.50
农保补贴(0,1)	0.23	0.42	0.27	0.44	0.21	0.41	0.29	0.45	0.25	0.43	0.25	0.43
单产(公斤/亩)	5289	1.73	5362	2.32	4962	1.85	5604	2.63	5217	2.14	5506	2.68
样本量	244		303		270		277		430		117	

为展现农户技术禀赋特征(单位设施投入产出情况)与具体技术的采纳情况,如表6－1所示,本章研究选择了三类农业技术中具代表性的良种优苗技术、病虫害综合防控技术与测土配方施肥技术进行有针对性的描述。其中,农户对良种优苗技术的采纳比例最高,达到55.39%,病虫害综合防控技术其次,对测土配方施肥技术的采用率仅为21.39%;从单产效果看,是否采纳技术的差异最大为病虫害综合防控技术12.94%、其次测土配方施肥技术为5.54%、良种优苗技术较少;技术需求强烈的农户易采纳技术,且示范户技术采纳意愿普遍较高;采纳与未采纳技术农户在年龄、种植规模方面差异不明显,但教育水平较高;蔬菜收入占总收入比重越高的农户更易采用技术,尤其是良种优苗、测土配方施肥技术采纳,说明蔬菜种植专业化水平越高,农户对蔬菜生产越关注,采纳技术改善生产效率的意愿就越高涨;采纳测土配方施肥技术,良种优苗与病虫害综合防控技术农户所获物化与农业保险补贴也普遍较高。从组内差异角度看,补贴和种植规模存在明显个体差异,说明目前蔬菜生产规模多样化、补贴的覆盖强度不均。

6.3.3 实证结果与比较分析

在运用PSM方法对技术采纳样本的“自选择”偏差进行纠正,并匹配得到与采纳技术组的对照组的过程中,首先运用Probit模型估计得到了影响技术采纳因素的结果见表6－2。结果显示影响农户技术采纳决策的模型回归效果较好,对三项技术的采纳情况的模型估测水平分别为25.58%,19.39%和18.97%。其中,技术需求的系数均显著为正,说明其是激发对三项技术采纳决策的普遍因素;种植经验与规模对良种优苗技术的采纳决策影响显著为正,说明种植经验越丰富、规模化程度越高的农户越容易采纳良种优苗技术;受教程度对病虫害防控与测土配方施肥技术采纳决策的影响显著为正,说明这两项技术更容易被人力资本较高的农户采纳;是否有配方肥物化补贴与防虫板、网补贴对测土配方施肥与良种优苗、病虫害综合防控技术的采纳决策分别具有显著影响,说明相关技术补贴能够有针对性地促进农业技术采纳。

表6－2　主要农业技术采纳决策影响因素的Probit模型测算结果

变量	良种优苗		病虫害综合防控		测土配方施肥	
	系数	P值	系数	P值	系数	P值
技术需求	2.57***	0.00	1.77***	0.00	2.06***	0.00
年龄	0.19	0.79	0.65	0.33	0.45	0.58
经验	0.36**	0.02	－0.12	0.39	－0.01	0.97
受教程度	0.26	0.55	1.62***	0.00	0.88*	0.08
播种规模	0.44**	0.05	－0.13	0.53	0.41	0.14
菜收比重	0.08	0.41	0.00	0.99	0.01	0.96
配方肥物化投入补贴	0.25	0.30	0.23	0.30	0.69***	0.01
防虫板、网补贴	0.47**	0.04	0.85***	0.00	－0.04	0.87
农业保险补贴	0.06	0.82	0.01	0.98	－0.24	0.38
匹配样本量	534		538		539	
Pseudo R^2	25.56%		17.12%		17.96%	

注:其中*,**,***分别表示在10%,5%,1%水平下显著。

在此基础上选择平均匹配质量、降低偏差效果较好的可替代最近邻匹配法(nearest neighbor matching with replacement)进行匹配,匹配后的三项技术样本量分别为534户(采纳组299户,对照组235户)、538户(采纳组302户,对照组236户)和539户(采纳组306户,对照组233户)。如图6－7所示,其中,(a)(b)(c)分别代表良种优苗、病虫害综合防控、测土配方施肥技术,检验得到匹配后的三项技术采用比例的平均值偏差与中位数偏差均有显著减少,匹配后技术采纳组与对照组的倾向匹配得分均值分布差异有大幅减弱,即匹配后样本平衡性提升。

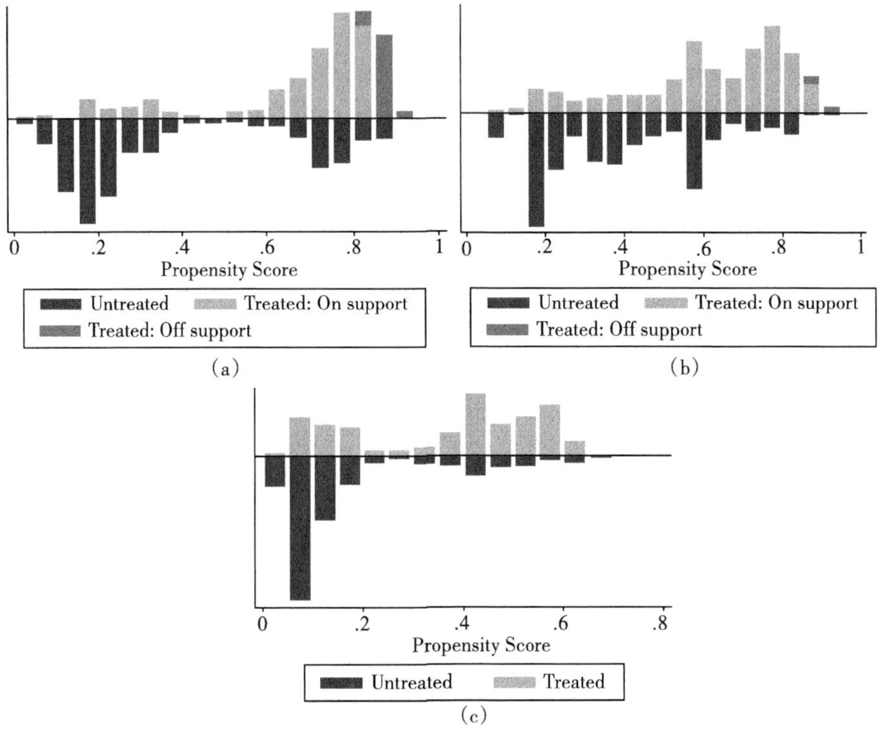

图 6-7 各项具体技术的匹配平衡性

表 6-3 是三项技术在匹配之后得到的 ATT 值。其中,全样本下的 ATT 测算结果显示,尽管三项技术的采纳总体都促进了产出,但仅有病虫害综合防控技术采纳对于产出的正向作用显著也较大。而按照经营管理能力划分成非示范户与示范户后,发现两组农户采纳技术的 ATT 值的方向、程度与显著度有很大差异。就经营管理能力较低的非示范户而言,除测土配方施肥技术外,其采纳病虫害综合防控、测土配方施肥技术对产出的贡献反而为负;而经营管理能力较高的示范户则相反,且示范户对后两项技术的采纳对产出了具有显著的正效应。

表6-3 可替代最近邻法匹配下的三项技术ATT效果值

方案	全样本		非示范户		示范户	
技术效果	系数	标准差	系数	标准差	系数	标准差
良种优苗	0.072	0.101	-0.181	0.157	0.191	0.129
病虫害综合防控	0.217**	0.101	-0.111	0.182	0.375***	0.141
测土配方施肥	0.072	0.104	0.06	0.231	0.212*	0.129

注:其中*,**,***分别表示在10%,5%,1%水平下显著。

6.4 经营管理能力对农业技术进步效果影响的实证比较

从上述农户技术采纳对农业技术进步的影响测算结果上看,即使在剔除了样本自选择偏误的无偏估计下,示范户与非示范户两个具有经营管理能力差异的群体的技术采纳效果仍有较大差异。因此,有必要从经营管理能力视角,结合SFA模型对农业技术进步效果进行进一步的实证与比较分析。

6.4.1 经营管理能力的技术进步效果差异模型构建

通过上述匹配找到了与采纳技术农户具有相似特征的对照组并完成了技术采纳对创新效果的无偏估计,而进一步分析应用管理能力如何在技术应用阶段通过新技术的应用与转化率、要素结构以及技术管理水平差异影响技术进步效果,将仍引入广泛应用于测算全要素生产率下的技术进步效果的两个阶段SFA生产函数模型,其原理与应用如下:

$$y_i = f(x_i, \beta)\exp(v_i - u_i) \tag{6-4}$$

$$\ln y_i = \ln f(x_i, \beta) + v_i - u_i \tag{6-5}$$

在6-4式和6-5式中,y_i 代表 i 农户的农业产出,x_i 表示要素投入量,β 代表其投入产出系数,$v_i \sim iid(0, \sigma_v^2)$ 表示设定误差、测量误差和随机因素对前沿面的影响;$u_i \sim iid(0^+, \sigma_u^2)$ 是单侧非负误差项,反映技术非效率损失。式6-5由式6-4两边取对数得到,模型由技术结构方程与技术非效率方程两部分模型构成,前者表征要素投入变化与技术转化能力对产出的综合贡献,后者体现农户各种在应用技术与提高经营管理能力因素差异对非效率损失的不同缓解作用。

在具体模型构建中，考虑技术结构方程与技术非效率方程的变量特点，结合农户生产过程中所投入的基本要素与改善非效率的技术投入，分别将劳动、土地、种苗与肥料与其他物质投入，年龄、经验、受教程度、菜收比重、播种规模、良种优苗、病虫害综合防控、测土配方施肥作为自变量。另外，考虑设施蔬菜产业的"小生产、大流通"特点，农民专业合作社在近年来的蓬勃发展向农户提供服务而对其技术水平的作用，将其作为控制变量也纳入该模型中。

6.4.2 实证结果与农业技术进步的可行性路径讨论

基于以上最具普遍代表性的良种优苗、病虫害综合防控与测土配方施肥三项具体技术的技术进步效果中存在的经营管理能力差异的影响，下文将结合存在经营管理能力差异的示范户组与非示范户调研数据，对技术进步效果展开实证分析，并探讨可持续性农业技术进步的途径。

表6－4是在PSM方法匹配得到的技术采纳无差异对照组基础上，按照经营管理能力高低将农户进行重新分组，并分组对其农业技术进步效果的影响因素进行的两阶段测算结果。其中，LR检验拒绝了原假设，说明随机前沿分析模型应用合理；σ^2与γ均通过了显著性检验，且γ值显著接近1，说明存在显著的技术非效率损失。匹配后的三项具体技术效果以及技术效率的差异均有效降低，说明PSM方法能有效修正"自选择"偏差。

表6－4 匹配前后两组农户的随机前沿生产函数估测结果比较

变量		匹配前				匹配后			
		非示范组		示范组		非示范组		示范组	
		系数	*t* 值	系数	*t* 值	系数	*t* 值	系数	*t* 值
技术结构方程	播种面积	0.65***	5.65	0.41***	4.84	0.62***	5.35	0.45***	4.28
	劳动力	-0.03	-0.59	0.11*	1.91	-0.07	-0.91	0.11**	2.10
	种苗费	0.07**	2.35	0.04***	2.41	0.07***	2.53	0.05**	2.11
	肥料费	0.04	1.58	0.08***	3.23	0.05	1.60	0.07***	2.55
	其他费用	0.10***	2.45	0.08	1.44	0.09**	2.05	0.08**	2.07
	常数项1	7.60***	20.26	7.10***	18.32	7.79***	17.89	7.12***	17.04

续表

变量		匹配前				匹配后			
		非示范组		示范组		非示范组		示范组	
		系数	*t* 值	系数	*t* 值	系数	*t* 值	系数	*t* 值
技术非效率方程	年龄	-1.57***	-2.57	3.51*	1.88	-1.62**	-2.19	4.13*	1.89
	经验	-2.09***	-2.42	-1.35**	-2.34	-1.69**	-2.20	-1.31***	-2.71
	受教程度	5.97***	2.44	2.18	1.57	4.93**	2.27	2.37	1.58
	菜收比重	-0.84*	-1.95	-0.82***	-2.48	-0.19	-0.30	-0.60*	-1.78
	播种规模	0.38*	1.81	-0.06	-1.23	0.68**	2.19	-0.10*	-1.73
	良种优苗	4.03***	2.46	-1.53**	-2.32	4.55**	2.37	-1.42**	-2.24
	病虫害综合防控	0.67	0.85	-2.46	-1.63	0.20	0.33	-1.99***	-2.84
	测土配方施肥	-2.38**	-2.21	-4.55**	2.12	-2.58**	-2.08	-5.28**	-2.27
	是否社员	-0.43	-0.62	-1.75**	-2.27	-1.02*	-1.66	-1.87***	-2.62
	常数项 2	-10.23	-1.45	-14.47*	-1.69	-10.79	-1.41	-17.32*	-1.66
	σ^2	4.84***	2.39	3.16**	2.27	3.91***	2.44	2.81***	2.69
	γ	0.97***	72.24	0.94***	56.84	0.96***	50.31	0.94***	37.50
	LLF	-210.98		-279.91		-191.03		-242.36	
	LR	73.26		55.12		61.96		60.44	
	平均技术效率	0.679		0.703		0.694		0.697	

注：其中*，**，***分别表示在10%，5%，1%水平下显著。

技术结构即表现要素投入与技术转化能力的方程估测结果显示：①劳动力与肥料的投入在经营管理能力较低的非示范组农户产出中贡献均不显著，单位设施播种面积项估测系数显著且较大，相比而言，经营管理能力较高的示范组产出来自于多元化要素的投入，对土地要素的依赖较低；②非示范组的种苗投入产出弹性显著较高，而在劳动与肥料的投入产出效果却并不明显，这说明非示范组的实际产出对土地具有较强依赖性、其增收点仍在优质种苗投入上，而对劳动与化肥的使用未能充分产生效果；示范组农户的要素结构组合较为合理且能够高效使用肥料获得增收。

从体现农户各种改善技术效率情况的技术非效率方程所得到的结果不难发现，PSM - SFA 两阶段模型与 SFA 模型单阶段模型估测结果差异较大，纠正了原有方法测算易低估应用管理能力对效率损失缓解作用的偏差，具有矫正“自选择”偏差的作用。在技术结构方程测算的生产前沿面基础上，技术非效率方程主要展现了应用管理能力对技术效率的差异化作用效果。测算结果显示：①非示范组农户采纳良种优苗技术造成了较大的技术效率损失，严重影响了技术创新效果；其采纳病虫害综合防控技术难以得到显著收效；仅对测土配方施肥技术的采纳实现了技术效率的提高。相比之下，示范组农户采纳三项技术均具有显著的缓解技术非效率损失作用，且贡献度较大。上述结论也印证了表6-4中得到的结论。②非示范组农户户主的年龄对缓解技术非效率损失的作用更大，而种植经验对技术非效率损失的缓解作用有所下降，说明该组农户随着年龄增长而沉淀的从事农业生产中积累的普适性经验以及对生产的专业技术经验，仍是其提高生产技术效率的核心。③受教育程度越高、设施蔬菜种植规模越大的非示范组农户在技术效率上的表现越差，这可能是由于文化水平较高的非示范组农户更倾向于将人力资源分配到非农就业上以获得更高的收益，主观上容易轻视蔬菜生产管理，同时由于缺乏对较大规模、生产的协调管理能力，技术效率较低。④示范组农户提高技术效率途径相对多样化，越年轻的农户更能减缓技术非效率的损失，教育程度的反向作用幅度有所增加；蔬菜生产收益占家庭总收入比例越大，实际种植规模越大的农户对技术非效率的缓解作用也越大，说明年轻的示范组农户是改善技术效率并提升创新效果的先锋群体，一方面积累了足够的种植经验，另一方面具有较强的新技术消化吸收能力，具有“新型职业农民”的特质。⑤相比而言，示范组农户减少其效率损失的途径除依靠种植经验外，蔬菜收益占总收入比重即增加生产的专业化管理水平也能有效缓解技术效率差异，适度规模化也有望成为未来农业生产效率提升的突破点。⑥加入合作社有助于两类生产经营能力水平共同缓解技术非效率损失。

综上，经营管理能力较高的示范组农户的要素投入与技术转化的综合贡献较高，产出的贡献要素多样化且效率较高。但能力较低的非示范组农户存在生产依赖土地投入，无法有效发挥对劳动力、化肥的使用效率等现象，且其农户的家庭劳动力仍有转出农业生产的可能。在环境因素制约下，要保障农业生产效率稳步提高，仍须推动对小规模经营农户的肥料施用等生产性技术服务指导。从采用转化能力的因素差异角度看，年长而有经验在能力较低组中的技术水平较高，而年轻化、专业化、适度规模化则是示范组中具有技术水平优势的特征。由于示范组农户本身具备在生产一线进行技术示范与指导的能力，通过高产高效示范工程培育"新型职业农民"，鼓励其率先采用技术，不但有利于逐步推进向"让更少的人种更多的地"的可持续高效模式转变，还有利于新技术在生产一线的扩散应用，具有在更大范围提升农业技术进步的效果，促进农户增收，从深度与广度上推动未来农业技术进步。

6.5　本章小结

本章基于农户经济理论，主要研究技术禀赋对农业技术进步的影响。首先在分析技术禀赋对农业技术进步产生影响的作用机制基础上，结合北京市设施蔬菜生产的实地调研与 PSM - SFA 两阶段模型方法对包括技术采纳与应用两个主要环节的全过程农业技术进步展开了无偏的系统性实证分析，得到结论如下：

（1）农户短期见效的技术需求较强，多数属于技术风险偏好型；对质量安全型、高产高效型与环境保护型技术的认知程度依次减弱，采纳技术时滞依次增加；获取技术的主要渠道包括自学、技术员实地指导，以及培训与观摩，相关补贴覆盖率不高且在种类上差异较大。

（2）技术禀赋影响着技术采纳决策与效果，其中，技术需求是普遍激发三项技术采纳决策的因素；种植经验越丰富、规模化程度越高越易采纳良种优苗技术；人力资本越高越易采用病虫害防控与测土配方施肥技术；相关技术补贴能够有针对性地促进农业技术采用。新技术采纳整体上具有促进农业技术进步效果的作用趋势，仅在病虫害防治技术上的效果明显，在按经营管理能力分类成的示范户与非示范户群体间的作用效果差异较大。

（3）经营管理能力较强农户，其要素投入与技术转化综合能力较强，产出的贡献要素多样化且效率较高，且其优势还体现在年轻化、专业化、适度规模化等未来良性趋势上；经营管理能力较低农户则过度依赖土地要素、无法有效发挥劳动与化肥的使用效率，且年长而经验丰富的技术效率损失较小；在环境因素制约下保障农业生产效率的稳步提高，仍须推动对多数小规模经营的非示范农户的肥料施用等生产性技术服务与指导。因此，通过高产高效示范工程培育“新型职业农民”，鼓励其率先采用技术，不但有助于农户增收，更有利于从深度与广度上促进微观层面的农业技术进步。

第7章 组织化程度对农业技术进步的影响

农户可以通过采纳技术、提高转化率以及优化结构与配套经营管理能力等自主技术水平改善方式促进农业技术进步效果，实现农业经济的可持续性发展。但目前，在以小规模农户家庭为主的农业生产经营格局背景下，农户的技术禀赋普遍不高，一方面难以引进新技术或提高规模化与专业化程度等方式来降低技术采纳的成本与产出不确定性风险（Hazell 等，2007），另一方面面对现代化的大市场流通的话语权相对薄弱（Reardon 等，2003），很难保障采纳技术增产之后的增收。根据合作组织理论中联盟模式的主要观点，加入合作社为单个农户完成纵向一体化功能而具有横向联合性质的制度设计，能够提高农户组织化程度，扩充农户利用自身技术禀赋来强化其农业技术水平改善，使农户获得额外收益。而随着农民专业合作社等农民合作组织及其相关制度建设的发展与完善，所提供的组织化服务功能已经逐步拓宽，主要包括种苗及农资采购、生产管理以及产品销售等多元化的服务（黄祖辉和高钰玲，2012），这些服务有效降低了农户获取与使用规模化与专业化服务的成本，并有效弥补了农户在产后销售中的劣势（Hussein，2001；Yang，2013；Michelson，2013）。

因此，本章将在上一章的研究基础上，研究组织化程度对微观农业技术进步的影响。考虑不同产品类型与市场环境下，农民专业合作组织产生的技术进步效果的可比性，基于具有共同流通市场的北方五省市设施果类蔬菜的生产调研数据进行分析。首先，在全要素生产率视角下，结合实地调研经验与合作组织理论，对组织化程度的农户生产技术进步作用机制进行归纳总结,将不同组织化程度下的农户生产技术水平,以及针对主要的组织化服务产出效果进行实证与比较分析。

7.1 组织化程度对农业技术进步的作用分析

规模化与专业化的农业生产经营对农民增收具有重要作用。面对国内小而散的农业生产经营格局,农民专业合作组织是通过提升农户组织化程度,服务于农户技术采纳与水平提升的主要方式。因此,为有针对性地研究中国农户组织化程度对农业技术进步的影响,本节将首先从合作组织方式的制度安排与演变、实践意义与具体分类与所提供的服务等角度进行剖析,为下文的机制分析提供研究基础。

7.1.1 农民合作组织对农业经济发展的作用

由于中国农户户均土地占有面积与农业生产的自然性、周期性以及空间分散特征,以家庭为单位的生产经营方式成为当前的基本组织形式。也正是由于单个家庭分散经营造成了先天难以获得规模经济与市场谈判与竞争权利的局限性。在以往各种尝试改善小而散生产经营农户生产销售上劣势的探索中,希望能通过促进农业劳动力转出农村,使剩余少量农民兼并地块实现规模化、现代化的非农兼业与多样化生产经营模式(Kimhi,2000;Thirtl,2003),曾广泛的出现在二战的欧洲。然而,这种实践效果并不理想(White,2012)。借鉴高收入与中等收入水平国家的实践经验,以资源监督型合约为主要形式的农业产业一体化能促进农户采纳技术并获得更高收益(Reardon 等,2009)。因此,中国也曾鼓励农业生产销售合同等形式简化农产品销售环节以保障农产品的产后销售渠道,但由于政府主导而非农户自发行为,效果不明显(Huang 等,2007,2009)。

随后,在欧美国家出现并逐渐完善的农业合作社模式的成功案例引发了学界和政府的关注。合作组织理论诞生,并在与科斯经济学理论与博弈论的结合中不断发展。主要代表 Nourse 认为农业合作社应具有高效率,作为竞争标尺,形成与其他企业的良性竞争,保障农户利益。在中国的实践中，合作组织既能保持农业家庭经营的效率，又能克服农业家庭经营局限性的产业组织。以合作社为代表的农民合作组织与单个家庭的生产经营具有相辅相成的关系，即没有抛弃家庭生产经营的基础，保持了其原有的制度优势。从制度经济学与产业组织理论的角度看，以合作社为代表的农民合作组织是一种科层与市场相结合的产业组织，其与社员的关系既不是完全外包的市场交易关系，又不属于完全内化的科层治理关系（黄祖辉，2008）。理论上，与家庭式农业组织相比，农民合作组织的内部治理成本可能较高，但其外部市场交易成本会明显较低。鉴于中国目前的农业发展情况，技术资源相对于广大的需求属于紧缺要素，急迫地需要一个有效的组织制度安排来协调投入技术资源。各类合作社所提供的各种统一规模化的服务所带来的成本节约相比带来的监督成本的提高更加明显，更具有合理性而容易为农户所接受。农民合作组织是市场经济对传统农业经济的冲击的产物，是由处于市场竞争劣势的农户按照平等原则、在自愿互助基础上组织起来的。主要通过统一生产经营实现规模经济、改善自身经济利益或经济地位的目的。

随着农业合作社的不断发展，产生了提供各种专业化服务的不同类型的合作组织。按照合作组织所提供服务的专业化程度被划分为社区合作和专业合作组织两个大类。其中，社区合作所提供的服务较为宽泛，既可以服务农业生产实践，也可以涉及合作社所在社区的其他公共事务，在亚洲国家比较普遍。专业合作社在欧美国家较为普遍，主要以特定的农产品的生产或销售为服务的方面，一般不受社区的地理因素限制，因而更适合市场化和产业化的发展要求（黄祖辉，2008）。中国的农民专业合作社主要是专业合作组织形式，不但与产业链的连接能力更强，且提供的服务更为专业化，与生产一线的技术改善关系密切。除了可以从具体产业（产品）和产业环节对农民专业合作社分为种植业合作社与养殖业合作社，根据合作社在农业产业的上下游所发挥的作用可以划分为横向合作与纵向合作。主营横向合作的合作社组织历史悠久，由生产类型相同的农民之间自发形成，主要形式是提高农户在生产或销售上的互助。纵向合作的合作社基于农业产业上下游主体之间的合作，主要组织动因是降低农户在纵向市场交易中的成本以及获取产后增值的利润空间与市场力。另外，还可以按照合作社在农业产业各环节中的作用、所提供的服务的专业化程度进行分类。目前，通常农民专业合作社一般兼顾横向合作与纵向合作的形式，前者是针对农户生产前期生产资料购买、产中技术指导提供横向合作服务，后者则为保障农户的产后销售、促进农户增收提供纵向合作服务。

7.1.2 农民专业合作社提升组织化程度的方式

面对小规模生产农户获取新型技术、进入现代流通渠道销售难的困境，通过加入合作组织提高组织化程度的方式，能使农户获得低成本的规模化服务与专业化生产，即通过合作组织所提供的生产、销售等环节服务提高技术采纳与转化能力、获得现代销售体系中的市场话语权，达到增收的效果（Hussein，2001；Yang，2013；Michelson，2013；赵晓飞和田野，2014）。

结合合作组织理论与中国农户生产经营的特点，多数现存的合作社还无法实现垂直一体化、独立企业等具有确定产权的制度形式，其模式特点更倾向于联盟或者契约联结的灵活状态，合作社的效率以及稳定性主要体现在其所能提供的差异化而不可替代的服务上（Staatz，1984）。农民专业合作社所提供的组织化服务，从横向角度看，主要是“统一生产”，即在特定优势的农产品的生产过程中提供阶段性的技术指导服务或组织种养殖户参加区域农技推广站的技术培训与观摩活动；从纵向角度看，主要包括农业产前的种苗、肥料等的“统一购买”、产后的“统一销售”。这种以合作社为单位来连接农户生产的上下游市场的方式，更有利于各类农业技术在较低交易成本上的扩散，因为更容易为广大范围的农户所接受；同样，“统一销售”保障了技术进步促进农民增收的价值的实现，也为技术资本的持续性投入提供了资金基础。

农民专业合作社一般是以地区特色的主要农产品为生产对象的农户自愿组合与加入形成的，主要功能较为明确，且合作社实际能够提供的服务项目也存在地区与产品差异。结合居民对于健康型蔬菜的消费需求的逐年上升的现状，2015 年农业部提出了主要从设施蔬菜建设抓起的北方主要城市

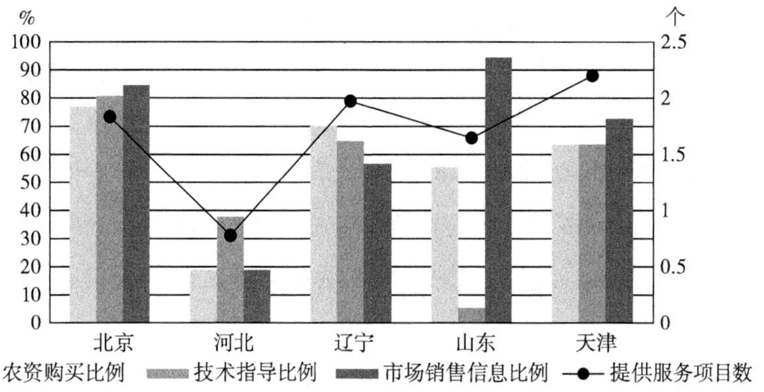

图 7－1　各地区合作社所提供的服务项目比较

50%蔬菜自给率的目标，包括北京、河北、辽宁、山东和天津在内的五省市是北方主要优势蔬菜产区，其高效稳定的生产供给关系到北方居民的正常蔬菜消费。以其为样本不但符合研究需要，同时具有重要的现实意义。因此，下文中将选取北方五省市蔬菜生产经营情况的调研数据作为样本。

图 7－1 显示了各地区合作社提供的平均项目数以及服务覆盖的比例情况。主要从农资购买、技术指导以及提供市场销售信息三项服务项目考察农户获取农民专业合作社资源的程度。如图 7－1，从调研地专业合作社所提供的具体服务的项目数看，平均水平最高的是天津，所提供的服务项目数平均为 2.2，其次是辽宁 1.97，北京 1.83，山东与河北的农民专业合作社提供的服务平均种类数相应较少，分别为 1.65 与 0.78。也就是说，农民专业合作社所提供的为农户所认知的主要服务种类整体上仍然较少，甚至在河北出现了部分农户无法感受到服务的现象，需要进一步鼓励农民专业合作社向社员提供广泛而多样化的服务。另外，各地区的农民专业合作社在所提供的各类服务的覆盖率上差异较大。其中，北京农民专业合作社所提供的产前的农资购买服务覆盖率较高为 76.92%，辽宁、天津与山东其次分别为 64.87%，63.64% 和 55.56%，河北明显较低仅为18.92%；在技术指导上的覆盖率排序也类似，仅在后两位的山东与河北的排序不同，山东农民专业合作社提供技术指导的比例仅为 5.56%；而山东农户在市场销售信息服务

上得到的帮助比例较高为94.44%，北京、天津和辽宁其次，河北最低。这既说明各地区的农民专业合作社在三种主要服务类型上的侧重，同时也反映了各地区农户对于特定服务的偏好。例如，山东的单个农户普遍技术管理能力较高，而在规模化的批发市场力薄弱，因此，农民专业合作社也就将精力从技术服务上转移到市场销售信息的提供上；但河北农民专业合作社所提供的服务覆盖率普遍较低，则应该普遍加强所提供服务覆盖面与在农户心中的认知度。

7.1.3 组织化程度与生产资源分配

基于入社自由的基本原则，农户加入农民专业合作社提高组织化程度的行为主要由市场经济的理性支配，即根据自身所拥有的技术禀赋以及合作社所能提供的服务资源，决定是否加入专业合作社与如何安排后续的生产决策。通常情况下，农户所具备的人力资本与土地等要素差异形成了其是否加入相应合作社，获得相应服务支撑的决策，同时又反映在其兼业化生产与专业化程度等生产决策上，都对农业技术进步的推进具有重要的影响。

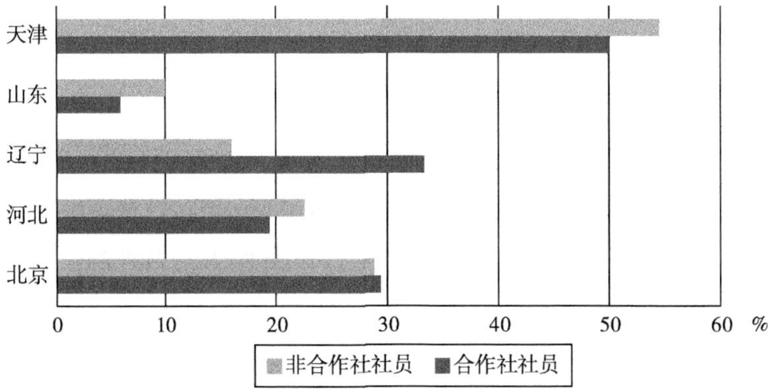

图7-2 各地区合作社与非合作社社员的兼业比例

图7-2是各地区合作社社员农户与非社员农户的非农兼业比例。整体上看，各地区的设施蔬菜种植农户兼业化程度从高到低依次为天津、北京、辽宁、河北和山东，最高的天津和最低的山东与其他地区的差异明显。

农户自愿加入农民专业合作社除有助于提高生产效率外，同时也会产生节省家庭劳动力向非农兼业，或引导农户提高精准化生产管理而减少外出打工的精力两种不同方向的作用。其中，在专业合作社所提供的平均服务项目覆盖率较高的辽宁与北京地区，统一生产经营产生的劳动力节约效应引发的合作社社员农户非农兼业程度较高，尤其是在辽宁的差距接近17%；山东、天津与河北则更倾向于后者的影响，合作社社员农户兼业率较非社员农户低。

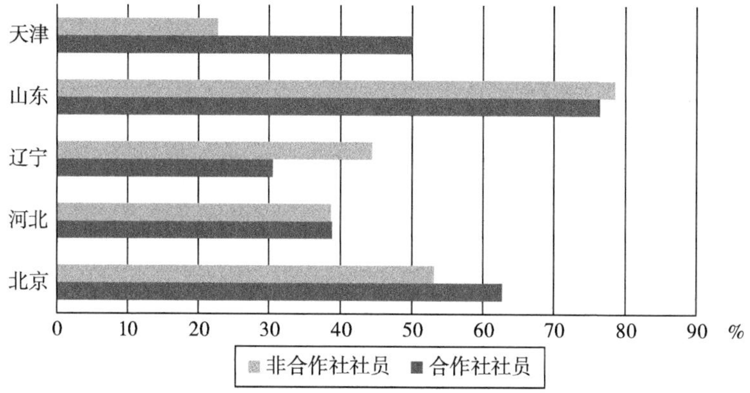

图7－3　各地区合作社与非合作社社员的专业化程度

图7－3是各地区合作社与非合作社社员农户蔬菜种植的专业化程度比较，这里计算的专业化率是专业种植蔬菜农户占整体的比例。整体上看，山东农户的蔬菜种植专业化程度最高，北京其次，其余地区较低，除山东外，各地专业化水平差距没有非农兼业差距明显。从合作社社员农户与非社员农户比较看，天津、北京和河北的社员农户非农专业化生产的程度较高，尤其在天津，该差距高达27.28%，这为建设“一村一品”的地域专业化品牌目标提供了良好的基础；山东、辽宁合作社社员农户的专业化生产比例则较非社员农户低，尤其是在辽宁，可能是合作社统一生产服务减少了农户对于某种农产品的特定资产投入，能够留出部分人力物力进行其他类农产品的生产以便分散风险，避免连作可能产生的土传病障碍。

7.2 组织化程度对农业技术进步影响的机制分析

结合上述分析,提高组织化程度的具体过程,实际上是农户通过农民专业合作社一类的组织获取规模化、专业化服务来扩充自身技术禀赋并强化获利能力的过程。而农户通过降低成本或提高技术效率的方式增加产出的行为汇集在一起也更加强化了技术禀赋作用与农业技术进步的效果。

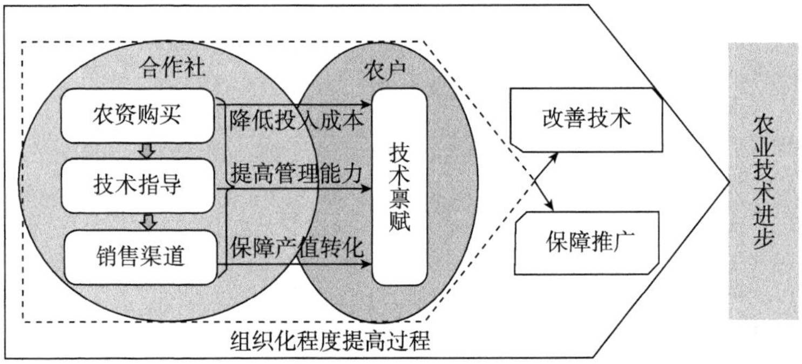

图 7－4　组织化程度对农业技术进步的影响机制

图 7－4 简要概括了组织化程度对微观农业技术进步的影响机制。与农户通过所拥有的技术禀赋自主提升技术水平的方式不同,农户在加入农民专业合作社等合作组织以提高其组织化程度的过程中,实际是通过合作组织所提供的具体包括产前农资购买、产中技术指导以及产后销售渠道等服务强化其原有的技术禀赋。其中,农资购买服务避免了农户自行寻找优质种苗、肥料等产生的搜寻成本,相当于降低了物质投入价格,扩充了农户原有的物质资源禀赋,增强了其物质资源配置的灵活度;技术指导服务的主要作用是提升农户原有技术禀赋中的生产管理水平与采用新技术并高效转化新技术的能力;销售渠道服务则是从产出的价值意义上保障农户技术水平改善带来的增收效果。三种服务共同作用于技术禀赋强化下的农户技术改善,并为农业技术的推广提供有力保障,分别作用于短期与长期农业技术进步。

7.3　组织化程度对农业技术进步效果影响的实证比较

以农民专业合作社为主的农民合作组织主要有利于解决农户分散生产经营所面临的生产与上下游大市场价格波动产生的风险。因此,选择面临共同市场的区域,研究在该区域内部的各地区合作社所提供的主要服务,对农户技术水平以及由此形成的农业技术进步效果的影响更具有现实意义。

7.3.1　模型构建与数据分析

不同组织化程度的农户在生产经营决策中存在的差异,考虑到农户加入农民专业合作社的决策可能引发其技术物资与技术水平上的改进,使其与非社员农户面临的可能性生产前沿面有所区别,下文将采用 MFA 模型对社员农户与非社员农户的技术改善情况展开分别的实证测算与比较分析(Chen 和 Song 2007;Nan 和 Sharp, 2015)。同时,由于农户所作出的加入合作社的决定同样受到其原有技术禀赋的影响(Hoken 和 Sun,2015),因此,下文将继续应用 PSM 方法对组织化程度的影响效果进行剔除“自选择偏差”的处理与无偏测算。

蔬菜是中国日常居民消费中不可或缺的农产品,且一直以来饱受来自社会各界对于质量安全的关注(Jin 和 Zhou,2011),2015 年农业部提出建立北方城市设施蔬菜建设来保障自给率,可见研究设施蔬菜产业技术进步的重要性。同时,研究团队以往 5 年多对蔬菜产业的实地调研经验丰富,是研究的优势和首选。下文的实证数据来自于 2015 年对包括北京、河北、辽宁、山东和天津在内的北方蔬菜主产省市的实地访谈与调研。这些地区以北京为中心,所生产的蔬菜主要服务于北京等大中城市的餐桌,区域内部自然条件相似,是果类蔬菜的优势产区,具有生产经营的相似性与可比性,也是农民专业合作社得以发展的主要依托(姜长云,2005)。调研随机选取了以上北方五省市的果类蔬菜种植农户,并收回有效问卷 465 份,其中 150 份来自合作社社员农户,另 315 份来自非合作社社员农户。

问卷设计采用结构式，分多个模块，涉及下文研究所需的投入产出情况、加入合作社决策与合作社主要提供的服务、技术采用情况三个模块。调研中，农户回忆出上一年生产的投入产出的详细信息，但从量的角度衡量投入产出很难获得；另外，由于农业技术的采用不仅限于提高产量，在国民消费水平不断提升的今天，以提高质量为宗旨的农业技术的采用主要通过提升销售价格来增加产出总额，且金额概念的产出还能直接与技术资本的再投资能力直接挂钩，选择产值作为因变量更加符合实际，也便于可持续技术进步的农户行为分析。

表 7－1　不同组织化程度农户生产经营情况

变量	高组织化农户		低组织化农户	
	均值	标准差	均值	标准差
总产出金额（y），元	247005	124206	184749	74357
单位产出金额（uy），元	28853 **	1451	25236	1027
单位劳动力（labor），用工天数	218.193	98.760	204.825	100.211
单位肥料（fertilizer），元	3853.760	6524.662	3220.762	4968.599
其他费用（other cost），元	3574.693	4201.709	3515.987	5080.159
户主年龄（age），岁	49.04 *	8.649	47.410	8.554
户主性别比例（gender）（男＝1；女＝0），%	77.333	42.008	82.222	38.293
受教程度（edu），年	10.24 *	2.424	9.819	2.504
种植经验（experience），年	15.033	8.273	15.430	8.377
质量可追溯技术（traceability, dummy）	0.147	0.355	0.143	0.351
有机肥与农家肥（organic/manure, dummy）	0.800	0.401	0.848	0.360
地头收购比例（spotmarket share），%	58.600	46.524	56.975	45.937
了解价格信息（acknowledge of price, dummy）	57.333 **	49.625	47.302	50.007

注：*，**，*** 分别代表社员农户与非社员农户的差异分别在 10%，5% 和 1% 水平下显著。

蔬菜既是劳动又是技术、资本密集型产业，所以种植技术与管理能力是决定生产能力的重要因素。但多数小规模经营农户很难进入这个现代化、精准化、要求较高的生产模式中，因而很难获得由此产生的收益。而加入合作社则能够减轻小农户进入现代技术服务于销售渠道的成本。表 7－1 分两列展示了不同组织化程度农户群体的投入产出的技术结构以及在自然禀赋、技术采用以及销售模式的选择情况。从要素投入的技术结构角度看,社员农户的投入与产出水平均高于非社员农户,在单位产出额上的差距尤为明显。从侧面验证了加入合作社决策有利于农户相对专业化的生产倾向。从农户的自然禀赋的比较看,社员农户的户主年龄显著高于非社员农户户主,女性户主所占的比例也较高,受教育程度明显较高而种植经验却相对较短。

在农村人口结构逐渐偏向老龄化、女性化的进程中,合作社社员农户户主特征似乎更加贴合现在的情况,加之较高的教育素质以及上述分析的相对较高的收益能力,很具有发展的潜力。从农户采用技术以及销售模式的选择角度看,社员农户采用质量可追溯技术的比例高于非社员农户,其更了解市场价格信息。

在模型的构建与自变量的选择上:首先,分别应用超越对数 TL(trans - log)与 C - D 两种生产函数形式进行测算。但是无论是在结果上还是适用条件的灵活性上,前者均略胜一筹,因此,下文使用了超越对数的模型形式进行测算并得到结果。其次,继续根据随机前沿生产函数模型的特点,分别在技术结构方程中将土地、劳动、肥料以及其他费用及其平方项与交叉项纳入该阶段的方程中;在技术非效率方程中的变量主要包括农户从事农业生产经营收入在总收入中比例反映农户对于农业生产的重视程度、种植经验以体现农户管理技术熟练程度、种植规模、采用质量可追溯技术和有机肥、农家肥技术的虚拟变量,并考虑地区间的差异,以北京为参照组,引入四个地区虚拟变量。

7.3.2　不同组织化程度农户技术水平的影响因素分析

表7 - 2 显示了社员农户与非社员农户在各自的随机前沿面上的技术结构与技术非效率方程测算的结果。从技术结构方程的结果看,社员农户生产的土地投入产出显著为正,而劳动力的平方项为负则说明劳动投入产出的弹性会随着劳动投入的增加下降,劳动与肥料交叉项的系数显著为正,说明两者存在互补关系,即多加入肥料还需要劳动投入的配合才能发挥增产

的效果;对于非社员农户而言,劳动的一次项系数显著为正,肥料的二次方项系数显著为负,说明非社员农户的劳动投入产出效果明显,随着肥料投入的增加反而会抑制其产出;土地与肥料的交叉项系数显著为负、土地与农膜等在内的设施费用和劳动与肥料的交叉项系数显著为正,说明土地与肥料呈现显著的替代作用,而与农膜等设施投入存在互补作用,劳动与肥料也呈现互补作用,即多投入肥料可以替代劳动投入的减少。

在技术非效率方程中,社员农户的种植经验、规模与有机肥技术项的系数显著为负,说明以上因素能有效缓解社员农户的技术非效率损失;辽宁省虚拟变量项系数为正,说明当地社员农户的技术效率水平明显相对对照组北京地区农户要低,且平均技术效率水平为0.652。非社员农户的种植经验、有机肥技术项系数显著为负,同样说明两类因素对其技术非效率损失的缓解作用;规模与河北、山东、天津地区虚拟变量的系数显著为正,说明小规模生产的非社员农户反而技术效率损失较少,这可能是由于非社员农户不太具备较大规模生产经营的管控力;从地区差异角度看,与北京相比,河北、辽宁与山东地区的农户技术效率水平明显较低,这可能是由于北京地区农户在技术与生产经营上的补贴与示范技术指导工程覆盖率较高,因而农户的技术效率水平也相对其他地区较高;非社员农户的平均技术效率水平为0.691。

表7-2　不同组织化程度农户各自技术水平测算结果

变量		社员农户		非社员农户	
		系数	标准差	系数	标准差
技术结构	lnland	1.050*	0.637	0.244	0.417
	lnlabor	0.848	0.797	1.272**	0.558
	lnfertilizer	-0.457	0.743	-0.439	0.352
	ln other cost	-0.215	0.632	0.372	0.489
	$(\ln land)^2$	-0.023	0.063	0.031	0.024
	$(\ln labor)^2$	-0.275***	0.097	0.090	0.070
	$(\ln fertilizer)^2$	-0.006	0.057	-0.016*	0.010
	$(\ln other\ cost)^2$	0.028	0.039	0.036	0.044
	lnland × ln labor	-0.132	0.095	-0.112	0.069

续表

变量		社员农户		非社员农户	
		系数	标准差	系数	标准差
技术结构	lnland × ln fertilizer	0.111	0.085	-0.042**	0.019
	lnland × ln other cost	-0.078	0.092	0.121**	0.050
	ln labor × ln fertilizer	0.234*	0.141	0.196**	0.094
	ln labor × ln other cost	0.048	0.111	-0.124	0.109
	ln fertilizer × ln other cost	-0.047	0.094	-0.041	0.044
	Constant	9.063***	1.045	13.888***	1.394
技术非效率	vegetable income share	-0.278	0.185	0.076*	0.044
	experience	-0.008*	0.005	-11.437***	3.061
	farm size	-0.002*	0.001	0.003***	0.001
	organic or manure	-0.046*	0.025	-2.191***	0.669
	traceability	-0.160	0.134	-0.456	0.691
	Hebei	0.178	0.119	3.540***	1.077
	Liaoning	0.224*	0.127	-0.252	0.654
	Shandong	0.221	0.146	2.469***	0.836
	Tianjin	-0.230	0.183	4.012***	1.251
	Constant	0.517*	0.306	1.591***	1.033
	σ^2	0.130***	0.020	2.393***	0.516
	γ	0.274	0.333	0.899***	0.027
	LLF	-56.097		-266.720	
	LR	19.078		168.334	
	TE	0.652		0.691	

注：*，**，*** 分别代表在 10%，5% 和 1% 水平下显著。

7.3.3　组织化程度对共前沿面下技术水平的影响分析

在测算不同组织化程度农户各自前沿面上的技术水平的基础上，本节将继续测算两组农户在共前沿面上的分别技术进步转化水平，并分析造成技术效率转化率差距的原因。测算结果如表 7－3 所示。

表7－3　不同组织化程度农户相对技术水平比较测算结果

	变量	系数	标准差
技术结构	ln land	0.056	0.042
	ln labor	−0.106	0.107
	ln fertilizers	−0.148	0.247
	ln other costs	−0.177	0.179
	$(\ln \text{land})^2$	0.004	0.160
	$(\ln \text{labor})^2$	0.035***	0.010
	$(\ln \text{fertilizer})^2$	0.060***	0.024
	$(\ln \text{other cost})^2$	0.023***	0.008
	ln land × ln labor	0.006	0.007
	ln land × ln fertilizer	−0.027***	0.006
	ln land × ln other cost	0.017	0.015
	ln labor × ln fertilizer	0.016	0.016
	ln labor × ln other cost	−0.028	0.027
	ln fertilizer × ln other cost	−0.016	0.023
	Constant	11.207***	0.971
技术非效率	sale service by FPC	0.010***	0.001
	input purchase service by FPC	−0.099***	0.036
	technology service by FPC	−0.123***	0.027
	spot market share	−0.056	0.039
	Hebei	0.022	0.041
	Liaoning	0.000	0.000
	Shandong	−0.057	0.045
	Tianjin	−0.056*	0.034
	Constant	−0.496***	0.030
	σ^2	0.044***	0.003
	γ	0.027*	0.015
	LLF	65.178	
	LR	47.305	

注：*，**，***分别代表在10%，5%和1%水平下显著。

技术非效率方程的测算结果反映了社员农户与非社员农户各自的前沿

面到共同前沿面的技术效率转化率。由于因变量使用的是各自的前沿面产值，已经剔除了各自组内的技术非效率的成分，仅剩下系统内的随机冲击偏差（Huang 等，2014）。LR 检验拒绝了原假设，说明存在显著生产前沿面差异，MFA 模型的第二阶段估计所选模型较为合理。

实证结果显示农户组织化程度提高确实有利于改善技术水平。其中，社员农户的平均技术水平的转化比率为0.785，而非社员农户的平均技术转化比率为0.691。在技术结构方程中，劳动、肥料与其他（包括农膜与设施修缮）要素的平方项的系数显著为正，土地与肥料的交叉项系数显著为负，说明增加劳动、肥料与其他要素的投入有利于在没有组内技术效率损失的前提下，提高各类要素的投入产出弹性，土地与肥料相互之间呈替代关系，即投入肥料能够改善土壤生产力，从而提高最终产值。在技术非效率方程中，合作社所提供的农资购买、技术指导服务虚拟变量系数显著为负，而提供市场销售信息服务的虚拟变量系数显著为正，说明农资购买与技术指导两项服务都能增强技术效果转化率，而给农户提供市场销售信息反而会降低技术效率转化率，这可能是由于合作社现阶段所提供的市场销售渠道的服务缺乏统一销售的保障性，相对于稳定的主流地头收购还不够成熟，容易造成相对的技术转化比率上的损失。另外，天津地区虚拟变量系数显著为负，说明天津地区的合作社所提供的服务达到的技术非效率的缓解效应显著优于北京，即该地区的农民专业合作社所提供的组织化服务的能力显著高于北京。

7.3.4　组织化程度对技术进步影响的效果测算

在比较分析组织化程度对共前沿面上的技术进步水平的具体影响基础上，为进一步测算在无选择性偏误作用下的农户组织化程度对技术进步效果（即技术效率转化率）的具体作用效果，本节将基于上节测算得到的农户技术进步水平，继续采用 PSM 方法，分别以技术效率转化率（TGR）与单位设施产值为效应变量进行 ATT 效应值的测算。

图7-5是所用样本在 PSM 方法下的平衡性检验的结果。结果表明数据的平衡性较好，仅有8个社员农户没有通过共同支持假定的检验。两种匹

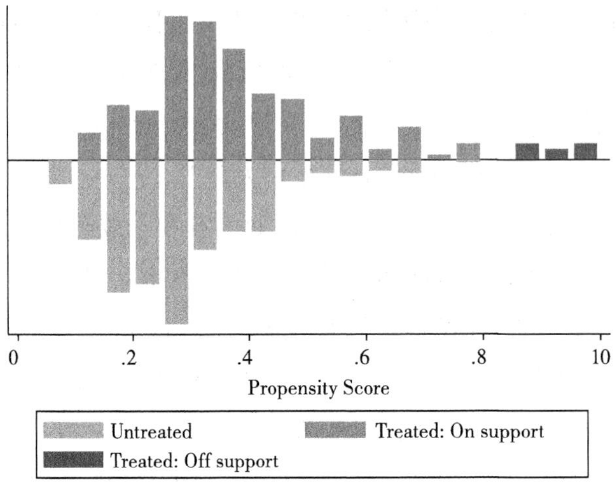

图 7-5　组织化程度的匹配平衡性

配方法的回归结果见附表-A2,检验效果见附表-A3,其中,运用 NNM 方法进行匹配后的组织化程度不同的农户间除加入合作社的决策外,其他变量的差异更小,因此选择 NNM 方法进行匹配,并对 ATT 值进行测算。

表 7-4　匹配后的组织化程度影响结果

匹配算法	outcome	unmatched	ATT value
KBM	TGR	0.0829*** (0.0133)	0.0705*** (0.0150)
	uy	3617** (1794)	4708** (1991)
NNM	TGR	0.0829*** (0.0133)	0.0734*** (0.0162)
	uy	3617** (1794)	5505** (2340)

注:*,**,*** 分别代表在 10%,5% 和 1% 水平上显著。

表 7-4 是分别运用核匹配与最近邻匹配方法得到的平均效果的 ATT 值。结果显示,匹配后的加入合作社的决策对农户从各自前沿面向共同前沿面的技术效率转化率提高了 0.0734,即单独贡献了组织化程度不同农户技术效率转化率差异的 88.54%;使得最终的单位设施的产值提高了 5505

元,远高出原本差距的52.20%。匹配前后的差距也说明,对原本就具备与合作社所提供服务相配合的改善缩短向共前沿面差距的禀赋,通过加入合作社的方式提高其组织化程度更有助于放大该优势而获得更大的单位产值收益。因此,非社员农户更应有动力加入合作社,放大其采纳技术获利的能力。

7.4　本章小结

基于中国以小规模农户家庭为主的农业生产经营格局与合作组织理论,本章在剖析组织化程度对农业技术进步的影响机制的基础上,采用对五省市设施果类蔬菜调研数据,兼顾调研样本中所存在的前沿面差异与样本自选择偏差问题,采用MFA模型与PSM模型的组合方法,对全要素生产率视角下不同组织化程度所带来的农业技术进步水平与产出效果进行逐层分析,得到的主要结论如下。

(1)各地区合作社所提供的服务项目的多样化程度以及主要服务的覆盖率差异较大;农户加入合作社对于其非农兼业或固定种植某种农作物的专业化程度的影响存在方向性与程度上的差异。社员农户与非社员农户面临差异化的生产前沿面,且在各自技术结构与技术非效率方程中,对技术进步产生影响的作用变量、程度和方向均有不同。

(2)种植经验与有机肥的使用等因素对农户整体均具有缓解技术非效率损失的作用,且两组农户的组内技术效率水平均存在显著的地区差异。对社员农户而言,适度规模有助于缓解技术非效率,而对非社员农户而言,规模越大反而抑制技术效率。提高组织化程度确实有利于改善农户的技术水平。相对共前沿面而言,社员农户的平均技术进步转化水平为0.785,而非社员农户仅为0.691;农资购买与技术指导两项服务都能增强技术效率转化率,市场销售渠道的服务相对于稳定的主流地头收购还不够成熟,甚至会造成技术效率转化率损失;天津、辽宁地区的合作社正效应显著优于北京,而山东合作社的改善技术效率转化比率的能力却明显略低于北京。

(3)组织化程度的不同解释了88.54%的技术效率转化率差异,且使得最终的单位设施的产值提高了5505元,远高出原本差距的52.20%。这种匹配前后的差距更说明,对原本就具备与合作社所提供服务相配合的改善缩短向共前沿面差距禀赋的农户而言,加入合作社的方式提高组织化程度,更有助于放大该优势而获得更大的单位产值收益。非社员农户更应有动力加入合作社,在推动整体农业技术进步的同时放大其生产获利的能力。

第 8 章　农业技术进步的经济溢出效应

技术进步在世界范围的经济增长与发展中的贡献不言而喻。在二元经济结构背景下,中国经济城镇化建设的高速发展更离不开农业技术的进步。农业技术进步不但促进着农民增收,更对外部经济社会具有重要的溢出作用(陈宗胜和黎德福,2004)。一方面,农业技术进步的作用已经超越了初级生产的范畴,通过产品与要素市场向非农经济部门进行传导。这种由传统农业向现代化农业模式转变的重要特征是产业链的加粗与拉伸,将产前、产中与产后服务相互贯通,进而拓展宏观经济与部门经济的发展空间,为"新常态"下的三产融合发展提供了有力支撑(朱希刚,2000;周颖等,2012)。另一方面,中国各区域收入与全要素生产率收敛模式相似(彭国华,2005)。农业技术进步过程中伴随的农业生产要素,尤其是土地与劳动的重新调整配置,引发学界对地区居民工资与收入水平差距与城乡收入差异的讨论(Krugman,1991;Baldwin 等,2004)。农村劳动力的转移所产生的地区人均收入差距受集聚效应、扩散效应与回城效应的共同作用影响(蔡武等,2013)。王飞等(2006)认为劳动力自由流动的强度越大,缩小地区间收入差距的效果就越明显。赵伟等(2007)认为相对较低技能的农村劳动力流动有助于延缓地区收入差距扩大。同时,由于城乡居民消费差异主要来自于消费习惯与收入差距(周靖祥和王贤彬,2011;刘厚莲,2013),农业技术进步有助于农村居民收入提高(苗珊珊,2015)与劳动力转移(王爱民和李子联,2014),且有助于促进城乡居民食品消费收敛(温涛等,2013;蒋翠侠和许启发,2013)。

综上,农业技术进步通过产品与要素市场对外部社会经济产生了显著的溢出效应,即对地区发展的平衡性与城乡居民的食品消费结构起着潜移默化的作用。而从农业技术进步出发,系统性地研究其对上述经济溢出效应的作用机制与效果的文献实属少见。因此,本章将在分析农业技术进步的经济溢出机理基础上,结合第5章对各主要农业部门的技术进步率的测算结果,应用可计算一般均衡模型与动态多阶段联立方程组模型对以上各层面的经济溢出效应进行系统性分析。

8.1 农业技术进步经济溢出的数理与机制分析

农业技术进步产生的直接效应是相关农业部门产出的增加,但农业部门不是一个孤立于宏观经济体系外的部门。在总量生产函数中,农业部门的技术进步既可以体现为等产出下的单个要素或要素组合的投入量减少,并在要素总量一定的假定下,能够转移到其他产业促进总产出的增加;也可以体现为等投入下的农产品增产,及以其作为中间投入品的下游产业入农产品的成本节约,促进下游产业的产品或服务的成本下降或生产性扩张。具有不同产业结构布局的地区也将在技术进步的冲击中表现出地区间居民收入水平的差异化效果。由于农业技术进步对外部社会经济具有系统性溢出,下文将基于第5章中各类主要农业产业的技术进步率的测算结果,采用可计算一般均衡(CGE)模型,对其产生经济溢出效应进行实证分析,并分离出对宏观经济、地区与产业经济、地区实际工资与收入差异的短期与长期影响,进一步利用联立方程组模型刻画农业技术进步与城乡居民相对消费结构变迁的相互作用,并得出相应结论与政策性建议。

8.1.1 基于CGE模型的农业技术进步经济溢出效应的机制分析

CGE(Computable General Equilibrium)模型是20世纪60年代发展起来的基于瓦尔拉斯一般均衡理论的现实经济系统模型。该模型以一般均衡为框架,通过多个模块展现宏观经济体的系统性运作过程,以坚实的微观经济学理论为消费与生产模型构建基础,通常根据短期与长期目标设置不同的内生与外生变量的转换机制。CGE模型需要的数据主要是所研究的经济体的横截面投入产出的各项经济指标,相比其他的计量经济学模型,对中国这样的转型经济国家有更强的适用性。CGE 模型以其测算转型经济体系统性冲击的独特优势,被大量应用于贸易、收入分配与环境保护等问题的探讨与宏观经济政策的预估上。运用 CGE 模型对农业技术进步的冲击进行模拟的结果表明其扩大了地区产出增长的差异。基于 CGE 模型,Das 等(2005)对环境规制下的区域技术进步效果进行了实证分析;Atamanov 等(2009)研究了移民与侨汇对收入差距的影响;许召元和李善同(2008)对劳动力流动、区域工资与收入差距的关系进行了剖析;Liu 等(2012)模拟了 1987—2000 农业技术进步对区域不平衡性的作用;赵亮等(2014)分析了东亚对华 FDI 所产生的技术进步对中国农业的影响。

CGE 模型是在可计算一般均衡框架下构建的经济方程组系统,涵盖了厂商和家庭两大主体的生产、消费等主要经济过程。根据下文的研究需要整理成了图 8 - 1,以展示 CGE 模型的简单构成以及基于该模型的农业技术进步的经济效应的作用机制。如图 8 - 1,模型描述了经济过程,既包括显性的商品流,也包括隐性的资本流。前者主要是以产业部门划分的生产与产品消费的逻辑展开,后者是以地区划分的产出从产业向地区以及居民分配的过程。

生产—消费活动是连接厂商与家庭供求双方的桥梁。模型对生产活动的描述主要是通过 Leontief 函数体现组织要素组合、中间投入品以及其他成本进行各种商品的生产过程。其中,要素组合与中间投入品都是由要素与不同来源商品进行嵌套所得。要素组合是劳动与资本以 CES 函数形式合成得到的,而劳动要素又是以 CES 函数形式嵌套的按照质量划分的 m 类劳动所合成;n 类中间投入品同样是按照不同参数以 CES 函数模型嵌套的自产商品与进口商品的组合。消费活动则是 n 种商品以 CET 函数形式进行分配,n 种商品中包括仅本地销售或者出口的商品 1,也包括将自销与出口以 CET 函数嵌套的商品 2 到商品 n 的组合(商品标号为泛指,不与生产端相对应)。生产消费过程中所蕴含的资金流如图 8 - 1 所示,模型将产业部门分为全国型与地方型,并描述前者所面对的是全国型市场,其生产需要满足全国范围的消费者需求;后者所面对的是地区型市场,其生产仅需要满足当地消费者需求,假定两类产业在各个地区存在不同的份额。因此,生产活动所得到的资金形式的产出收益是按照不同份额在地区间进行分配,即各地区产出(地区 GDP)取决于其产业结构。实际上,产出是由每个家庭所提供的劳动与资本投入生产产生的,也是按照劳动的投入形成工资,并和资本投入的利润分配共同合成了各地区居民的人均收入。

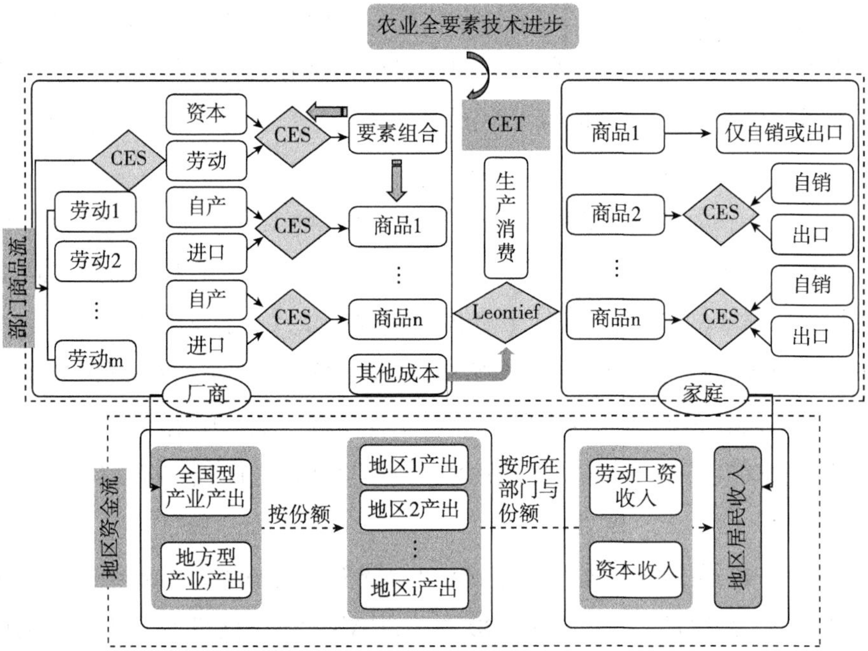

图 8-1　基于 CGE 模型的农业技术进步的经济溢出机制

注:图中方框代表实体或者活动,而菱形代表采用的函数形式。

当农业部门发生全要素技术进步时,会通过农业部门的生产活动冲击整个生产系统要素的配置结构与商品的生产计划,即农业部门的技术进步促进了相关的农业部门产出效率。由于不同农业部门的劳动与资本密集性属性不同,全要素技术进步将对各产业劳动与资本产生不同程度的节约,被节约的要素将不同程度地替代价格较高的其他要素,从而影响其他部门的要素投入结构。此外,以农产品作为中间投入品的下游产业部门,会根据农业部门产出效率提升产生的中间品成本价格下降对生产计划进行调整。从消费者的角度看，国内农产品价格下降不但会使其增加对自产农产品消费，减少消费进口农产品的比例，同时也会促进农产品的出口贸易。

从资金收益流动的地区角度看，各地区的产出变化来自于其所拥有的全国型产业与地方型产业的产出变化。在具体模型中，不同地区的产业部门与产业类型布局体现在其所占的各类产业部门与类型上的份额。而农业技术进步对地区居民人均收入水平的作用同样通过商品与要素两个层次体现。一方面，农业与非农产业部门商品的产出效果通过其在各个地区所占的份额对各地区产出的冲击作用；另一方面，这种产出效应会按照不同地区的劳动就业体现在各地区居民的工资水平上，并与资本投入收益一起作用于各地区的居民人均收入上。

8.1.2　农业技术进步经济溢出效应的数理推导

（1）产业部门经济与城乡工资水平差异

长期以来，尽管中国初级要素市场还不能达到完全自由流动，农业技术进步依然能够通过对劳动力的有效替代进行逐渐的农村劳动力释放，实现着资源的优化配置，从直接农业经营收入与间接的非农部门工资性收入两方面共同提升农民收入。根据 Krugman（1991）提出的新经济地理学理论框架，结合中国二元经济背景，本章对原有经典模型进行了如下改进。假定农业部门的边际报酬不变，将农村劳动力分为从事农业的劳动力与转出劳动力，转出劳动力可以在地区间自由流动；将经济部门分为农业与非农两个部门，考虑劳动与资本两种投入要素，构建以下两部门经济的地区劳动工资与收入模型，从产业经济部门的视角分析农业技术进步产生的劳动要素的重新分配。为进一步分析农业技术进步释放的农村劳动力在流动中产生的影响，以下将农村劳动力分为从事农业与非农业的劳动力，且为区分农村与城镇劳动力所具有的不同人力资本与技能水平，引入两者的比值来体现异质性。采用 C－D 函数形式定义农业部门与非农部门的生产函数如下：

$$Y_A = (A_A \eta \theta L_A)^{\alpha} K_A^{\ 1-\alpha} \qquad (8-1)$$

$$Y_M = \{A_M[\theta(1-\eta)L_A + L_M]\}^{\beta} K_M^{\ 1-\beta} \qquad (8-2)$$

其中,Y_A与Y_M,A_A与A_M,K_A与K_M,L_A与L_M分别代表农业部门与非农部门的产出、全要素生产率、资本投入以及农村劳动力与城镇劳动力,$\theta(0<\theta<1)$为两者的人力资本比值,η为从事农业生产劳动力占农村总体劳动力的比例。为体现农业部门作为基础部门为非农部门提供的中间投入品对非农部门的影响,K_M中包括由农业部门提供的中间投入品K_{AM}和$K_{MM}(1-\delta)\alpha$、$1-\alpha$与β与$1-\beta$分别为两个部门的劳动与资本的产出弹性。这是农业技术进步即A_A的增长会以弹性α作用于农业部门产出的增长。考虑短期的农产品需求的刚性作用,使得农业产出供给量受到限制,致使农业部门投入的劳动力比例η下降,非农部门的劳动力投入比例$1-\eta$增加,带来非农部门产出增长。

对8-1式两边取对数并对时间全微分,可得农业部门产出变化率的表达式如下:

$$\dot{y}_A=\alpha(\dot{\alpha}_A+\dot{\theta}+\dot{\eta}+\dot{l}_A)+(1-\alpha)\dot{K}_A \tag{8-3}$$

8-3式中,$\dot{y}_A$,$\dot{\alpha}_A$,$\dot{\theta}$,$\dot{\eta}$,$\dot{l}_A$,$\dot{K}_A$分别代表农业部门产出变化率、农业部门全要素技术进步率、农村劳动力的相对人力资本变化率、农业劳动力占比变化率以及农业资本变化率。从8-3式中可以看出,全要素技术进步率会以α的比例作用于产出率的变化。

而非农部门的产出变化比较负责,直接来自于农业劳动力的转移,同时得益于农业部门所生产的中间投入品的产出增加与成本缩减$\dot{y}_A$,则非农部门产出变为:

$$Y'_M=\{A_M[\theta(1-\eta)L_A+L_M]\}^{\beta}[\delta K'_M+(1-\delta)K_M]^1-\beta \tag{8-4}$$

若8-3式中,只考虑技术进步所推动的农业部门产出变化率$\alpha\dot{\alpha}_A$,根据8-2式和8-4式能将非农部门产出变化率的表达式简化为:

$$\dot{y}_M=(1-\beta)\delta\alpha\dot{\alpha}_A \tag{8-5}$$

即8-5式中,非农部门产出变化率所受农业部门技术进步的影响又以$(1-\beta)\delta\alpha$比例被削弱了。

从地区经济角度看,由于不同地区的产业结构布局上的差异,农业技术进步在各地区产生的经济增长的效果也存在差异。首先,根据8-1式和8-2式对两边分别求L_A与L_M的偏导,能得到农业部门的农村劳动力、非农部门中的农村劳动力和非农部门中城镇劳动力的名义劳动工资分别为：

$$W_{AA}=\frac{\partial Y_A}{\partial L_A}=\alpha(A_A\theta\eta)^{\alpha}L_A{}^{\alpha-1}K_A{}^{1-\alpha} \tag{8-6}$$

$$W_{AM}=\frac{\partial Y_M}{\partial L_A}=\alpha A_M{}^{\beta}\theta(1-\eta)[\theta(1-\eta)L_A+L_M]^{\beta-1}K_M{}^{1-\beta} \tag{8-7}$$

$$W_M=\frac{\partial Y_M}{\partial L_M}=\alpha A_M{}^{\beta}[\theta(1-\eta)L_A+L_M]^{\beta-1}K_M{}^{1-\beta} \tag{8-8}$$

此外，考虑到农村与城镇劳动力的工资差异，将8－7式两端除以8－8式，并令其为R：

$$R=\frac{W_{AM}}{W_M}=\theta(1-\eta) \tag{8-9}$$

并对反映农村劳动力流动比例η求偏导，可得：

$$\frac{\partial R}{\partial \eta}=-\theta<0 \tag{8-10}$$

由8－10式，随着农村劳动力的转出，比例η不断下降，非农部门中具有人力资源差异的农村劳动力与城镇劳动力的相对工资率比将上升，两类劳动工资率的收敛速度取决于农村劳动力相对城镇劳动力的技能水平，即随着时间的推移，高技能劳动力的知识外溢作用能够提升农村劳动力整体相对非农工资水平，进而促进工资率的收敛（董莹和穆月英，2015）。

（2）地区经济与居民收入、工资水平差异

接下来，考虑具有部门结构差异的各地区在农业技术进步的作用下，所释放农村劳动力在流动中形成的短期名义工资率、人均收入的冲击与均衡情况。

$$W_i=[(1-\eta_i)L_{iA}W_{AM}+L_{iM}W_M]/[(1-\eta_i)L_{iA}+L_{iM}] \tag{8-11}$$

由8－11式，达到均衡时，两部门内部具有相等的劳动工资，各地区劳动力在两部门间完成了配置，则地区i在两部门产业结构的差异主要体现在就业量L_{iA}与L_{iM}上。两地区的相对名义工资水平变化方向难以直接判断。以地区1为例，可将其整理如下：

$$W_1=1-\frac{L_{1M}(W_{AM}+W_M)}{(1-\eta_1)L_{1A}+L_{1M}}=1-\frac{1}{\frac{(1-\eta_1)L_{1A}}{L_{1M}}+1}\cdot(W_{AM}+W_M) \tag{8-12}$$

将8－7式和8－8式带入8－12式能求出 $W_{AM}+W_M$ 的表达式，并能同理求出其所受技术进步影响的变化率为 $(1-\beta)\delta\dot{\alpha}\alpha_A$。由于农业劳动力与农村劳动力非农比例呈现反向的变动，农业技术进步冲击下的地区工资水平变动的方向并不确定。同理，地区间的相对冲击的收敛与否也无法直接判断。由于地区产出是由其所拥有的各类产业部门加权决定，因此，从地区GDP角度考虑地区居民名义人均收入的表达式为：

$$Z_i=(\gamma_i Y_A+\lambda_i Y_M)/L_i \tag{8-13}$$

其中，Z_i为地区 i 居民人均收入，γ_i、λ_i分别为该地区所拥有的农业部门与非农部门比例。即地区人均收入将农业技术进步效果又通过产业格局加权再分配，所受影响更为复杂，相对变化的趋势也更加无法判断。

实际工资水平的变化是反映地区相对居民福利水平的关键指标。而实际与名义值之间的转化关系由供求市场价格决定，在消费需求驱动条件下，假定消费者效用函数与需求函数如下：

$$U=C^{\mu}C_A^{1-\mu} \tag{8-14}$$

$$C_M=[\sum_{i=1}^{N}C_i^{(\sigma-1)/\sigma}]^{\sigma/(\sigma-1)} \tag{8-15}$$

其中，C_A代表对农产品的消费，C_M代表对工业品消费，可以进一步定义为 N 个替代弹性为 $\sigma(\sigma>1)$ 的潜在消费品的加总形式，μ 表示居民对工业品的消费支出份额。

考虑系统由两个地区组成，令地区1面临的自产商品价格为 P_1，需从地区2运输得到的商品总价格（包括运输等成本）为 P_2/τ，假定总劳动供给量为1，为使长期均衡下农业部门与非农部门的劳动工资率相等，令两地区的非农劳动供给总量为 μ①，则可得到均衡下两地区居民面临的工业品价格指数分别为：

$$P_1=[(L_1/\mu)W_1^{-(\sigma-1)}+(1-L_1/\mu)(W_2/\iota)^{-(\sigma-1)}]^{-1/(\sigma-1)} \tag{8-16}$$

$$P_2=[(L_1/\mu)(W_1/\iota)^{-(\sigma-1)}+(1-L_1/\mu)W_2^{-(\sigma-1)}]^{-1/(\sigma-1)} \tag{8-17}$$

而两地区居民的实际工资率分别为：

---

① 为保证在长期均衡中非农就业与农业就业工资率能相等。

$$w_i = W_1 P_1^{-\mu}; w_2 = W_2 P_2^{-\mu} \quad (8-18)$$

令 r 为两地区的实际工资率之比,则:

$$r = \frac{w_1}{w_2} = \frac{W_1}{W_2} \cdot \left(\frac{P_1}{P_2}\right)^{-\mu} \quad (8-19)$$

若 $W_1/W_2 = 1$,则地区 2 的劳动力转移到地区 1 会降低地区 1 的价格指数,而提高地区 2 的价格指数,这样则会使两地区的实际工资差异扩大。实际上,随着农村劳动力向非农部门的转移,W_1/W_2 也会随之变化。尽管 8 - 19 式无法推导得到两者的变化方向,但反映运输成本的参数 τ 的大小在决定两者的变动方向上起着关键作用。在较高运输成本的情况下,地区实际工资差距将会随着农村劳动力的转移不断扩大;相反,如果运输成本能被降低在一定水平以下,地区实际工资差距的缩小的情形则容易出现。

8.1.3　农业技术进步经济溢出效应的 CGE 模拟冲击方案

基于第 5 章对主要农业产业技术进步率的测算结果,下文仍将以包括种植业类与畜牧业类在内的各种主要农业产业部门为技术进步主体,关注其技术进步带来的一般均衡下的冲击。具体而言,将选择水稻(1.32%)、小麦(6.60%)、棉花(-1.1%)与蔬果(2.72%)四个种植业子部门以及肉、禽、蛋、奶(3.56%)和畜产品(-0.97%)两个畜牧业子部门的平均农业技术进步率进行综合冲击①,通过 CGE 模型测量其对宏观经济造成的影响,并观察对相应农产品市场竞争力、产业与地区产出、各地区居民实际工资与收入差距的综合冲击效果进行比较分析。

下文将具体运用由澳大利亚莫纳什(Monash)大学研发的 GEMPACK 软件进行实证冲击测算。在 GEMPACK 软件的 CGE 模型设定中,对中国 31 个地区、主要农业与非农产业部门以及国内居民消费与国际进出口市场等有关参数分别进行了设置,并假定了多种人力资源水平不同的劳动力类型,通过给定相应的弹性进行转化,以体现农村劳动力在各产业部门间的不完全

① 由于仅考虑农业部门技术进步,即假定非农部门全要素生产率不变的冲击结果,难免与现实存在一定差异。

转化以及劳动在不同产业部门间的自由流动。这不但能体现农业技术进步对部门与地区经济、国内外市场竞争力的冲击，还能够满足其通过劳动力流动对地区实际工资与收入冲击分析的需要。

8.2 农业技术进步的市场竞争力效应

作为农业技术进步的直接效果，农业生产力被进一步挖掘，更多的农产品被生产出来；在此基础上，农产品供给的增加带来的是同等质量下的农产品市场价格降低，将不仅有助于促进中国农产品在国际市场上的出口竞争力，更能增强中国农产品在开放条件下的本国市场竞争力，表现为居民消费自产农产品而挤出进口农产品的现象。

表 8-1 农业技术进步的市场竞争力冲击（%）

产品	产出	净出口	居民消费	
			自产	进口
水稻	0.274	2.025	0.562	-1.733
小麦	1.375	8.617	3.231	-8.034
棉花	-0.048	-1.040	-0.080	-0.080
蔬果	0.270	4.733	0.411	-1.353
肉禽蛋奶	0.568	4.672	0.436	-1.278
畜产品	0.021	-0.535	-0.260	0.390

表 8-1 是农业部门技术进步对国内外两个市场竞争力的冲击效果。结果显示，各农业部门全要素技术进步带来的产出变化的百分比的绝对值普遍低于技术进步率，即技术进步的作用被减缓。例如，尽管畜产品的技术进步率为负，在综合冲击下，其产出反而发生轻微地正向变动。对于平均技术进步率为正的农业部门，其在国际市场上的净出口增加的百分比高于技术进步率，即使是平均技术进步率略微为负的棉花部门与畜产品部门，其在各农业部门的综合技术进步冲击下，净出口下降的幅度也有所下降。从居民消费角度看，除肉、禽、蛋、奶外的其他农业部门的技术进步带来的居民消费中的自产部分百分比的变化要普遍高于对于产出的作用，并更大的幅度挤

出了中国居民对于进口产品的消费。这说明农业技术进步部分促进了农产品的产出增加,使得部分生产要素资源向非农部门的转移进行配置调整;尽管农业技术进步对于农业部门产出的促进有限,但对提高国内外市场尤其是国际市场的竞争力上的作用较大。

8.3　农业技术进步的产业、地区经济效应

农业作为基础产业,其技术进步所带来的生产效率的提高与农产品的产量、质量的提高不但具有促进农业部门经济增长的作用,同时更对以其为中间投入品的下游非农部门具有惠及作用,并由于关联度不同引发各个产业与部门的不同幅度的增长上。上节分析得到的结论也证实了之前的猜想。而地区经济是构建在其产业结构布局的基础上的,因此,农业技术进步也简介通过各地区在产业与部门的布局而加权体现在地区经济上。下文将从产业与地区两个维度继续分析 CGE 模型模拟测算的结果。

8.3.1　农业技术进步与产业经济发展

农业技术进步所带来的经济增长不仅表现在农业部门,还通过农产品的中间产品属性传递到其他下游产业部门。图 8 – 2 展示的是以上农业部门技术进步冲击下的非农产业部门的产出变化情况。

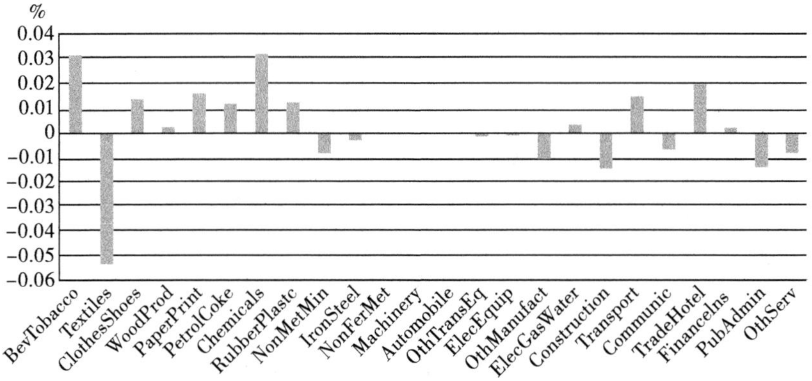

图 8 – 2　农业技术进步的产业经济冲击

整体来看,农业技术进步产生的非农部门产出影响幅度较小,但是考虑

非农部门的绝对产出贡献率较高，其对非农部门产出的实际影响也不容忽视。以农产品为中间投入的包括纺织业（Textiles）的产出受到产出绒毛的畜产品部门以及棉花部门的微弱负向技术进步率冲击的影响，出现了-0.05%的下滑，此外，其他农产品的下游的化工业（Chemicals）、印刷业（Paperprint）衣鞋制造业（Clothes Shoes）等都出现了明显的0.01%～0.04%的产出增长。

另外，值得注意的是，在各农业部门技术进步率的综合冲击下，包括建筑业、运输业与旅游业在内的非农业部门下游的产业部门也出现了不同方向与不同程度上的明显产出变动。其中，建筑业（Construction）与公共管理服务（Public admin）部门的产出受到微弱的负向冲击，而运输业（Transport）和酒店旅游业（Trade Hotel）部门的产出则有明显的百分比增加。这可能是由于农业技术进步产生的生产要素资源的节约与重新配置所产生的间接产业经济效应。

8.3.2　农业技术进步与地区经济发展

农业部门的技术进步还会通过各部门产出的冲击进一步地差异化作用于不同产业结构布局的地区上。图8-3展示了农业技术进步对于各地区GDP的作用效果。整体来看，农业部门技术进步产生的冲击，在地区分配后的增长

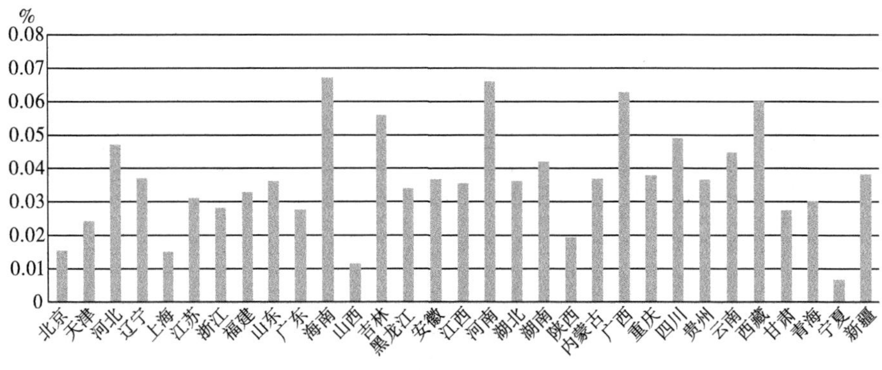

图8-3　农业技术进步的地区经济冲击

百分比在0.01%～0.07%，居于农业部门与相关非农部门产出增长的百分比之间。其中，农业技术进步产生的中西部地区尤其是西部地区的产出增长幅

度相对较大。这说明农业技术进步对于中西部地区的经济增长效应显著。此外,农业技术进步对于海南、河南、广西、西藏、吉林、河北等区域内相对经济欠发达省份的经济增长效应尤其显著。一方面是由于这些省份多是农产品主产省,另一方面也说明了农业技术进步对相对落后地区的积极带动效应。

8.4 农业技术进步的地区居民工资收入差距效应

农业技术进步既有利于保障农产品供应,又是促进农村劳动力优化配置的关键。但伴随着农业技术进步与农村劳动力向非农部门的不断转移、宏观经济的持续发展,地区工资与收入差距也在不断扩大,Fan 等(2011)的研究表明在 1980—2007 年,中国省际基尼系数从原本的 0.27 增长到0.34,其中,存在劳动力转入的沿海地区与转出的内陆地区之间的工资收入水平差距也从 3% 增长至 10% ,地区经济发展的平衡性也成为需要关注与思考的问题。

根据以上对农业技术进步的城乡居民的工资与收入冲击的机理分析,不难发现农业技术进步经济溢出效应的复杂性。一方面技术进步促进了相应农业部门的产出量增加;同时,农产品产出的增加又改善了相应的农产品的出口竞争力,而在假设出口政策不变的条件下,出口部门 GDP 也会相应地呈现上升的趋势,引起相应产业分布较密集地区 GDP 上升;另一方面,自给比率的增加与进口率的大幅下降也将使得相关农产品部门的产值增长,同样会引发相关产业发达的地区 GDP 的快速增加。基于 CGE 模型中劳动力要素能在部门间进行自由流动的假设,农业技术进步又会通过部门规模因子、生产弹性以及有效劳动工资水平产生不同方向的居民人均收入与实际工资作用。

8.4.1 农业技术进步与各地区居民劳动工资和人均收入

图 8 -4 展示了农业技术进步对地区实际劳动工资与人均收入的实际变动值的影响(将测算得到的冲击百分比变化乘以地区平均实际工资与人均收入水平得到)。其中,从左到右依次清晰地显示了冲击之下东、中、西地区

相对的变化水平。

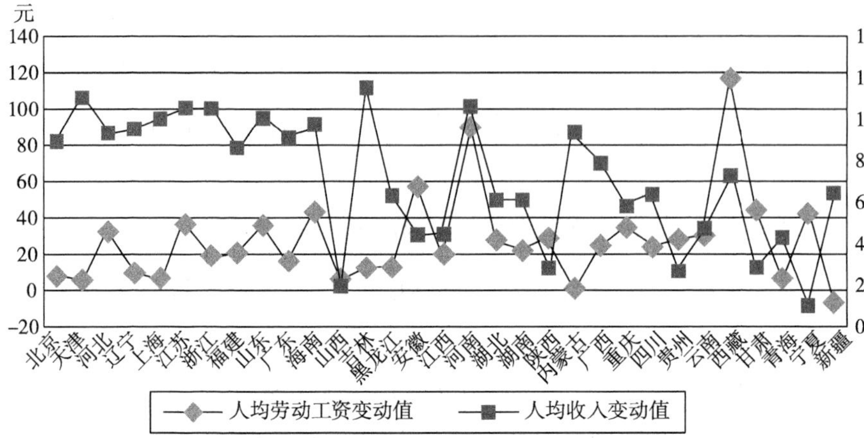

图 8-4 农业技术进步对劳动工资与人均收入的模拟冲击结果

注:人均收入变动值采用次坐标表示。

由图 8-4 可知,农业技术进步作用下的整体人均收入增加的范围较小,但是人均收入值变动幅度在地区间存在差异,即变动值从东向西递减,说明转移农村劳动力在各地区劳动力市场的重新配置,并对转入地与转出地居民人均收入水平均产生了积极作用。然而,由于东、中、西部地区实际 GDP 的阶梯形递减的现状以及城镇化与产业结构之间配合适宜程度引发的阶梯状地理差异,各地区的农村劳动力吸纳效率也存在一定差距(曾湘泉等,2013),使得最终人均收入变动值从东向西递减。除个别省份外,人均实际工资水平也均有不同幅度上升且整体增长值相对人均收入的变动较大。但冲击后的中部地区的居民劳动工资增长情况最为显著,西部地区居中;相比之下,劳动力转入的东部地区实际工资增加值较低,说明农业技术进步不但能够起到促进绝大多数转入与转出地的人均劳动工资增长的作用,还有助于缩小地区间居民实际工资水平差距。

8.4.2 农业技术进步与各地区居民实际劳动工资水平差距

劳动市场回报率的扭曲造成了中国地区收入差异的不断扩大(Knight,2014),引发了社会各界的普遍关注。实际工资水平作为劳动报酬指标,其长期变化趋势是反映地区居民收入水平差异的重要因素。根据上述的机理分析结果,农业技术进步产生的地区实际劳动工资相对人均收入的弹性为正,但人均收入由于受总产出与总就业两个方向的共同作用,很难判断所受影响的正负。图8－5展示了长期劳动工资率对地区总产出与总就业量变化的敏感程度,并分别由劳动工资—总产出弹性、劳动工资—就业弹性两个指标表现。如图8－5,农业技术进步产生的各地区劳动工资对该地区总收入的弹性均为正,且在东、中、西部地区的劳动工资—总产出弹性逐渐增加,尤其是中西部地区该弹性平均大于1。且根据上述分析,近年来的农业技术进步对中西部地区的总产出促进幅度较大。结合各地区原本实际劳动工资的水平,以上现象表明农业技术进步下的东、中、西部地区的实际劳动工资对总产出变化依次敏感度增加,尤其是在富有实际劳动工资—总产出弹性的中西部地区,实际工资增长的幅度将进一步扩大,地区间居民实际工资水平将逐渐收敛。

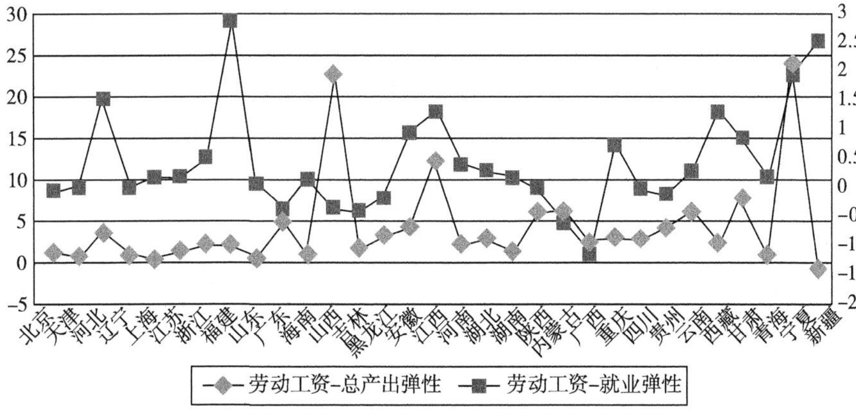

图8－5　地区劳动工资与收入差距的相对收敛

注:劳动工资—就业弹性采用次坐标表示。

实证结果还显示,农业技术进步下的各地区的劳动工资—就业弹性多数在－0.5～3范围内,其中,中西部地区弹性值基本为正,除个别省份的东部地区该弹性接近于0,即就业增加对中西部地区实际劳动工资水平主要起到拉动作用,在东部地区没有明显作用;广东、山西、吉林、黑龙江、内蒙古、广西的劳动工资—就业弹性明显为负，即就业增加会产生稀释产出增长，从而降低劳动工资的作用；河北、福建、安徽、江西、西藏、宁夏与新疆的劳动工资—就业弹性均大于1，即就业增加所产生的实际劳动工资水平上涨效果显著，潜力更大。这说明农业技术进步产生的农村劳动力释放相对总产出增长的稀释效应仅在少数省份产生了作用，长期拉动就业将主要带动中西部地区的劳动工资水平上升，产生中西部地区向东部地区的“追赶”效果。因此，进一步创造与扩展中西部地区的就业机会是促进中西部地区居民实际工资水平向东部地区收敛的关键。

8.5 农业技术进步的城乡居民食品消费收敛效应①

黄宗智在其著作《中国的隐性农业革命》一书中提出“隐性的农业革命”概念，认为中国要解决农业发展的关键在于如何处理农村人口与劳动力相对过剩问题。不同于舒尔茨提出的市场机制在资源配置上的核心作用，即人口过剩不存在的理性小农理论，“隐性的农业革命”理论强调市场经济必须和人口压力联系在一起理解才更加符合中国的实际情况，农村劳动力的相对过剩与报酬递减比舒尔茨提出的零报酬更值得关注。基于此，中国的农业革命也就是劳动生产率突飞猛进的来源并不是欧美发达国家式的机械型技术密集投入，也不是东亚模式的生物化学型技术所带来的“绿色革命”，而是源自于食品消费结构变化所产生的农业生产结构的调整转型，而这种食品消费结构升级主要来自非农经济发展所带来的整体居民收入水平提升。农村居民的收入增长无论是通过农业增产还是非农就业，都与农业技术进步有着密切的关系，即农业技术进步对中国的“隐性的农业革命”具有重要作用。农业技术进步对居民食品消费结构的作用机制如图8－6所示。

劳动力与土地等传统要素的结构性变化与城乡居民对于食品消费的结构性变化分别以直接与间接的方式影响着农业技术扩散的进程，同时农业

① 本节内容在《Endogenous Agricultural Technology Diffusion with Factor Structural Changes in China》基础上翻译修订完成。

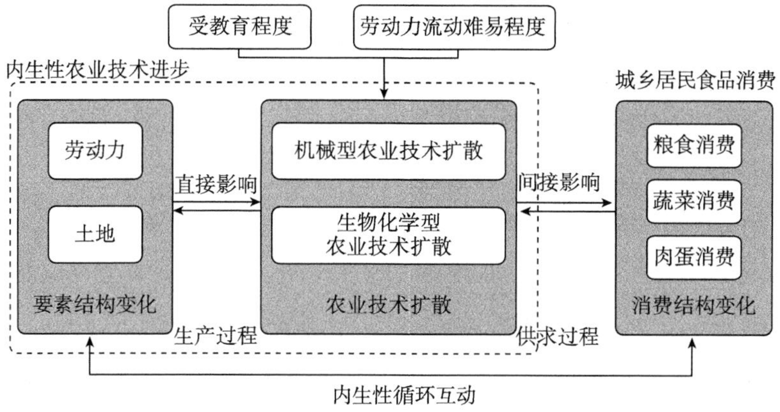

图 8－6　农业技术进步与城乡居民消费的互动机制

技术的扩散也在影响前两者结构变化的趋势，是内生的相互过程。首先，农户在面临传统要素的紧缺与存在地区性差异因素（包括受教育程度、劳动力流动的难易程度）的影响，理性配置自身禀赋的同时直接促进了两种类型的技术进步的扩散，实现农产品增产与释放农村劳动力产生的非农就业均能促进增收（李大胜和李琴，2007），使其有机会并有能力将原本的食品消费结构向城镇居民靠近，产生城乡居民食品消费结构的收敛效应；而逆向来看，要素在农业与非农部门的结构转型带来的城乡居民长期的农产品消费需求趋同性演变以供求过程对农产品产量，进而对生产背后的要素组合产生间接影响。即农业技术进步的过程中的要素结构变化与居民消费结构之间可能存在内生性的循环互动。

8.5.1　城乡居民粮食消费收敛效应的模型构建

（1）农业技术扩散方程

本研究将两类技术扩散过程视为市场化的选择过程，其影响因素包括农户采纳技术的收益、技术自身的价格等。具体而言，农户对于技术选择的资本能力与意愿由上一期的产量衡量；而技术自身的价格则以所替代要素的机会成本因素表示，包括地区性工资差异、劳动力流动的制度性因素、教育程度的影响，也包括滞后因子与交叉项。考虑到分级教育对于中国地区经济增长存在差异化作用，初级教育与高级教育都能促进经济增长，但两者的作用方式不同。其中,初级教育作为生产要素直接促进最终产出,高级教育则通过加快技术扩散速度来提高全要素生产率(黄燕萍等,2013)。因此,模型中分别用中等与高等两个变量来刻画教育对农业技术进步的影响。综上,假定技术扩散行为模型如下:

$$\ln M_{it} = \alpha_0 + \alpha_1 \ln L_{it} + \alpha_2 \ln ME_{it} + \alpha_3 \ln SE_{it} + \alpha_4 \ln WS_{it-1} + \alpha_5 MA_{it} + \alpha_6 t_{2004} + \varepsilon_0 \quad (8-20)$$

$$\ln F_i t = \beta_0 + \beta_1 \ln K_{it} + \beta_2 \ln ME_{it} + \beta_3 \ln SE_{it} + \beta_4 \ln WS_{it-1} + \beta_5 MA_{it} + \beta_6 t_{2004} + \varepsilon_1 \quad (8-21)$$

在(8-20)式和(8-21)式中,M 表示机械型技术扩散情况,F 表示生物化学型技术扩散情况(主要考察化肥使用情况),L 代表劳动力,ME 与 SE 分别代表中等与高等教育①,WS_{it-1}代表滞后一期的工资性收入占总收入的份额,表示滞后一期的产量,而以上两个方程则分别描述了两类技术的扩散过程;MA 是否为主产区的虚拟变量(主产区=1,非主产区=0),t_{2004}是代表中国三项重要农业补贴政策出台的时间虚拟变量,2004 年之后为 1,之前为 0。

(2)生产与供给方程

在传统要素结构的变化产生了技术扩散的基础上,农户运用掌握的传统要素与技术资源进行最优化的组合生产与供给,在此阶段的行为方程的构建中,本研究综合了生产理论与供给理论。考虑生产与供给之间的联系②,综合了超对数形式的生产函数与加入本期价格③的 Nerlove 供给反应函数④,得到如下方程:

$$\ln Q_{it} = \gamma_0 + \gamma_1 \ln L_{it} + \gamma_2 \ln K_{it} + \gamma_3 \ln F_{it} + \gamma_4 \ln M_{it} + \gamma_5 \ln DIS_{it} + \gamma_6 MA_{it} + \varepsilon_2 \quad (8-22)$$

---

① 以受教育程度体现的人力资源作为农业技术进步的重要保障,不但直接对劳动力的流动产生影响,还通过农业技术的扩散程度对农产品产量产生促进作用,受教育程度在不同的层级对农业生产效率的改进作用机制也存在差异,初级教育与高级教育都能促进经济增长,但两者的作用方式不同,其中初级教育作为生产要素直接促进最终产出,高级教育则通过加快技术扩散速度来提高全要素生产率(陈沁等,2012)。

② 张瑞娟(2013)认为农户依据市场情况进行的储存行为能够有效减少农产品价格波动。

③ 由于考察对象主要是易储存的粮食,因此考虑本期市场价格对于储存行为的影响。

④ 考虑到农作物生产属性,不同类农作物之间的竞争性替代在短期内很难实现,所以不考虑相关农作物的滞后价格对于粮食生产选择的影响。

(3)市场需求与消费方程

在供求决定的价格和产量中,农产品的城乡居民消费需求结构变迁过程也决定着长期的粮食生产结构调整方向,而粮食需求结构变化的根本源于收入水平变化产生的消费观念与标准的变化。因此,该阶段的行为方程主要围绕城乡居民的收入水平与各类农产品间的竞争替代展开。这里,由于粮食消费仅占收入的小部分,因此根据消费的若可分性质,采用城乡居民粮食类消费支出代替收入;选择蔬菜和肉蛋产品价格作为其他可替代农产品;考虑到粮食消费的结构性演进是一种长期渐变的动态过程,并以滞后项的方式表现在模型中。具体模型如下:

$$\ln D_{rit} = \theta_0 + \theta_1 \ln RL_{it} + \theta_2 RI_{it}^{-1} + \theta_3 \ln PG_{it} + \theta_4 \ln PV_{it} + \theta_5 \ln PM_{it} + \varepsilon_3 \tag{8-23}$$

$$\ln D_{uit} = \delta_0 + \delta_1 \ln UI_{it} + \delta_2 UI_{it}^{-1} + \delta_3 \ln PG_{it} + \delta_4 \ln PV_{it} + \delta_5 \ln PM_{it} + \varepsilon_3 \tag{8-24}$$

其中,D_r和D_u分别代表农村与城镇居民年人均粮食消费,RI与UI分别代表农村居民人均纯收入与城镇居民人均可支配收入,PG,PV,PM分别代表粮食、蔬菜与肉蛋产品的供求均衡价格。

(4)均衡条件

在将以上三阶段行为联系的过程中,本研究假设各地区粮食市场存在供求平衡①,具体关系如下:

$$Q_{it} = D_{rit} \times POP_{rit} + D_{uit} \times POP_{uit} \tag{8-25}$$

其中,POP_{rit}与POP_{uit}分别为各年各地区的农村与城市居民人口。

综上,设置三阶段联立方程组如下:

① 由于数据可获性的限制,以及考虑各地区的粮食生产的禀赋条件在很大程度上决定了其居民的消费习惯的实际情况,因此在本研究中忽略了地区之间的粮食贸易行为。

$$\begin{cases}\ln M_{it} = \alpha_0 + \alpha_1 \ln L_{it} + \alpha_2 \ln ME_{it} + \alpha_3 \ln SE_{it} + \alpha_4 \ln WS_{it-1} + \alpha_5 \ln MA_{it} + \alpha_7 t_{2001} + \varepsilon_0 \\ \ln F_{it} = \beta_0 + \beta_1 \ln K_{it} + \beta_2 \ln ME_{it} + \beta_3 \ln SE_{it} + \beta_4 \ln WS_{it-1} + \beta_5 \ln MA_{it} + \beta_6 t_{2001} + \varepsilon_1 \\ \ln Q_{it} = \gamma_0 + \gamma_1 \ln L_{it} + \gamma_2 \ln K_{it} + \gamma_3 \ln F_{it} + \gamma_4 \ln M_{it} + \gamma_5 \ln DIS_{it} + \gamma_6 MA_{it} + \varepsilon_2 \\ \ln D_{rit} = \theta_0 + \theta_1 \ln RL_{it} + \theta_2 RI_{it}^{-1} + \theta_3 \ln PG_{it} + \theta_4 \ln PV_{it} + \theta_5 \ln PM_{it} + \varepsilon_3 \\ \ln D_{uit} = \delta_0 + \delta_1 \ln UI_{it} + \delta_2 UI_{it}^{-1} + \delta_3 \ln PG_{it} + \delta_4 \ln PV_{it} + \delta_5 \ln PM_{it} + \varepsilon_4 \\ Q_{it} = D_{uit} \times POP_{uit} + D_{rit} \times POP_{rit} \end{cases} \tag{8-26}$$

根据联立方程组的阶条件与秩条件检验,以上方程组各方程均可识别。

8.5.2 数据与实证结果分析

在以上联立方程组模型的构建基础上,下文将采用1991—2013年省级面板数据分析农业技术进步对城乡居民食品消费结构收敛的溢出效应。表8-2列出了模型中所需变量的统计分析结果。其中,中国农村家庭对教育的投入在快速增加(Yu和Abler,2009)的研究结果显示的那样,小学及初中的中等教育水平的普及率在整个时段的平均值为77.92%,接受高中、中专、大专及以上的高等教育的农村劳动力比例平均为12.31%。值得注意的是,城镇居民的平均年人均可支配收入水平是农村居民平均年人均纯收入的近3倍,但其平均粮食消费量仅为农村居民粮食消费量的1/3左右,说明相对高收入群体对于粮食这类基本主食的消费水平较低。

表8-2　联立方程组变量的统计分析

变量	单位	均值	标准差
M	兆瓦	917.07	866.75
F	万吨	67.38	50.63
K	千公顷	3370.68	2101.02
L	人	445.82	328.59
Q	千吨	1909.10	1251.88
DIS	千公顷	936.95	842.77
ME	—	77.92%	6.59%
SE	—	12.31%	4.16%

续表

变量	单位	均值	标准差
WS	—	30.26%	13.60%
UI	元	8874.67	6692.34
RI	元	3164.04	2475.95
D_u	千克	88.76	19.24
D_r	千克	223.44	45.00
Pg	—	104.94%	9.45%
Pv	—	104.58%	7.55%
Pm	—	101.51%	7.41%

资料来源:1992—2014 年《中国统计年鉴》《中国农村统计年鉴》等。

表 8－3 是联立方程组测算得到的城乡居民粮食消费溢出效应的测算结果。从测算体系中的 5 个方程的 R^2 的值看,拟合程度较好,各子方程中变量系数的测算结果也基本符合预期。

表 8－3　城乡居民粮食消费溢出效应的测算结果

因变量	自变量	系数	P 值
农业技术扩散方程			
ln*M*	ln*L*	−0.75***	0.00
	ln*ME*	−0.47*	0.09
	ln*SE*	0.42***	0.00
	$\ln WS_{-1}$	0.23***	0.00
	MA	0.74***	0.00
	t_{2004}	0.27***	0.00
$R^2=0.78$	constant	1.82	0.12
ln*F*	ln*K*	0.90***	0.00
	ln*ME*	0.34	0.13
	ln*SE*	0.55***	0.00
	$\ln WS_{-1}$	0.09***	0.00
	MA	−0.06	0.18
	t_{2004}	0.15***	0.00
$R^2=0.83$	constant	−6.33***	0.00

续表

因变量	自变量	系数	P 值
生产与供给方程			
$\ln Q$	$\ln L$	0.03***	0.00
	$\ln K$	0.77***	0.00
	$\ln F$	0.32	0.37
	$\ln M$	0.03***	0.00
	$\ln DIS$	-0.04***	0.00
	MA	0.24***	0.00
$R^2=0.96$	constant	-0.10***	0.00
市场需求与消费方程			
$\ln D_r$	$\ln RI$	-0.366***	0.01
	RI^{-1}	-311***	0.00
	$\ln Pg$	-0.10	0.28
	$\ln Pv$	-0.11	0.28
	$\ln Pm$	-0.38***	0.00
$R^2=0.51$	constant	8.65***	0.00
$\ln D_u$	$\ln UI$	0.165***	0.00
	UI^{-1}	1277***	0.00
	$\ln Pg$	-0.06	0.48
	$\ln Pv$	0.23***	0.01
	$\ln Pm$	-0.13	0.18
$R^2=0.35$	constant	6.91***	0.00

注：*，**，***分别代表在10%，5%和1%水平下显著。

在两类农业技术的扩散方程测算结果中，劳动与中等教育投入对机械型与生物化学型技术采用的弹性系数分别显著为负和为正，说明农业劳动力的逐渐减少有利于机械型农业技术进步，而土地投入的增加连同土壤天然养分在密集耕种过程中的下降，鼓励了肥料与良种等生物化学型技术进步；中等教育水平农户相当于劳动力的基本人力资本的强化，同样与机械型技术投入具有一定的替代关系；而高等教育比例项的系数在两个扩散方程中均则显著为正，这也证实了具有高等教育水平的农户可能会促进农业技术进步来调整现有资源的配置作用；上一期农户的工资性收入占总收入的份额的机械型与生物化学型扩散弹性显著为正，且在机械型技术上表现更为明显，这说明农业劳动力的转出兼业有利于促进农户采用技术，即在农村劳动力转出兼业的过程的持续还是促进更大程度的农业生产机械化的发展。同时，引入的代表农业补贴政策的虚拟变量的效果也显著为正，说明2004年开始正式在全国范围实施的三项主要的农业补贴政策确实提升了农民的种粮积极性，同时促进了两种类型的技术扩散与进步。在生产与供给方程中，除化肥外，各项主要投入要素的系数基本显著为正，成灾面积与主产区虚拟变量的系数分别显著为负与为正，且其中土地产出的弹性较高为0.77。说明目前保障各项要素投入的稳定仍是农业产出的坚实基础，而通过科技创新改善自然环境的灾害风险具有重要意义；粮食主产区具有产出优势，其农业技术进步的效果更为明显。

在农产品的市场消费需求方程中，城乡居民的粮食消费的收入弹性的各项系数均显著，根据对数—倒数—对数模型的弹性公式能进一步计算，可以得到城乡居民的粮食收入需求弹性，且农村居民的粮食消费的负向收入弹性的下降速度快于城镇居民，说明城乡居民的粮食消费将存在逐渐趋同。另外，农村居民的粮食消费与肉蛋类消费呈现相互的替代作用，而城镇居民的粮食消费则与蔬菜水果类的消费互补，反映了相对健康的食品消费习惯。

更值得注意的是，随着城乡居民消费结构的逐渐收敛从农产品消费的需求端必将通过市场供求关系调整农产品的生产结构，而从粮食消费向蔬果与禽肉蛋的升级转型也将进一步推动偏好农产品生产过程中的技术进步，产生长期的互动循环作用。

8.6　本章小结

为深入研究农业技术进步过程中产生的经济溢出效应，本章基于数理推导与机制分析，结合第5章对各类主要农业产业技术进步率的测算结果，综合运用CGE模型与三阶段动态联立方程组模型，分别从农业部门的技术进步所产生的农产品的国内外市场竞争力、地区与产业经济发展、地区间居民劳动工资与人均收入与城乡居民食品消费结构收敛等子效应切入，得到如下结论。

（1）实际产出相对技术进步率减弱，正向技术进步的农业部门的净出口优势被放大，同时微弱负向技术进步部门净出口的劣势被缓解；居民消费自产农产品的百分比相对产出增长有所放大，对消费进口农产品的挤出效应更为明显。农业技术进步部分促进了农产品的产出增加，部分促进了生产要素资源向非农部门的转移与配置调整。尽管农业技术进步对于农业部门产出的促进有限，但对提高国内外市场尤其是国际市场的竞争力上的作用较大。

（2）农业技术进步产生的非农部门产出影响幅度较小；其中，以农产品为中间投入的包括纺织业、化工业、印刷业等部门产出影响明显，包括建筑业、运输业与旅游业在内的其他非农部门分别受到了不同方向、不同程度上的明显产出冲击；农业技术进步不但能通过农业产业链的产品市场产生直接产业经济效应，还通过农业生产要素资源的节约与重新配置产生间接地区经济效应，还对相对经济欠发达省份的经济增长效应尤其显著。

（3）农业技术进步产生的整体人均收入增长程度较小，人均收入值变动从东向西递减；除个别省份，人均实际工资水平也均有不同幅度上升且整体增长值相对人均收入的变动较大。冲击后的中部地区的居民劳动工资增长情况最为显著，西部地区居中，而相比之下的劳动力转入的东部地区实际工资增加值较低，说明农业技术进步不但能够起到促进多数转入与转出地人均劳动工资增长的作用，还有助于缩小地区间居民实际工资水平的差距。

（4）农业技术进步下的东、中、西部地区的居民实际劳动工资对总产出变化依次敏感度增加，尤其是在富有实际劳动工资—总产出弹性的中西部地区，实际工资增长的幅度将进一步扩大，地区间居民实际工资水平将出现收敛；就业增加对中西部地区实际劳动工资水平主要起到拉动作用，在东部地区没有明显作用，其农村劳动力释放相对总产出增长的稀释效应仅在少数省份产生了作用，长期拉动就业将主要带动中西部地区的劳动工资水平上升，产生中西部地区向东部地区的“追赶”效果。

（5）高等教育普及率上升、农业劳动力数量下降、兼业程度的提高以及农业补贴促进了农业技术进步;在农业技术进步促进农户增收的过程中,保障各项要素的稳定投入仍是农业产出的坚实基础,灾害风险对产出影响仍然较大,主产区产出优势明显;在农业技术进步促进的农户增收与农村劳动力兼业形式转出过程中,农村居民的粮食消费的负向收入弹性的下降速度快于城镇居民,城乡居民的粮食消费结构逐渐趋同。

第 9 章　农业技术进步的环境溢出效应

在经济发展与消费需求不断增加的背景下，农业技术进步的过程不但对外部经济产生了溢出效应，还通过对劳动与土地的替代与补充作用的能源类要素（机械型与生物化学型技术要素）的逐渐密集化使用引发了土壤、水体以及大气等一系列资源环境问题（韦鸿，2011），使得经济意义上的农业生产率增长与关注环境影响的绿色生产率增长出现了较大程度的偏离（李谷成等，2011；潘丹和应瑞瑶，2013）。

技术进步对环境条件具有内生性的回应机制，能够通过提高这些能源类要素的产出效率的方式，从本质上缓解其所造成的环境负溢出（Popp，2004；Manne 和 Richels，2004），即推动农业生产技术进步，增强农业能耗的替代弹性与调节能源结构，不但能有效提高农业能源的使用效率（李静和蒋长流，2014），也是缓解农业生产对环境的负向溢出的重要途径。沈能和张斌（2015）在将环境因素纳入农业技术进步的研究框架，并结合拓展传统环境库兹涅茨曲线（EKC）理论的研究发现，中国农业增长与环境生产率间存在“正 U 型”关系，农业技术进步对于“正 U 型”曲线形成和环境生产率的提升起到关键作用。

综上，基于全要素生产率视角，研究农业技术进步过程中的能源效率变化的因素分解，缓解其相对负向的环境溢出效应的研究尚属少见。本章将依据全要素生产率的理论研究框架，分析农业技术进步环境溢出的作用机制，并结合无量纲的能值核算理论与改进的随机前沿生产函数能源效率变化分解模型，研究内生性农业技术进步过程中的综合环境溢出效应，进而根据实证测算的结果探讨促进正向环境效应，缓解负向环境效应的途径。

9.1　农业技术进步环境溢出的机制分析

为便于农业生产系统中的农业技术进步对环境系统的冲击，即农业技术进步过程中的环境溢出方式，以下将从农业技术进步过程与环境间的内生性互动关系出发进行系统性研究，为寻找缓解农业技术进步对环境的负向溢出为着眼点，下文将首先对农业技术进步过程的环境溢出机制进行梳理与总结。

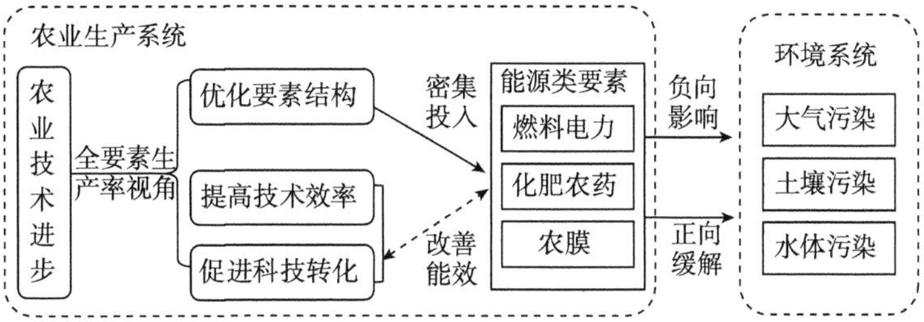

图 9－1　农业技术进步的环境溢出机制

由图 9－1，从全要素生产率的视角看，在农业生产系统与环境系统的互动中，农业技术进步的效果是通过优化要素结构、提高技术效率与促进科技转化两条主要途径实现的。其中，优化要素结构的过程（以实线表示）是通过以机械与肥料等能源类要素对劳动和土地的物质投入替代或补充进行的，这种途径会导致包括机械燃料与电力、化肥农药、农膜等能源类要素的密集投入，造成对包括大气、土壤和水体的环境污染；而提高技术效率与促进科技转化途径（以虚线表示）是通过提升无形的经营管理能力提高对上述能源类要素的产出效率，以提高能源效率方式来正向缓解单位农业产出所造成的环境污染。

由环境库兹涅茨曲线（EKC）与内生技术进步理论，技术进步对于环境污染存在内生回应的调节机制，即在农业技术进步过程能够根据环境系统的需求回调上述两种途径，缓解农业技术进步过程所带来的负向环境溢出效应。其一是通过寻找其他清洁能源等代替传统能源类要素的投入，但这种方法仍在研发中且成本较高,可行性不高;其二是通过进一步优化农业生产要素中的非能源类要素(劳动与土地)与能源类要素(机械与化肥等)的配置结构或改善农业生产经营管理能力等方式来提升能源效率,既符合农户增收的目标又没有额外的投入成本,是较为有效的调节方法。因此,下文将以能源效率为切入点,从全要素生产率的视角分解分析改善能源效率的方式,从而缓解农业技术进步引发的负向环境效应,改善其综合环境溢出效应。

9.2 农业技术进步环境溢出的测算分析

根据上述机制分析,农业技术进步的环境溢出效应集中体现在能源要素的投入与效率上。考虑农业各产业间属性差异、粮食安全对中国经济社会发展的战略性意义以及研究建议的针对性,下文将以粮食①为例,对其在农业技术进步过程中包括机械型与生物化学型要素在内的能源类要素的投入情况进行分析,并基于此对能源效率视角下的环境溢出效应进行测算比较,为下文的实证分解奠定基础。

9.2.1 基于能源类要素投入的环境溢出与测算原理

随着农业技术进步的不断发展,以化肥、农药、电力以及机械柴油等为代表的能源类要素的投入量与投入结构也发生着变化。由图 9 - 2,能源类要素在每亩粮食作物的实际投入量与结构的演变过程。1985—2010 年,化肥、农药与柴油的投入密集性趋势相反,存在一定的互补性;1985—1992 年、2007—2010 年的每亩电力投入量较少(粮食生产中主要的电力投入发生在排水与灌溉环节中),而其他三种能源类要素投入量较多,而1993—2006 年则相反;2011—2013 年除化肥外的其他能源要素的投入量均有增长。同时,能源类要素的投入量基本呈现总体上升趋势。从结构演变角度看,电力投入先上升后缓慢下降,到 2005—2010 年基本稳定在 160 度的水平上,而在 2011 年投入量又开始上升;柴油的投入量增长幅度较大,且有继续增大投入

① 下文将粮食定义为包括稻谷(包括早籼稻、中籼稻和粳稻、晚籼稻)、小麦、玉米和大豆的主要粮食品种。

量的趋势；农药投入基本趋于稳定，每亩化肥投入量从1985—1990年小幅增加，随后从1991—2000年开始呈阶段性突降，从2001年开始，投入量基本稳定在每亩135千克左右的水平上。

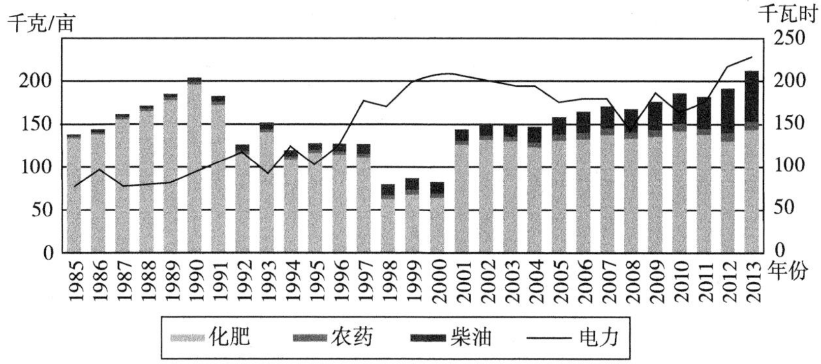

图9－2　单位粮食生产的能源类要素消耗

注：由于单位不统一，电力采用折线的次坐标表示，而其余采用比例柱状图的主坐标。

资料来源：根据1986—2014年《全国农产品成本收益资料汇编》《中国物价年鉴》，以1985年为基期，剔除了价格因素，进行整理计算得到。

农业生产既是产生能量物质的过程，又是消耗自然能源与投入能源的过程。在其所消耗的能源中，自然能源主要指农业生产过程对太阳能的消耗，投入能源则可以被进一步分为直接消耗与间接消耗。直接消耗主要是指农用机械所消耗的各类石油制品以及电能；间接消耗主要指化肥、农药等生产投入品的使用。由于不同类型的能源要素的投入以及量纲不同，不能简单进行加总来表现农业生产的能源投入量。

国内外关于农业能源消耗的核算对象主要有能量与能值两种。前者是将投入到农业系统中的能量分为生物能和工业能，其计算方法是按投入物所含的热量核算，而化肥和农药等工业能量由于本身是无机物而不含热量，只能从制造职业物质所消耗的矿物质的能源来核算，但两种能量的质并不相同，无法通过简单相加来准确测算。20世纪70年代诞生的能值理论克服了这个缺点，将生态经济系统中不同种类原本单位不同而不可比较的要素投入均通过太阳能值进行转化折算，以便进行无量纲的能源效率比较分析。著名生态学家H. T. Odum创立了能值核算理论，以能值为基准，将生态系统或生态经济系统中不同种类的不可比较的能量通过能值转化率统一转换成太阳能值来衡量系统中各种生态流（能物流、货币流、人口流和信息流），从而定量评价系统中的生态经济效益（蓝盛芳等，2002）。能值转化实现了生态环境系统与社会经济系统中不同种类的物质和能量的量纲统一，从而为开展从生态环境视角重新定量审视经济系统提供了新的工具。针对农业生产过程中的能值的计算方法如下（徐键辉，2010）：

$$E_{jit} = Q_{jit} \times N_{jit} = C_{jit}/P_{jit} \times Q_{jit} \times N_{jit} \tag{9-1}$$

$$EU_{it} = \sum_{j=1}^{4} E_{jit} \tag{9-2}$$

其中，j 表示农业生产的能源类要素品种，i 表示农产品品种，t 表示生产时间，Q 表示单位投入量，C 表示单位投入费用，P 为能源类要素价格，N 为能耗系数，E 为某种能源类要素消耗的单位能值，EU 为综合单位能值。能源要素包括上述分析的柴油、电力、化肥和农药，数据来源同上。其中，除化肥采用投入量数据计算外，其他能源类要素均采用单位费用与价格进行折算，价格数据来源于《中国物价年鉴》，单位能耗系数则来自于《农业技术经济手册》。

9.2.2 基于能值理论的环境溢出比较分析

随着农业技术进步的不断发展与消费市场需求的逐渐转变，农产品的生产结构布局与能源投入强度也在不断变化。图 9－3 显示了 1985—2013 年在粮食细分品种生产中的能源投入的相对结构与变动趋势。

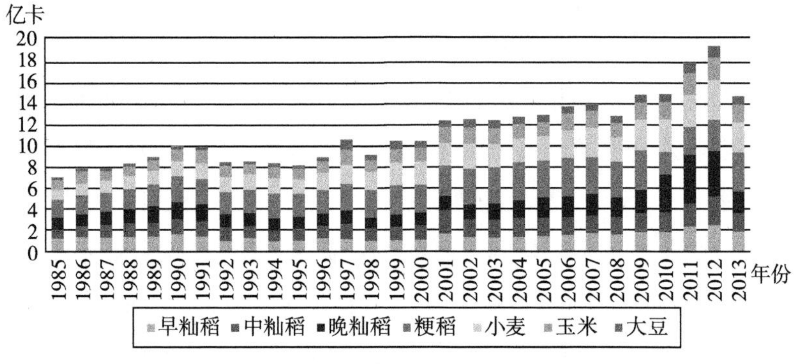

图 9－3　粮食生产的能源消耗结构

资料来源：根据 1986—2014 年《全国农产品成本收益资料汇编》《农业技术经济手册》计算得到。

从整体上看，各类粮食生产的能源消耗均呈现逐年上升的趋势。从细分的各类粮食品种的能源消耗量的趋势上看，中稻（中籼稻和粳稻）、玉米、大豆能源消耗量不断上升；小麦能源消耗有波动的上升；早籼和晚籼稻的能源消耗呈现下降趋势。随着玉米的生物质能源的用途逐渐地被开发出来，大豆的补贴以及价格的逐渐提升，以及人们生活水平的提高带来的对于优质水稻的需求，使得包括中籼稻和粳稻的中稻的能源投入有逐步提升。

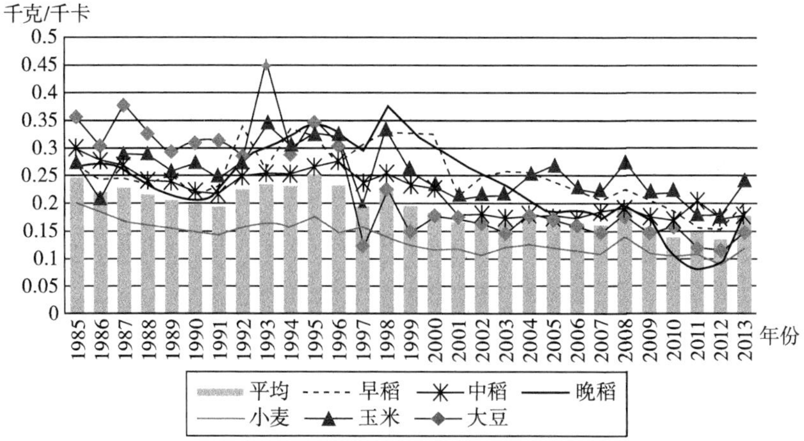

图9－4　粮食生产的相对环境溢出效应

注：由于差异较大，大豆采用折线的右侧次坐标表示，而其余采用主坐标。

资料来源：根据1986—2014年《全国农产品成本收益资料汇编》《中国农村统计年鉴》计算得到。

长时间跨度的粮食能源效率变化展现了在不断加大能源类要素投入以提高粮食产量的过程中，能源的实际利用效率所发生的变化。如图9－4，伴随着中国粮食生产过程总体的机械化与生产技术水平的不断提升与居民在粮食上的消费偏好的结构性变化，各类粮食作物的能源效率在1985—1994年、1995—2008年、2009—2013年分别存在三次U型的演变周期，且每个周期的能源效率值都较前一个周期有所下降。从各粮食品种的能源效率的比较看，小麦生产的能源效率在此过程中一直最低，下降较为缓慢；1995年以前，大豆的能源效率基本高于其他粮食品种，但在此之后大幅下降，随后能源效率稳定在相对之前的低水平；早稻和玉米的能源效率变化趋势类似，均从1985年开始呈现波动性的上升至1998年，随后缓慢下降，逐渐处于粮食生产能源效率较高的行列；中稻和晚稻的能源效率的波动趋势相似，在同样经历了1985—1998年的小波动性的上升之后，回落的速度较快，尤其是晚稻，使得其最终的能源效率较低，仅次于小麦。

9.3 农业技术进步环境溢出效应的实证分析

9.3.1 农业技术进步环境效应的模型构建

孙广生等（2012）基于DEA - Malmquist指数方法为能源效率的实证分解测算提供了思路。但进一步考虑动态农业技术进步过程中，除生产要素投入外的农民受教程度、自然灾害、农田水利建设与财政支农政策对相对技术进步水平的影响以及随机性误差对系统的冲击，下文将采用SFA模型延续该分解思路进行模型推导（董莹和穆月英，2014）。

首先，随机前沿生产函数模型如下：

$$y_{it} = f(x_{it}, t, \beta)\exp(v_{it} - u_{it}) \tag{9-3}$$

根据Kumbhakar和Lovell（2000），推导得到全要素生产率增长率的具体分解：

$$\frac{T\dot{F}P}{TFP} = \frac{\dot{y}}{y} - \sum_N \frac{\dot{X}_{it}}{x_{it}} \tag{9-4}$$

$$\frac{T\dot{F}P}{TFP} = \frac{\partial \ln f(x_{it}, t, \beta)}{\partial t} - \frac{\partial u_{it}}{\partial t} + (\varepsilon_t - 1)\sum_N \frac{\varepsilon_{it}}{\varepsilon_t} \times \frac{\dot{x}_{it}}{x_{it}} \tag{9-5}$$

9-4式是全要素生产率变化率的定义式，其是剔除投入要素整体规模增加外的产出增长率情况。9-5式是全要素生产率的变化率在模型上的分解，其中，ε表示要素产出弹性，ε_t表示t时期所有投入要素产出弹性之和，公式右侧将全要素生产率的增长率依次分解为技术进步和技术效率。其中，技术效率的变化包括体现在技术非效率方程中的负向时间趋势项上，以及规模效率的变化上。在随机前沿生产函数模型的全要素生产率变化分解的推导思路基础上，对能源效率进行因素分解如下：

$$\frac{(\dot{y/e})}{y/e} = \frac{\partial \ln f(x_{it}, t, \beta)}{\partial t} - \frac{\partial u_{it}}{\partial t} + \sum_N \varepsilon_{it} \cdot \frac{(\dot{x_{it}/e})}{x_{it}/e} + (\sum_N \varepsilon_{it} - 1)\frac{\dot{e}}{e} \tag{9-6}$$

其中,除技术进步与技术效率变化外,9-6式等号右侧的第三项是替代能源的变化率,反映与单位能源投入所配合投入的替代要素的产出效率变化;第四项为能源投入规模积累效应的变化率。基于本研究农业技术进步过程中环境效应机制分析,在下文对全要素生产率视角下的能源效率变化进行实证分析模型的具体变量设定中,将不仅考虑劳动力、土地、能源类等要素投入,还将引入体现管理方式、生态环境、人力资源与宏观粮食政策因素的变量。

9.3.2　实证结果分析与比较

采用上述分析中所使用的1985—2010年的数据进行实证的计量估算的结见表9-1。模型整体的估算效果良好,γ 值显著为0.999,说明误差基本都被技术非效率方程捕捉。其中,从中国粮食生产的技术结构角度看,土地要素的投入的产出弹性显著为0.401,略低于劳动力投入的产出弹性0.523,而能源投入的产出弹性较低,仅为0.081。*T*代表的技术进步率的测算结果显著为正0.025,说明中国粮食生产的年全要素技术进步率为2.5%。

从技术非效率方程的测算结果看,成灾率系数显著为正,说明当年灾害情况严重影响了粮食生产的技术效率;初中以上的受教程度的农村劳动能力比例项的系数显著为负,说明务农劳动力的教育水平越高,越能弥补技术非效率的损失。从政府对粮食生产的支持政策角度看,用于农林水事务的财政支出项系数显著为负,说明政府对于农业生产的基础设施建设的投资改善了粮食生产效率;三项补贴中仅有农机购置补贴虚拟变量项的系数显著为正,说明政府鼓励农户购置农机进行耕种的补贴确实使得粮食整体的生产技术的非效率损失有所降低。另外,值得注意的是,时间项的系数显著为负,说明随着时间的推移,农户的技术效率水平却存在一定程度的降低。

表9-1　能源效率分解模型测算结果

技术结构方程			技术非效率方程		
变量	系数	*t*值	变量	系数	*t*值
常数项	-4.926***	-6.944	常数项	1.618	1.344
ln*K*	0.401***	5.437	*IRR*	0.004	0.066
ln*L*	0.523***	9.773	*DIS*	0.044**	2.224

续表

技术结构方程			技术非效率方程		
变量	系数	t 值	变量	系数	t 值
$\ln E$	0.081 ***	3.052	EDU	-0.091 *	-1.674
T	0.025 ***	12.015	FE	-1.848 **	-2.201
σ^2	0.315 ***	4.442	D_{ss}	0.754	1.573
γ	0.999 ***	7700107	D_{ms}	0.224	0.835
对数似然值		40.293	D_{es}	-0.988 ***	-3.395
			t	0.164 *	1.854

注：*、**、***分别表示在10%，5%与1%及以上水平上显著；其中 σ^2，γ 和对数似然值均显著，说明模型设定较合理。

以下进一步根据模型的估计结果带入式9-6中，将能源效率变化分解为全要素生产率研究框架下的技术进步、技术效率、单位能源消耗的要素替代效率的变化与规模积累效应的变化。

图9-5至图9-10展示了各类粮食能源效率变化的分解的百分比例的变化趋势。其中，技术进步周期性地促进了各类粮食尤其是中稻技术进步过程中的能源效率提升；其改善能源效率的作用在早稻和玉米上逐渐加强，而在中、晚稻上逐渐减弱，且对早稻和玉米的能源效率提升的作用逐渐增强，这说明科技进步所带来的新技术推广与转化率提升有助于周期性地提高能源效率。

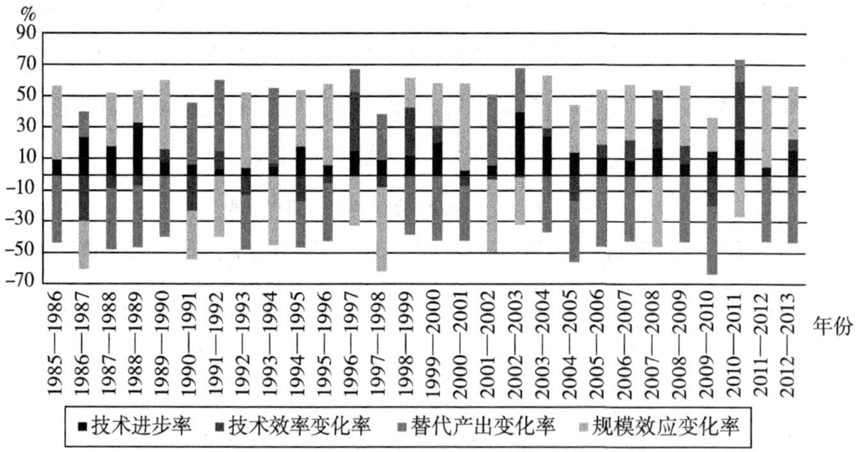

图9-5　早稻能源效率变化的贡献率结构

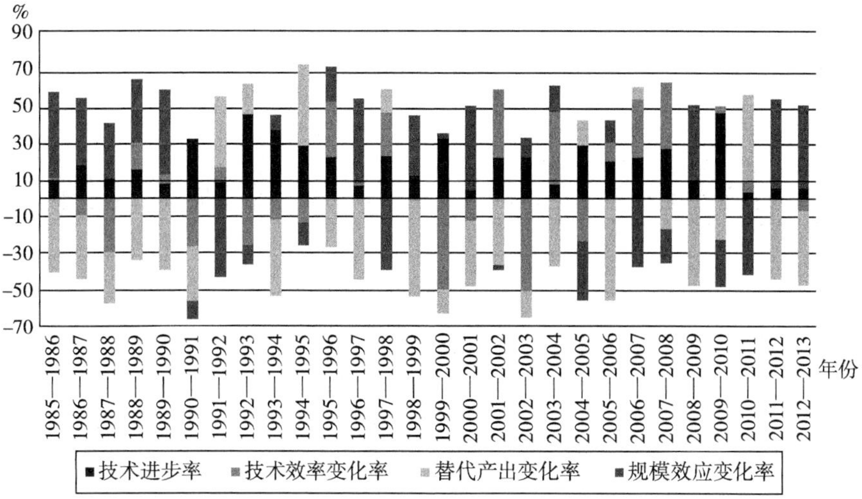

图9－6　中稻能源效率变化的贡献率结构

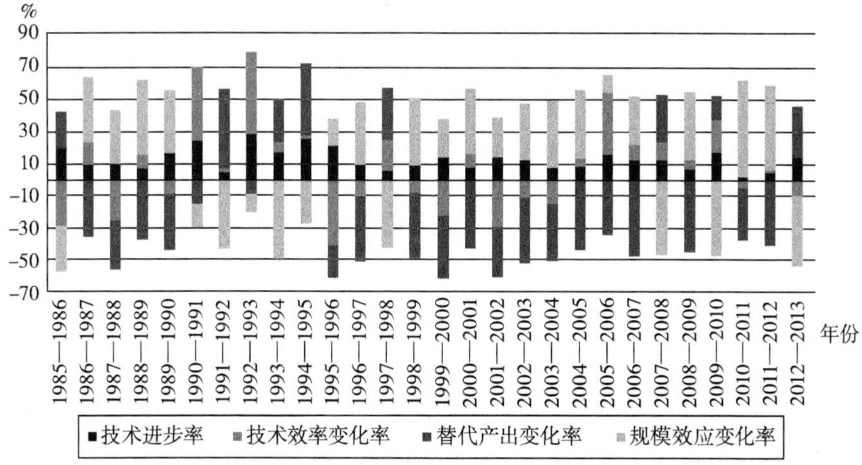

图9－7　晚稻能源效率变化的贡献率结构

技术效率变化在不同阶段与不同作物的作用方向都有不同，整体上在1985—2003年基本呈现负向变化降低能源效率，而在2004—2013年基本成为正向拉动能源效率提升的动力，这种现象在玉米和大豆上较为明显，说明技术效率水平的改善已经逐渐从能源效率的阻碍因素转变为动力因素与着力改善点。

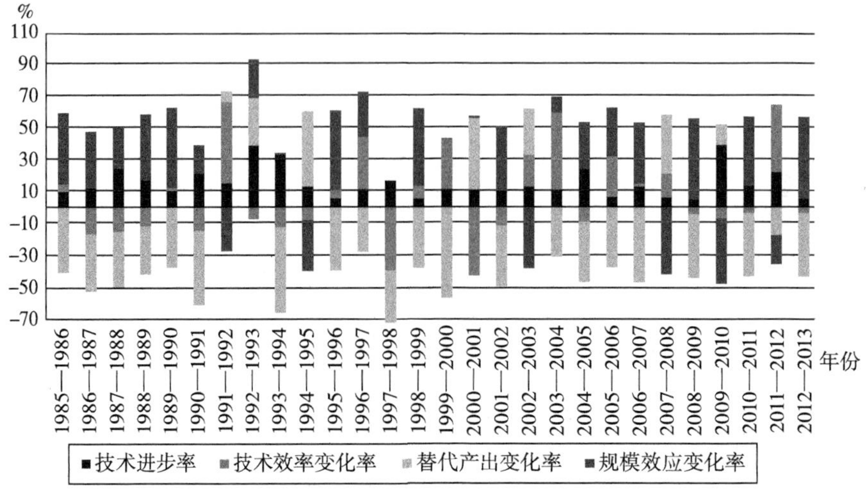

图 9－8　小麦能源效率变化的贡献率结构

替代产出变化的方向与程度存在明显品种上和阶段上的差异性，其中，在中稻和小麦整个技术进步的过程中都呈现负向的阻碍作用，而在玉米和大豆上则出现了 1985—1998 年的阶段性正向拉动，随后也逐渐转化为阻碍因素，说明与能源要素共同使用的其他生产要素的单位能耗生产效率的发挥对能源效率改善的重要意义，同时作为短板，应该得到足够重视。

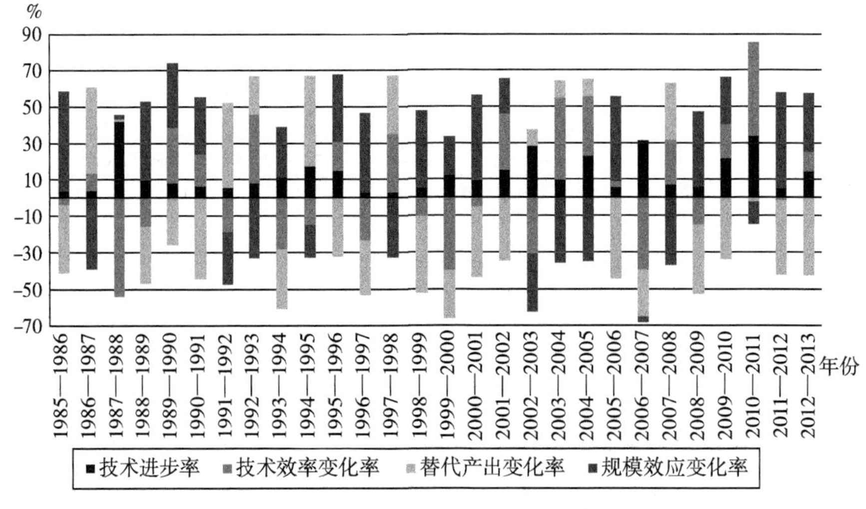

图 9－9　玉米能源效率变化的贡献率结构

规模效应的变化基本在粮食作物的技术进步中起到了促进能源效率提升的作用，尤其在早稻、晚稻、小麦以及1985—1999年的大豆上的效果明显。这也验证了粮食类作物适宜规模化生产的天然属性，同时促进了技术进步过程中的能源效率的提升。

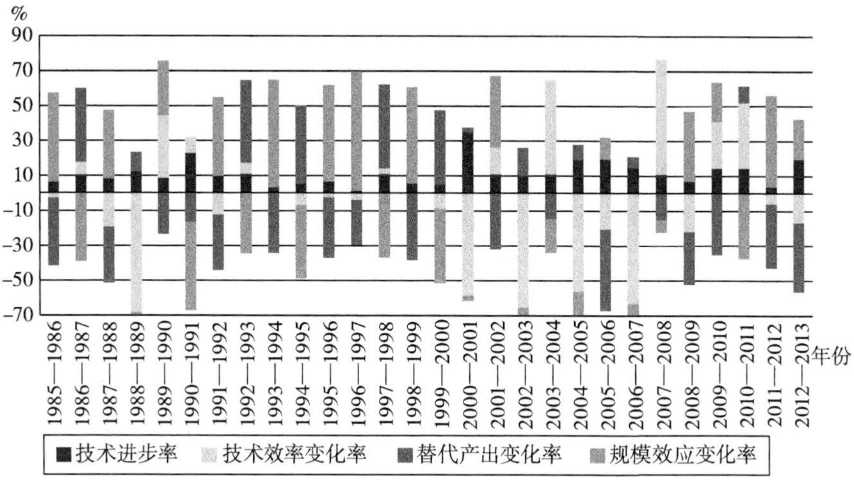

图9-10　大豆能源效率变化的贡献率结构

基于以上分析，包括狭义技术进步、技术效率和替代产出率的改善结合规模报酬的属性一同体现了农业技术进步的过程，同时也作用于能源效率的变化，如何利用各类农业产业的天然属性，通过进一步科技创新、要素结构优化与生产经营管理能力的提升，并加强与其他要素的相互配合，优化与强化能源效率，对未来农业发展下改善农业技术进步的环境负效应的意义重大。

9.4　本章小结

为研究农业技术进步过程中的环境溢出效应，本章在全要素生产率视角下的农业技术进步对环境溢出的作用机制的分析基础上，结合能值核算理论和随机前沿生产函数下的能源效率分解模型方法，以粮食为例，研究内生性农业技术进步过程中的综合环境溢出效应，得到的主要结论如下。

(1)中国在粮食生产技术进步过程中能源类要素投入总量上升,结构上,电力投入先上升后缓慢下降,到2005—2010年基本稳定,2011年开始上升;农药和柴油单位投入量稳步增加,且柴油投入量增幅较大,并有继续增大投入量的趋势,农药投入量则基本稳定;单位面积的化肥投入量从1985—1990年小幅增加,随后骤然下降,直到2001年基本稳定。

(2)各类粮食生产技术进步过程中的能源消耗结构受到居民消费水平、宏观政策的变化的影响,各类粮食间的能源效率存在很大差异;整个过程中的各类粮食作物的能源使用效率却在逐年下降。

(3)包括狭义技术进步、技术效率和替代产出率的改善结合规模报酬的属性一同体现了农业技术进步的过程也产生了复杂的能源效率视角下的环境效应。其中,狭义技术进步有助于周期性能源效率的提高;技术效率的改善已经逐渐从能源效率的阻碍因素转变为动力因素与着力点;规模效应的变化基本在粮食作物的技术进步中起到了促进能源效率提升的作用;替代产出率的提升对能源效率改善具有重要意义,同时作为短板,应该得到足够重视。

第10章　研究结论与政策建议

面临着中国农业生产要素资源的日益紧缺与国际农产品市场环境的不断恶化等问题,如何通过农业技术进步促进农业经济的可持续发展备受关注。随着市场化进程的不断推进,技术的空间相关性与产业融合的逐步推进,中国农业技术进步也呈现出新的系统性特征,并在经济转型期的地区与产业经济平衡发展、城乡居民收入与福利、环境污染问题上扮演着重要的角色。因此,本研究在对相关理论进行归纳总结的基础上,从全要素生产率视角切入对包括历史演变与现状、空间收敛与产业差异的横纵向维度在内的农业技术进步的直接效果特征展开了研究,进一步从技术禀赋和组织化程度视角研究影响农业技术进步的机制与实证,挖掘改善技术进步效果的可行性途径,进而通过产品与要素市场的传导构建了农业技术进步对外部经济与环境的溢出效应,探索农业技术进步的扬长避短的可持续发展方式。本章将对各章研究所得到的主要结论与政策建议进行系统性梳理,并指出本书研究的不足与未来研究方向。

10.1　主要研究结论

本研究主要围绕全要素生产率视角下的农业技术进步体现在历史演变与现状、地区与产业等层面的效果特征比较,技术禀赋与组织化程度对农业技术进步影响的直接效果,以及农业技术进步过程中产生的溢出效应逐层展开,得到的主要结论总结如下:

(1)对中国农业技术进步的历史演变与现状的分析研究表明:1978—

2013 年，农村劳动力逐年下降，其中，东部地区降幅最大；农用机械总动力，尤其是大型机械动力的使用量逐年增加；总播种面积小幅上涨，粮食类作物占比萎缩，蔬菜、水果以及青饲料比例上升明显；化肥、农药的生物化学型农业技术要素的投入经历了上升、短期停滞再上升阶段，东部地区化肥投入量从 2009 年开始减少。总体财政支农支出增长，占比基本稳定于 9.5%；财政支农的重心逐渐从中央转移到地方；农业科研的课题数与投入经费均经历了阶段性波动后回升的过程，人均承担课题数上升，整体科研转化能力增强，投入产出回报率确实明显高于其他行业；中国农业技术推广制度经过了多个阶段，农业技术推广人员基本稳定在 70 万人，占比稳定在 3%。土地与劳动，尤其是土地产出贡献明显，而随着化肥的逐渐密集性使用，其对产出的贡献在逐年下降且已在某种程度上阻碍了产出的增长；农业技术进步的贡献率整体呈现围绕 5% 水平的周期性波动，且呈现波动幅度与区域间差异逐年减弱。

（2）综合考虑空间因素对农业技术进步的空间收敛情况进行比较实证的结果表明：农业投入产出效率在地区间差异不大且相对变化较为稳定；从地区间比较看，西部区域内部技术效率提升潜力较大；区域技术进步转化水平作用下的综合技术进步水平存在收敛趋势。中国整体农业相对技术进步水平的转化水平在 1981—2009 年呈现显著的空间相关性；其中，东部各地区农业技术进步转化水平基本不存在正向空间外溢作用；西部各地区受到其邻近地区的相对小幅且逐渐减弱的空间外溢影响而呈现空间上小幅的负向收敛；中部各地区农业技术进步转化水平存在程度变化较大的正向空间相关性作用的拉动，但从 2009 年开始空间的拉动影响显著下降。

（3）对农业技术进步的产业的特征差异及影响因素的研究表明：种植业与畜牧业的综合技术进步水平逐渐提升并收敛，生产支撑与产出转化能力相对科研投入能力逐渐成为重点；种植业技术进步经历了机械密集投入以节约劳动，转向与密集投入肥料来节约土地共同作用，再向进一步机械密集化投入以节约劳动的过程；畜牧业主要技术进步方向呈现微弱的劳动力节约趋势，畜产业间的劳动与资本投入结构上的差异逐渐减小；均符合要素相对价格反映的稀缺性驱动原理。山羊、散养肉羊产业以及大规模肉鸡、生猪与蛋鸡产业的技术进步与粮食类产业技术进步关联较密切;技术效率改进主导了种植业技术进步,其中,粮食类与经济类作物产业技术进步脚步逐渐放缓;蔬果产业整体技术进步的步伐扩大,但同时面临着波动性的风险与挑战;畜牧业整体技术进步存在周期与波动性放缓。初期技术进步源于技术效率改进与技术进步的共同作用,但在后期,狭义技术进步逐渐成为制约技术进步的因素。

(4)结合农户经济理论,从技术禀赋视角对微观农业技术进步全过程的影响机制展开逐层分析的结果表明:技术禀赋影响着技术的采用决策与效果,其中,技术需求是普遍激发技术采用决策的因素;种植经验越丰富、规模化程度越高越易采纳良种优苗技术;人力资本越高越易采纳病虫害防控与测土配方施肥技术;相关技术补贴能够有针对性地促进农业技术采纳。新技术的采纳整体上促进农业技术进步效果的发挥但并不明显,仅在病虫害防治技术上的效果明显,在按经营管理能力分类成的示范户与能力非示范户群体间的作用效果差异较大。在差异化经营管理能力的实证比较中发现,能力较高组农户的要素结构合理而产出贡献多样化且效率较高,但能力较低组过度依赖土地要素、无法有效发挥劳动与化肥的使用效率;在环境因素制约下保障农业生产效率的稳步提高,仍需推动对多数小规模经营的非示范农户的肥料施用等生产性技术服务与指导。能力较高组农户采纳各类技术提升农业技术进步效果的作用明显;且相比能力较低组中年长而经验减少技术非效率损失的特质,能力较高组的经营管理能力优势还体现在趋向年轻化、专业化、适度规模化等良性特征上。

(5)基于中国小而散的农业生产经营现状与合作组织理论,研究组织化程度对微观农业技术进步的影响机制与实证结果表明:各地区合作社所提供的服务项目的多样化程度以及主要服务的覆盖率差异较大;各地区农户加入合作社对于其非农兼业或固定种植某种农作物的专业化程度的影响存在方向性与程度上的差异;组织化程度较高对农户技术水平具有显著促进作用;农资购买与技术指导两项服务都能增强技术进步水平,市场销售渠道的服务相对于稳定的主流地头收购还不够成熟，显示会造成技术进步水平的损失；天津、辽宁地区效果尤其明显；组织化程度的不同解释了社员农户与非社员农户 88.54% 的技术效率转化率差异以及 52.20% 的单位产值差距。

（6）在第 5 章测算得到的各类主要农业产业技术进步率基础上，结合 CGE 模型与动态多阶段联立方程组对农业技术进步的经济溢出效应的逐层研究发现：农业技术进步部分促进了农产品的产出增加，对提高国内外市场尤其是国际市场的竞争力上的作用较大；其不但通过农业产业链的产品市场产生直接产业经济效应，还通过农业生产要素资源的节约与重新配置产生间接地区经济效应，对经济欠发达省份的经济增长效应尤其显著。冲击下的各地区居民人均收入与劳动工资均有不同范围的增长；其中，人均收入从东向西递减，但劳动工资却刚好相反，农业技术进步扩大了地区人均收入差距，但有助于缩小地区实际工资水平差异；劳动工资—总产出弹性在中西部地区尤其富有弹性，地区间居民实际工资水平将随地区总产出的增加出现收敛，就业增加同样主要对中西部地区居民实际劳动工资水平起到拉动作用，长期拉动就业将主要带动中西部地区的劳动工资水平上升，出现中西部地区向东部地区“追赶”的效果。在农业技术进步促进的农户增收与农村劳动力兼业形式转出过程中，农村居民的粮食消费的负向收入弹性的下降速度快于城镇居民，城乡居民的粮食粮消费结构逐渐趋同。

（7）基于能值核算理论，从能源效率变化的影响出发，以粮食产业为例，分析农业技术进步的环境溢出效应的研究表明：1991—2013 年，中国粮食生产中能源类要素的单位投入密集性缓慢上升并基本稳定致使负向环境溢出逐年加剧，而能源使用效率却逐年下降即并没有起到有效的正向缓解；包括狭义的技术进步、技术效率以及替代产出率的改善结合规模报酬的属性一同体现了农业技术进步的过程，也产生了复杂的能源效率视角下的环境效应，科技进步有助于能源效率的提高，但是其作用伴有周期性波动；技术效率水平的改善已经逐渐从能源效率的阻碍因素转变为动力因素与着力改善点；替代产出率的提升对能源效率改善具有重要意义，同时作为短板，应该得到足够重视;规模效应的变化基本在粮食作物的技术进步中起到了促进能源效率提升的作用。

10.2 相关政策建议

根据上述研究结论,得到了在全要素生产率视角下,促进农业技术进步,发挥其在经济、环境上的正向溢出效应,改善负向溢出效应的相应政策建议如下:

(1)为打破现有困境,激发主要农业产业的技术进步,应该在继续强化要素结构优化与配套生产管理能力提升所带来的技术效率改进优势的同时,通过保障种植业的科研投入与技术推广转化率,以及侧重促进畜牧业的技术推广的转化率改善狭义技术进步的劣势。

(2)由于示范工程中的示范组农户群体具有年轻化、专业化与规模化等技术效率优势,为提升农业技术进步的效果与持续性推进,继续通过高产高效示范工程培育"新型职业农民",鼓励其率先采纳技术,不但有利于逐步推进向"让更少的人种更多的地"的可持续高效的自身生产模式转变,还有利于技术在生产一线的扩散应用,在更大范围提升农业技术进步效果,促进农户增收,有助于从深度与广度上拓展农业技术进步,保障中国未来农业的稳步发展。由于农民合作组织及其所提供的服务为小而散经营的广大农户群体提供了采纳新型农业技术并获得技术效果与收益的保障,应该着力扶持以农民专业合作社为主的生产服务型农民合作组织的发展,促进新型农业技术的推广扩散,以推动中国农业生产由粗放型向精准型转变。

(3)由于中西部地区居民劳动工资对地区 GDP 与就业增长正向反应更为灵敏,因此,为促进二元经济背景下的良性农业技术进步的经济溢出,可通过改善地区间的产业布局,鼓励中西部产业的稳步发展,从"移民就业"向"移业就民"的理念进行转变,以保障地区间居民实际工资水平的有效收敛甚至是"追赶"。另外,从地区间比较角度看,由于城乡劳动力在技能水平显著影响了转出农村劳动力的实际工资与收入,因此,增强对转出农村劳动力的教育与培训,是从本质上缩小城乡劳动力在实际工资水平差异的改善。

(4)根据以粮食为例的能源效率分解的结论,要改善内生性农业技术进步产生的负向环境溢出效应,应考虑各类农业产业的天然属性,通过进一步科技创新、要素结构优化与生产经营管理能力的提升,并加强能源要素与其他要素的相互配合。

10.3 存在不足与未来研究方向

由于在有限的研究期间内,难以获得连续系统性的数据,因此,对农业技术进步所受的影响机制、因素与城乡居民食品消费收敛性的研究中所选取的数据样本也略有侧重而缺乏全面性,这是本书存在的不足。另外,在第8章假设了仅存在农业部门技术进步率对CGE模型的冲击情况,忽略非农部门的技术进步,所得结论与现实情况存在一定偏差。

未来的研究将争取基于更全面而连续的农产品生产与消费面板数据,对各类农业产业的技术进步的影响因素及其与城乡居民消费的内生性互动及环境溢出效应做更为细致的探究。并将在同时分析农业部门与非农部门的技术进步的数理框架下,考虑两者同时技术进步的综合冲击,对农业技术进步产生的现实经济溢出效应做更深入的讨论。

附　录

表 - A1　农业技术进步测算结果

指标	系数	P 值
常数项	0.056 ***	0.000
土地	1.571 ***	0.001
劳动	0.457 ***	0.000
化肥	-0.215 **	0.012
机械	0.237	0.239
LL	149.434	

注：*，**，*** 分别代表在 10%，5% 和 1% 水平下显著。

表 - A2　Propensity Score for FPC Participation

指标	系数	标准差
age	0.039 **	0.015
gender	-0.170	0.270
edu	0.142 ***	0.048
experience	-0.012	0.014
farm size	0.660 ***	0.238
acknowledge of price	0.010 ***	0.004
Hebei	1.350 ***	0.324
Liaoning	0.053	0.284
Shandong	-0.157	0.347
Tianjin	0.042	0.442
constant	-4.437 ***	1.042

续表

指标	系数	标准差
Number of observations	465	
Pseudo R^2	0.094	
Log likelihood	-263.791	

注：*，**，***分别代表在10%，5%和1%水平下显著。

表-A3 Balance Test for Propensity Score Matching

Variable	NNM			KBM		
	% Meanbias	t-test	V(T)/V(C)	% Meanbias	t-test	V(T)/V(C)
Age of operator	-1.20	-0.10	0.98	-2.00	-0.17	1.13
Gender of operator is male	3.70	0.30	0.95	8.80	0.70	0.90
Education of operator	-3.30	-0.27	0.83	1.10	0.09	0.83
Vegetable farming experience	6.40	0.53	0.94	2.50	0.21	0.97
Total area owned	-2.10	-0.18	1.01	1.40	0.12	1.00
Acknowledge of price	0.00	0.00	4.49*	-0.10	-0.11	3.68*
Hebei	8.90	0.65	1.10	11.40	0.84	1.14
Liaoning	-0.80	-0.07	0.99	-6.50	-0.54	0.93
Shandong	1.80	0.17	1.05	5.70	0.57	1.19
Tianjin	-1.60	-0.13	0.95	0.00	0.00	1.00

注：*，**，***分别代表在10%，5%和1%水平下显著。

参考文献

[1]Abadie A, Drukker D, Herr J L, et al. Implementing matching estimators for average treatment effects in Stata[J]. Stata journal, 2004, 4: 290 -311.

[2]Abebaw, D. , & Haile, M. G. The impact of cooperatives on agricultural technology adoption: Empirical evidence from Ethiopia[J]. Food Policy, 2013, 38: 82 -91.

[3]Aldana U, Foltz J D, Barham B L, et al. Sequential adoption of package technologies: The dynamics of stacked trait corn adoption[J]. American Journal of Agricultural Economics, 2011, 93(1): 130 -143.

[4]Amy, Purvis, William, G. Boggess, Charles B. Moss, John Holt. Technology Adoption Decisions under Irreversibility and Uncertainty: An "Ex Ante" Approach[J], American Journal of Agricultural Economics, 1995,77(3): 541 -551.

[5]Acemoglu D. Directed Technical Change[J]. Review of Economic Studies, 2002, 69(4):781 -809.

[6]Acemoglu D. Equilibrium Bias of Technology[J]. Econometrica, 2007, 75(5):1371 -1409.

[7]Atamanov A, Lücke M, Omar Mahmoud T, et al. Income and Distribution Effects of Migration and Remittances: An Analysis Based on CGE Models for Selected CIS Countries[J]. Ssrn Electronic Journal, 2009.

[8]Azariadis C, Stachurski J. Poverty traps[J]. Handbook of economic growth, 2005, 1: 295 -384.

[9]Baldwin, R. E. and P. Martin. Agglomeration and Regional Growth, in V. Henderson and J. F. Thisse, eds. , Handbook of Regional and Urban Economics : Cities and Geography[M]. 2003.

[10] Baldwin, Richard E. , and Philippe Martin. Agglomeration and regional growth[J]. Handbook of regional and urban economics, 2004(4): 2671 -2711.

[11]Bandiera O, Rasul I. Social Networks and Technology Adoption in Northern Mozambique[J]. Economic Journal, 2006, 116(514):869 -902.

[12]Bass F M. A New Product Growth For Model Consumer Durables[J]. Management Science, 1969, 50 (12, Ten Most Influential Titles of Management Sciences First Fifty Years) : 215 -227.

[13]Battese, G. E. and T. J. Coelli, Frontier Production Functions, Technical Efficiency and Panel Data: With Application to Paddy Farmers in India[J]. The Journal of Productivity Analysis. 1992, 3: 153 -169.

[14]Battese, G. E. and T. J. Coelli, A Stochastic Frontier Product ion Function Incorporating a Model for Technical Inefficiency Effects[Z]. Working Papers in Econometrics and Applied Statistics No 69, Department of Econometrics, University of New England, Armidale, 1993.

[15] Battese, G. E. and T. J. Coelli. A Model for Technical Inefficiency Effects in a Stochastic Frontier Production Function for Panel Data[J]. Empirical Economics. 1995, 20 (2): 325 -332.

[16]Battese, G. E. , Rao, D. P. Technology Gap, Efficiency, and a Stochastic Metafrontier Function[J]. International Journal of Business & Economics, 2002, 1(2):87 -93.

[17]Battese, G. E. , Rao, D. P. , & O'Donnell, C. J. A meta - frontier Production Function for Estimation of Technical Efficiencies and Technology Gaps for Firms Operating Under Different Technologies[J]. Joural of Productivity Analysis, 2004,21(1): 91 -103.

[18]Berger T. Agent - Based Spatial Models Applied to Agriculture: a Simulation Tool for Technology Diffusion, Resource Use Changes and Policy Analysis[J].

Agricultural economics, 2001, 25(2 -3): 245 -260.

[19]Binswanger, H. P. , Sillers, D. A. Risk Aversion and Credit Constraints in Farmers' Decision - Making: A Reinterpretation[J]. Journal of Development Studies, 1983(20): 5 -21.

[20]Bravo - Ureta B E, Greene W,D. Technical Efficiency Analysis Correcting for Biases From Observed and Unobserved Variables: an Application to a Natural Resource Management Project[J]. Empirical Economics, 2012, 43(1): 55 -72.

[21]Cai F, Wang D, Du Y. Regional Disparity and Economic Growth in China: The Impact of Labor Market Distortions [J]. China Economic Review, 2002, 13 (2): 197 -212.

[22]Cakir, M. , & Balagtas, J. V. (2012). Estimating Market Power of US Dairy Cooperatives in the Fluid Milk Market[J]. American Journal of Agricultural Economics, 94(3), 647 -658.

[23]Caselli F, Ii W J C. The World Technology Frontier[J]. American Economic Review, 2005, 96(3):499 -522(24).

[24] Chen A, Groenewold N. Regional Equality and National Development in China: Is There a Trade - Off? [J]. Growth and Change, 2011, 42(4): 628 -669.

[25]Chen, Z. , & Song, S. Efficiency and Technology Gap in China's Agriculture: a Regional Meta - Frontier Analysis[J]. China Economic Review, 2008, 19 (2), 287 - 296.

[26]Chunbo Ma, David I. Stern. China's Changing Energy Intensity Trend: A Decomposition Analysis[J]. Energy Economics. 2008(30): 1037 - 1053.

[27] Courtois P, Subervie J. Farmer Bargaining Power and Market Information Services[J]. American Journal of Agricultural Economics, 2014, 97(3).

[28] D Sunding, D Zilberman. The Agricultural Innovation Process: Research and Technology Adoption in a Changing Agricultural Sector[J]. Handbook of Agricultural Economics, 2001, 1(01):207 -261.

[29]Das G G, Alavalapati J R R, Carter D R, et al. Regional Impacts of Environmental Regulations and Technical Change in the US Forestry Sector: a Multiregion-

al CGE Analysis[J]. Forest Policy & Economics, 2005, 7(03):25 -38.

[30]Davis J, Caskie P, Wallace M. Promoting Structural Adjustment in Agriculture: The Economics of New Entrant Schemes for Farmers[J]. Food Policy, 2013, 40: 90 -96.

[31]Dehejia R H, Wahba S. Propensity Score - matching Methods for Nonexperimental Causal Studies[J]. Review of Economics and Statistics, 2002, 84(1): 151 -161.

[32]Deng, H., Huang, J., Xu, Z., & Rozelle, S. (2010). Policy support and emerging farmer professional cooperatives in rural China. China Econ Rev, 21 (4), 495 -507

[33]Dong Y, Mu Y Y, Itoh S. Endogenous Agricultural Technology Diffusion with Factor Structural Changes in China[J]. Journal of the Faculty of Agriculture, Kyushu University, 2015 60 (2): 519 -528.

[34]Erwin, C. A., Ervin, D. E. Factors Affecting the Use of Soil Conservation Practices Hypothesis, Evidence, and Policy Implications[J]. Land Economics, 1982, (58): 277 -292.

[35]Fan S, Kanbur R, Zhang X. China's Regional Disparities: Experience and Policy[J]. Review of Development Finance, 2011, 1(1): 47 -56.

[36]Färe R, Grosskopf S, Lovell C A K. Production Frontiers[M]. Cambridge University Press, 1994.

[37]Feder, G. On Export and Economic Growth[J]. Journal of Development Economics, 1982, (37): 59 -73.

[38]Feder G, O'Mara G T. Farm Size and the Diffusion of Green Revolution Technology[J]. Economic Development & Cultural Change, 1981, 30(1):59 -76.

[39]Feder, G. Richard E. Just, David Zilberman. Adoption of Agricultural Innovations in Developing Countries: A Survey[J]. Economic Development and Cultural Change, 1985, 33(2): 255 -298.

[40]Feder, G. Slade, R. The Role of Public Policy in the Diffusion of Improved Technology[J], American Journal of Agricultural Economics, 1985(67): 423 -428.

[41]Femandez - Comejo J, A Gregory. Managerial Intensity and the Adoption of Conservation Tillage [D]. Selected paper presented at the NAREA meetings, Annapolis, MD, June 2004.

[42]Foellmi R, Zweimüller J. Structural change, Engel's Consumption Cycles and Kaldor's Facts of Economic Growth[J]. Journal of Monetary Economics, 2008, 55(7):1317 - 1328.

[43]Foster, A. D., Rosenzweig, M. R. Learning By Doing and Learning From Others: Human Capital and Technical Change in Agriculture[J]. Political Economy, 1995, 103(6): 1176 - 1209.

[44]Fredrich Kahrl, David Roland - Holst. Growth and structural change in China's Energy Economy[J]. Energy, 2009(34): 894 - 903.

[45]Fuglie K O, Kascak C A. Adoption and Diffusion of Natural - Resource - Conserving Agricultural Technology[J]. Review of Agricultural Economics, 2001, 23(2): 386 - 403.

[46]Garnevska, E., Liu, G., & Shadbolt, N. M. Factors for Successful Development of Farmer Cooperatives in Northwest China[J]. International Food Agribusiness Management Review, 2011,14(4).

[47]González - Flores M, Bravo - Ureta B E, Solís D, et al. The Impact of High Value Markets on Smallholder Productivity in the Ecuadorean Sierra: A Stochastic Production Frontier Approach Correcting for Selectivity Bias[J]. Food Policy, 2014, 44: 237 - 247.

[48]Greene W. A Stochastic Frontier Model With Correction for Sample Selection[J]. Journal of Productivity Analysis, 2010, 34(1): 15 - 24.

[49]Griliches Z. Issues in Assessing the Contribution of Research and Development to Productivity Growth[J]. Bell Journal of Economics, 1979, 10(1):92 - 116.

[50]Hayami, Y., Ruttan, V. Agricultural Development: An International Perspective [M], Johns Hopkins University Press, Baltimore, MD, 1985.

[51]Hazell, P. B., Poulton, C., Wiggins, S., & Dorward, A. The Future of Small Farms for Poverty Reduction and Growth[R]. International Food Policy Re-

search Institute, 2007, 42.

[52]Herrendorf B, Valentinyi A. Sectoral Technology and Structural Transformation[C]// 2013 Meeting Papers. Society for Economic Dynamics, 2013.

[53]Herrero M, Thornton P K, Bernués A, et al. Exploring Future Changes in Smallholder Farming systems by Linking Socio – Economic Scenarios With Regional and Household Models[J]. Global Environmental Change, 2014, 24: 165 – 182.

[54]Huang, C. J., Huang, T. – H., et al. A New Approach to Estimating the Metafrontier Production Function Based on a Stochastic Frontier Framework[J]. Journal of Productivity Analysis, 2014, 42(3), 241 – 254.

[55]Huang, J., et al. Agrifood Sector Studies China: Restructuring Agrifood Markets in China – the Horticulture Sector (Part A – Meso – Level Study)[R]. London: Regoverning Market Program, IIED, 2007.

[56]Huang J, Huang Z, Jia X, et al. Smallholder Incomes, Vegetable Marketing and Food Safety: Evidence From China[J]. Scott Rozelle, 2009.

[57]Huang K. F., Yu C. M. J., Seetoo D. H. Firm Innovation in Policy – Driven Parks and Spontaneous Clusters: the Smaller Firm the Better? [J]. The Journal of Technology Transfer, 2012, 37(5): 715 – 731.

[58]Huffman, W. E. Agricultural Household Models: Survey and Critique In Multiple Job Holding Among Farm Families [C]. Iowa State University Press, IA, 1991.

[59]Hussein, K. Producer Organizations and Agricultural Technology in West Africa: Institutions That Aive Farmers a Voice[J]. Development, 2001, 44(4), 61 – 66.

[60] H Hoken, Q Su. Measuring the Effect of Agricultural Cooperatives on Household Income Using PSM – DID: a Case Study of a Rice – producing Cooperative in China. Institute of Developing Economies, Jetro, Ide Discussion Paper. No. 539. 2015. 10.

[61]Jihal yu, Lungfel lee. Convergence: a spatlal Dynamic Panel Data Approach[J]. Global Journal of Economics, 2009, 1(1):1250006 – 1 – 1250006 – 36.

[62]Johnson D G. Agriculture and the Wealth of Nations[J]. The American E-

conomic Review, 1997, 87(2): 1 - 12.

[63] Just Richard E, Zilberman David. Stochastic Structure, Farm Size, and Technology Adoption in Developing Agriculture[J]. Oxford Economic Papers, 1983 (53): 307 - 328.

[64] Kaminski J, Kan I, Fleischer A. A Structural Land - Use Analysis of Agricultural Adaptation to Climate Change: A Proactive Approach[J]. American Journal of Agricultural Economics, 2013, 95(1): 70 - 93.

[65] Karshenas, M., P. Stoneman. Rank, Stock, Order and Epidemic Effects in the Diffusion of New Process Technology[J]. Rand Journal of Economics, 1993, 24(4): 503 - 527.

[66] Kim, T., K. Jayes, D. J., Hallam, A. Technology Adoption under Price Uncertainty[J]. Journal of Development Economics, 1992, (38): 245 - 253.

[67] Kimhi, A. Is Part - Time Farming Really a Step in the Way Out of Agricultural? [J]. American Journal of Agricultural Econemy, 2000, 82(1), 38 - 48.

[68] Knight J. Inequality in China: an Overview[J]. The World Bank Research Observer, 2014, 29(1): 1 - 19.

[69] Krishnan P, Patnam M. Neighbors and Extension Agents in Ethiopia: Who Matters More for Technology Adoption? [J]. American Journal of Agricultural Economics, 2014, 96(1): 308 - 327.

[70] Krugman, Paul R. Increasing Returns and Economic Geography [J]. Journal of Political Economy, 1991, (99):483 - 499.

[71] Krusekopf, C. C. Diversity in Land - Tenure Arrangements under the Household Responsibility System in China[J]. China Economic Review, 2002,13: 297 - 312.

[72] Kumbhakar. S. C.,C. A. K. Lovell, Stochastic Frontier Estimation with Panel Data[J], Journal of Productivity Analysis, 2000, 7: 187 - 212.

[73] Kuznets S., Economic Growth and Income Inequality [J]. The American Economic Review, 1955: 1 - 28.

[74] Lewis W A. Economic Development with Unlimited Supplies of Labour[J].

Manchester School, 1954, 22(2):139 - 191.

[75]Lin J r. Hybrid, Rice Innovation in China: A Study of Market - Demand Induced Technological Innovation in a Centrally - Planned Economy[J]. Review of Economics and Statistics, 1992(74): 14 - 20.

[76]Liu X, Wang X, Xin X. Did Agricultural Technological Changes Affect China's Regional Disparity? [J]. China Agricultural Economic Review, 2012, 4(4): 440 - 449.

[77]Louhichi K, Y Paloma S G. A Farm Household Model for Agri - Food Policy Analysis in Developing Countries: Application to Smallholder Farmers in Sierra Leone[J]. Food Policy, 2014, 45: 1 - 13.

[78]Lynne G D, Casey C F, Hodges A, et al. Conservation Technology adoption Decisions and the Theory of Planned Behavior [J]. Journal of Economic Psychology, 1995, 16(4): 581 - 598.

[79]Manne A, Richels R. The Impact of Learning - By - Doing on the Timing and Costs of CO2 Abatement[J]. Ssrn Electronic Journal, 2004, 26(4):603 - 619.

[80]Melody W H. The Information Society: Implications for Economic Institutions and Market Theory[J]. Journal of Economic Issues, 1985, 19(2): 523 - 539.

[81] Mendola M. Migration and Technological Change in Rural Households: Complements or substitutes? [J]. Journal of Development Economics, 2008, 85(1): 150 - 175.

[82]Michelson, H. C. Small farmers, NGOs, and a Walmart World: Welfare Effects of Supermarkets Operating in Nicaragua[J]. American Journal of Agricultural Econemy, 2013, 95(3), 628 - 649.

[83]Nan, J. and Sharp, B. Technical Efficiency and Technological Gap of New Zealand Dairy Farms: a Stochastic Meta - frontier Model[J]. Journal Productivity Analysis, 2015, 44:39 - 49.

[84]Noltze M, Schwarze S, Qaim M. Impacts of Natural Resource Management Technologies on Agricultural Yield and Household Income: The System of Rice Intensification in Timor Leste[J]. Ecological Economics, 2013, 85: 59 - 68.

[85]O'Donnell C J, Rao D S P, Battese G E. Metafrontier Frameworks for the Study of Firm - Level Efficiencies and Technology Ratios[J]. Empirical Economics, 2008, 34(2):231 - 255.

[86]Otieno, David J. Economic Analysis of Beef Cattle Farmers' technical Efficiency and Willingness to Comply with Disease Free Zones in Kenya[J]. Newcastle University, 2011.

[87]Padel S. Conversion to Organic Farming: a Typical Example of the Diffusion of an Innovation[J]. Sociologiaruralis, 2001, 41(1): 40 - 61.

[88]Popp, D. Entice: Endogenous Technological Change in the Dice Model of Global Warming[J]. Journal of Environmental Economics and Management, 2004, 48(1): 742 - 768.

[89]Pan D. The Impact of Agricultural Extension on Farmer Nutrient Management Behavior in Chinese Rice Production: A Household - Level Analysis[J]. Sustainability, 2014, 6(10): 6644 - 6665.

[90]Reardon T., Timmer C P, Barrett C B, et al. The Rise of Supermarkets in Africa, Asia, and Latin America[J]. American journal of Agricultural Economics, 2003, 85(5): 1140 - 1146.

[91]Reger G, Schmoch U. Organisation of Science and Technology at the Watershed. The Academic and Industrial Perspective, Technology, Innovation, and Policy Series of the Fraunhofer - Institute for Systems and Innovation Research (ISI), Vol. 3. Physica - Verlag, Heidelberg, 1996.

[92]Rubin D B. Using Propensity Scores to Help Design Observational Studies: Application to the Tobacco Litigation[J]. Health Services and Outcomes Research Methodology, 2001, 2(3 - 4): 169 - 188.

[93]Ruttan Vemon W, Hayami Yujim. Technology Transfer and Development [J]. Technology and Culture, 1973(14): 119 - 151.

[94]Schipmann C, Qaim M. Supply Chain Differentiation, Contract Agriculture, and Farmers' marketing Preferences: The Case of Sweet Pepper in Thailand [J]. Food Policy, 2011, 36(5): 667 - 677.

[95]Schmookler J. Invention and Economic Growth[M] // Invention and Economic Growth. Harvard University Press, 1966.

[96]Schmookler J, Griliches Z. Patents, Invention, and Economic Change: Data and Selected Essays[M]. Harvard University Press, 1972.

[97]Schultz, Theodore W. Transforming Traditional Agriculture[M]. New Haven, Conn.: Yale University Press, 1964.

[98]Jia X, Huang J, Zhigang X U. Marketing of Farmer Professional Cooperatives in the Wave of Transformed Agrofood Market in China[J]. China Economic Review, 2010, 23(3):665 -674.

[99]Joseph A. Schumpeter. The Theory of Economic Development: An Inquiry into Profits, Capital, Credit, Interest, and the Business Cycle[J]. Social Science Electronic Publishing, 1934, 25(1): 90 -91.

[100]Smale M, Just R E, Leathers H D. Land Allocation in HYV Adoption Models: An Investigation of Alternative Explanations[J]. American Journal of Agricultural Economics, 1994, 76(3): 535 -546.

[101]Stolpe M. Economic Growth by Robert J. Barro; Xavier Sala - i - Martin [J]. Weltwirtschaftliches Archiv, 1996(3): 586 -587.

[102]Staatz, J. M. A Theoretical Perspective on the Behavior of Farmer Cooperatives[D]. Department of Agricultural Economics, Michigan State University, 1984.

[103]Thirtle, C. Beyers, L. Ismael, Y. Piesse, J. Can GM - technologies help the poor? The impact of Bt Cotton in Makhathini Flats, KwaZulu - Natal[J], World Development, 2003, 31(4): 717 -732.

[104]Tigabu A. D., Berkhout F., van Beukering P. The Diffusion of a Renewable Energy Technology and Innovation System Functioning: Comparing Bio - Digestion in Kenya and Rwanda[J]. Technological Forecasting and Social Change, 2015 (90): 331 - 345.

[105] Timmer C P. Chapter 29 Agriculture and economic development[J]. Handbook of Agricultural Economics, 2002, 2(02):1487 - 1546.

[106]Timmer C P. A World Without Agriculture: The Structural Transformation

in Historical Perspective[M]. Aei Press, 2009.

[107]Wang H, Ran M. CGE Simulation Analysis on the Labor Transfer, Agricultural Technical Progress, and Economic Development in Chongqing [J]. The Scientific World Journal, 2014(2014): 1 -8.

[108]Wang Z., Yang L. Delinking Indicators on Regional Industry Development and Carbon Emissions: Beijing - Tianjin - Hebei Economic Band Case[J]. Ecological Indicators, 2015(48): 41 - 48.

[109]Weir, S. Knight, J. Adoption and Diffusion of Agricultural Innovations in Ethiopia: the Role of Education. CSAE Working Paper, Center for the Study of African Economies, Oxford University, UK. 2000.

[110]White B. Agriculture and the Generation Problem: Rural Youth, Employment and the Future of Farming[J]. Ids Bulletin, 2012, 43(6):9 - 19.

[111]Yang H. China's Maize Production and Supply From a Provincial Perspective[J]. Chinese Economies Research Centre Working Papers, 1996.

[112]Yang H. Farmer Cooperatives as Intermediaries for Agricultural and Rural Development in China[J]. Fatigue & Fracture of Engineering Materials & Structures, 2013, 37(3):231 -231.

[113]Yang H, Klerkx L, Leeuwis C. Functions and Limitations of Farmer Cooperatives as Innovation Intermediaries: Findings from China[J]. Agricultural Systems, 2014, 127(18):115 -125.

[114]Yao X, Zhou H, Zhang A, et al. Regional Energy Efficiency, Carbon Emission Performance and Technology Gaps in China: A meta - Frontier Non - Radial Directional Distance Function Analysis[J]. Energy Policy, 2015, 84:142 -154.

[115]Zilberman, David, Just, Richard E. Labor Supply Uncertainty and Technology Adoption. In Seasonal Agricultural Labor Markets in the United States, edited by Robert D. Emerson. Ames[M]. Iowa State University Press, 1984.

[116]保罗，斯通曼. 技术变革的经济分析[M]. 北京：机械工业出版社，1989.

[117]白林，万忠，罗其友，等. 中国农业全要素生产率构成及区域趋同性

分析——基于 1996—2010 年 Malmquist 指数法[J]. 农业现代化研究，2012，33(5).

[118]蔡昉，王美艳. 农村劳动力剩余及其相关事实的重新考察——一个反设事实法的应用[J]. 中国农村经济，2007(10):4-12.

[119]蔡昉. 未来的人口红利——中国经济增长源泉的开拓[J]. 中国人口科学，2009(1):2-10.

[120]蔡昉. 中国的人口红利还能持续多久[J]. 经济学动态，2011(6):3-7.

[121]蔡昉. 中国经济增长如何转向全要素生产率驱动型[J]. 深圳大学学报(人文社会科学版)，2013(5):56-71.

[122]蔡武,吴国兵,朱荃. 集聚空间外部性、城乡劳动力流动对收入差距的影响[J]. 产业经济研究，2013(2): 21-30.

[123]曹芳萍,沈小波. 我国粮食生产全要素化肥效率研究[J]. 价格理论与实践,2012(2): 26-27.

[124]陈超，周宁. 农民文化素质的差异对农业生产和技术选择渠道的影响——基于全国十省农民调查问卷的分析[J]. 中国农村经济，2007(9):33-38.

[125]陈开军，贺彩银，张永丽. 剩余劳动力转移与农业技术进步——基于拉-费模型的理论机制与西部地区八个样本村的微观证据[J]. 产业经济研究，2010(1):1-8.

[126]陈沁,袁志刚. 土地替代教育——城市化进程中农业家庭的教育选择[J]. 经济学(季刊)，2012，11(4): 357-372.

[127]陈卫平. 中国农业生产率增长、技术进步与效率变化:1990—2003年[J]. 中国农村观察，2006(1):18-23.

[128]陈新忠，李芳芳. 我国农业技术推广的研究回溯与展望[J]. 华中农业大学学报(社会科学版)，2014(5): 24-33.

[129]陈玉萍，吴海涛，陶大云，等. 基于倾向得分匹配法分析农业技术采用对农户收入的影响——以滇西南农户改良陆稻技术采用为例[J]. 中国农业科学，2010，43(17): 3667-3676.

[130]陈宗胜，黎德福. 内生农业技术进步的二元经济增长模型——对“东亚奇迹”和中国经济的再解释[J]. 经济研究，2004(11):16 - 27.

[131]戴天仕，徐现祥. 中国的技术进步方向[J]. 世界经济，2010(11):54 - 70.

[132]邓祥宏，穆月英，钱加荣. 我国农业技术补贴政策及其实施效果分析——以测土配方施肥补贴为例[J]. 经济问题，2011(5):79 - 83.

[133]董君. 农业产业特征和农村社会特征视角下的农业技术扩散约束机制——对曼斯菲尔德技术扩散理论的思考[J]. 科技进步与对策，2012，29(10):65 - 70.

[134]董莹，穆月英. 我国粮食生产效率变化及其影响因素——基于能源视角的分析[J]. 西北农林科技大学学报(社会科学版)，2014(6):103 - 111.

[135]董莹，穆月英. 农业技术进步、农村劳动力转移对地区工资与收入差距的影响——基于 SFA - CGE 两阶段模拟分析[J]. 北京理工大学学报(社会科学版)，2015，17(5):91 - 98.

[136]董莹，穆月英. 基于 PSM - SFA 两阶段模型的农业生产创新研究——来自北京市示范户与非示范户的实证[J]. 北京理工大学学报(社会科学版)，2016，18(6):106 - 113.

[137]杜浦，卜伟. 基于 SWOT 分析的中国农机产业发展研究[J]. 中国农机化学报，2014，35(4):301 - 304.

[138]高启杰. 农业技术推广中的农民行为研究[J]. 农业科技管理，2000(1):28 - 30.

[139]郭剑雄. 农业技术进步类型的一个扩展及其意义[J]. 农业经济问题，2004(3):25 - 27.

[140]郭丽英，雷敏，刘晓琼. 基于能值分析法的绿色 GDP 核算研究——以陕西省商洛市为例[J]. 自然资源学报，2015(9).

[141]郭庆旺，贾俊雪. 中国全要素生产率的估算:1979—2004[J]. 经济研究，2005(6): 51 - 60.

[142]郭亚军，姚顺波，霍学喜. 中国苹果生产技术进步率测算与分析——基于随机前沿分析方法[J]. 农业技术经济，2013(3):54 - 61.

[143]郭雅娴，赵梦，卢雨菲. 区域农业科技创新资源评价指标体系构建[J]. 统计与决策，2011(22):78-81.

[144]辜胜阻，黄永明. 加快农业技术创新与制度创新的对策思考[J]. 经济评论，2000 (6): 25-28.

[145]黄季焜,胡瑞法. 中国农业科技投资现状与政策[J]. 农业经济与科技发展研究，1999:72-88.

[146]黄季焜，胡瑞法，智华勇. 基层农业技术推广体系30年发展与改革：政策评估和建议[J]. 农业技术经济，2009(1):4-11.

[147]黄季焜，邓衡山，徐志刚. 中国农民专业合作经济组织的服务功能及其影响因素[J]. 管理世界，2010 (5): 75-81.

[148]黄茂兴，李军军. 技术选择，产业结构升级与经济增长[J]. 经济研究，2009，7: 143-151.

[149]胡瑞法，黄季焜. 中国农业技术发展方向研究[R]. 中国科学院农业政策研究中心，2001.

[150]胡瑞法,黄季焜,李立秋. 中国农技推广:现状、问题及解决对策[J]. 管理世界,2004(5):50-57.

[151]胡瑞法,李立秋,张真和，等. 农户需求型技术推广机制示范研究[J]. 农业经济问题,2006(11):50-56.

[152]黄先海，徐圣. 中国劳动收入比重下降成因分析——基于劳动节约型技术进步的视角[J]. 经济研究，2009(7):34-44.

[153]黄燕萍，刘榆，吴一群，等. 中国地区经济增长差异：基于分级教育的效应[J]. 经济研究，2013 (4): 94-105.

[154]黄祖辉. 中国农民合作组织发展的若干理论与实践问题[J]. 中国农村经济，2008(11): 6-9.

[155]黄祖辉，高钰玲. 农民专业合作社服务功能的实现程度及其影响因素[J]. 中国农村经济，2012(7):4-16.

[156]黄宗智. 中国的隐性农业革命[M]. 北京:法律出版社,2010.

[157]姜长云. 我国农民专业合作组织的发展态势[J]. 经济研究参考，2005(74):10-16.

[158]蒋翠侠，许启发. 中国城乡居民食品消费行为的分位数回归分析[J]. 统计与决策，2013(7)：118－122.

[159]亢霞，刘秀梅. 我国粮食生产的技术效率分析——基于随机前沿分析方法[J]. 中国农村观察，2005(4)：25－32.

[160]孔祥智. 西部地区农户禀赋对农业技术采纳的影响分析[J]. 经济研究，2004(12)：85－95.

[161]蓝盛芳，钦佩，陆宏芳. 生态经济系统能值分析[M]. 北京：化学工业出版社，2002.

[162]理查德·R. 纳尔逊. 美国支持技术进步的制度. 技术进步与经济理论[M]. 第1版. 北京：经济科学出版社，1992.

[163]李大胜，李琴. 农业技术进步对农户收入差距的影响机理及实证研究[J]. 农业技术经济，2007(3)：124－128.

[164]李谷成. 技术效率、技术进步与中国农业生产率增长[J]. 经济评论，2009(1)：60－68.

[165]李谷成，陈宁陆，闵锐. 环境规制条件下中国农业全要素生产率增长与分解[J]. 中国人口·资源与环境，2011，21(11)：153－160.

[166]李纪生，陈超. 省域农业科研投资生产率增长效应的空间计量分析[J]. 中国人口·资源与环境，2010，20(7)：164－169.

[167]李静，蒋长流. 农业劳动生产率区域差异与农业用能强度收敛性[J]. 中国人口·资源与环境，2014，24(11)：17－25.

[168]李立秋，刘万才. 树立公共推广理念加速农技体系建设[J]. 中国农技推广，2008(6)：4－7.

[169]李录堂，薛继亮. 中国农业生产率增长变化趋势研究：1980—2006[J]. 上海财经大学学报(哲学社会科学版)，2008，10(4)：76－83.

[170]李想，穆月英. 北方保护地菜农可持续生产行为分析[J]. 中国人口·资源与环境，2013，23(5)：164－169.

[171]李想，穆月英. 农业科技创新投入要素贡献的动态分析——基于状态空间模型的实证[J]. 经济经纬，2013 (4)：39－43.

[172]兰勇，姚屹浓. 我国畜牧业生产效率及区域差异分析[J]. 中南林业

科技大学学报, 2015, 35(7):136 - 140.

[173]廖西元, 王磊, 王志刚, 等. 稻农采用机械化生产技术的影响因素实证研究[J]. 农业技术经济,2006(6):43 - 48.

[174]廖西元, 王志刚, 朱述斌,等. 基于农户视角的农业技术推广行为和推广绩效的实证分析[J]. 中国农村经济,2008(7):4 - 13.

[175]林毅夫. 中国农业在要素市场交换受到禁止下的技术选择[M]. 上海:上海人民出版社,1994.

[176]林毅夫. 制度、技术与中国农业发展[M]. 第3版. 上海:格致出版社,上海人民出版社,2011.

[177]刘厚莲. 人口城镇化、城乡收入差距与居民消费需求——基于省际面板数据的实证分析[J]. 人口与经济, 2013(6):63 - 70.

[178]刘勇. 西方农业合作社理论文献综述[J]. 华南农业大学学报(社会科学版), 2009, 8(4):54 - 63.

[179]吕超, 周应恒. 我国蔬菜产业生产效率变动分析[J]. 统计与决策, 2011(9):92 - 94.

[180]马述忠, 袁盈盈, 潘伟康. 中国开放型农业加工企业技术效率分析——基于产业关联视角[J]. 中国农村经济, 2015(9):30 - 42.

[181]苗珊珊. 基于大国经济剩余模型的农业技术进步福利效应研究[J]. 研究与发展管理, 2015, 27(6):116 - 123.

[182]潘丹, 应瑞瑶. 中国农业全要素生产率增长的时空变异:基于文献的再研究[J]. 经济地理, 2012, 32(7):113 - 117.

[183]潘丹, 应瑞瑶. 环境污染约束下农业生产率增长地区差异及其动态分布演进[J]. 中国科技论坛, 2013(5):60 - 67.

[184]彭国华. 中国地区收入差距、全要素生产率及其收敛分析[J]. 经济研究, 2005(9): 19 - 29.

[185]平卫英. 中国农业能源效率与能源价格、技术进步——基于VAR模型的实证分析[J]. 当代经济管理,2012,34(9): 7 - 10.

[186]乔金杰, 穆月英, 赵旭强. 基于联立方程的保护性耕作技术补贴作用效果分析[J]. 经济问题, 2014(5): 19.

[187]乔治，廖和平，谢银花. 基于 AHP 模型的湖南省农业科技创新能力评价研究[J]. 山东农业工程学院学报，2014，31(6):25－27.

[188]全炯振. 中国农业全要素生产率增长的实证分析:1978—2007 年——基于随机前沿分析(SFA)方法[J]. 中国农村经济，2009(9)：36－47.

[189]秦文利，王慧军. 农民素质对农业技术扩散的影响[J]. 河北农业科学，2004，8(1)：54－57.

[190]沈能，张斌. 农业增长能改善环境生产率吗？——有条件"环境库兹涅茨曲线"的实证检验[J]. 中国农村经济，2015(7):17－30.

[191]师博,沈坤荣.市场分割下的中国全要素能源效率:基于超效率 DEA 方法的经验分析[J].世界经济,2008,(9)：49－59.

[192]孙广生，黄祎，田海峰，等.全要素生产率、投入替代与地区间的能源效率[J].经济研究,2012,(9)：99－111.

[193]石慧，孟令杰. 中国省际间农业全要素生产率差距影响因素分析[J]. 南京农业大学学报(社会科学版)，2007(2)：28－34.

[194]申红芳，廖西元，陈金发，等.超级稻示范推广中的技术到位率与产量差异对应分析[J].中国稻米,2008(5):12－16.

[195]宋冬林，王林辉，董直庆. 技能偏向型技术进步存在吗？——来自中国的经验证据[J]. 经济研究，2010(5):68－81.

[196]宋军，胡瑞法.农民的农业技术选择行为分析[J].农业技术经济，1998(6):36－44.

[197]宋燕平，栾敬东. 农民素质与农业技术创新关系分析[J]. 科技管理研究，2005，25(4):52－54.

[198]速水佑次郎，弗农·拉坦. 农业发展的国际分析[M]. 北京:中国社会科学出版社，2000:109－139.

[199]唐博文，罗小锋，秦军. 农户采用不同属性技术的影响因素分析——基于9省(区)2110 户农户的调查[J]. 中国农村经济，2010(6):49－57.

[200]陶长琪，周璇. 要素集聚下技术创新与产业结构优化升级的非线性和溢出效应研究[J]. 当代财经，2016(1):83－94.

[201]王爱民，李子联. 农业技术进步对农民收入的影响机制研究[J]. 经

济经纬, 2014, 31(4):31 - 36.

[202]王飞,郭颂宏,江崎光男. 中国区域经济发展与劳动力流动——使用区域连接 CGE 模型的数量分析[J]. 经济学(季刊),2006(7):1065 - 1090.

[203]王浩, 刘芳. 农户对不同属性技术的需求及其影响因素分析——基于广东省油茶种植业的实证分析[J]. 中国农村观察, 2012(1):53 - 64.

[204]汪红梅. 社会资本变迁: 我国农业技术扩散的新视角[J]. 农村经济, 2011, 4: 102 - 104.

[205]王炯, 邓宗兵. 中国农业全要素生产率的变动趋势及区域差异——基于 1978—2008 年曼奎斯特指数分析[J]. 生态经济, 2012(7):129 - 133.

[206]王静, 霍学喜. 技术创新环境对苹果种植户技术认知影响研究[J]. 农业技术经济, 2014, 1: 31 - 41.

[207]王珏, 宋文飞, 韩先锋. 中国地区农业全要素生产率及其影响因素的空间计量分析——基于 1992—2007 年省域空间面板数据[J]. 中国农村经济, 2010(8): 24 - 35.

[208]王永进, 盛丹. 要素积累、偏向型技术进步与劳动收入占比[J]. 世界经济文汇, 2010(4):33 - 50.

[209]王永齐. 融资效率, 劳动力流动与技术扩散: 一个分析框架及基于中国的经验检验[J]. 世界经济, 2007, 1: 69 - 80.

[210]王志刚,王磊,阮刘青,等. 农户采用水稻轻简栽培技术的行为分析[J]. 农业技术经济, 2007(3):102 - 107.

[211]韦鸿. 人口数量增加、农业技术进步对土地利用和环境的影响[J]. 生态经济, 2011(5):108 - 112.

[212]魏玮, 周晓博. 1993—2012 年中国省际技术进步方向与工业生产节能减排[J]. 资源科学, 2016, 38(2):300 - 310.

[213]魏晓卓,金丽馥, 吴君民. 基于和谐管理的粮食财政直接补贴和谐主题研究[J]. 系统工程理论与实践, 2015 (1): 1 - 17.

[214]温涛, 田纪华, 王小华. 农民收入结构对消费结构的总体影响与区域差异研究[J]. 中国软科学, 2013(3):42 - 52.

[215]吴凤娇, 陈银忠. 技术进步与台湾农业增长演进的实证研究:1963—

2008 年[J]. 台湾研究集刊, 2011(1):80 – 88.

[216]许峰. 认清市场转变农资企业发展方式——当前供销合作社农资企业发展面临的问题和挑战[J]. 中国合作经济, 2015: 55 – 56.

[217]谢忠秋. Cov – AHP:层次分析法的一种改进[J]. 数量经济技术经济研究, 2015(8):137 – 148.

[218]徐键辉. 粮食生产的能源消耗及其效率研究——基于 DEA 方法的实证分析[D]. 杭州:浙江大学, 2010. 12.

[219]辛良杰, 王佳月, 王立新. 基于居民膳食结构演变的中国粮食需求量研究[J]. 资源科学, 2015, 37(7):1347 – 1356.

[220]徐舒, 左萌, 姜凌. 技术扩散、内生技术转化与中国经济波动——一个动态随机一般均衡模型[J]. 管理世界, 2011(3):22 – 31.

[221]徐世艳, 李仕宝. 现阶段我国农民的农业技术需求影响因素分析[J]. 农业技术经济, 2009 (4): 42 – 47.

[222]许召元,李善同. 区域间劳动力迁移对经济增长和地区差距的影响[J]. 数量经济技术经济研究,2008(2): 38 – 52.

[223]杨春,陆文聪. 中国玉米生产率增长、技术进步与效率变化:1990—2004 年[J]. 农业技术经济,2007(4): 34 – 40.

[224]杨春, 王明利. 基于 Malmquist 指数的农户肉牛养殖全要素生产率研究[J]. 农业经济与管理, 2013(3):69 – 75.

[225]杨丹. 农民合作经济组织对农业分工和专业发展的促进作用研究[D]. 重庆:西南大学,2011.

[226]余泳泽. 中国省际全要素生产率动态空间收敛性研究[J]. 世界经济, 2015(10):30 – 55.

[227]约瑟夫 · 熊彼特. 经济发展理论[M]. 北京: 商务印书馆, 1990.

[228]曾国平,王韧. 二元结构、经济开放与中国收入差距的变动趋势[J]. 数量经济技术经济研究, 2006(10):15 – 25.

[229]曾先峰, 李国平. 我国各地区的农业生产率与收敛:1980—2005[J]. 数量经济技术经济研究, 2008, 25(5):81 – 92.

[230]曾湘泉, 陈力闻, 杨玉梅. 城镇化, 产业结构与农村劳动力转移吸纳

效率[J]. 中国人民大学学报, 2013, 27(4): 36-46.

[231]翟治芬, 王兰英, 孙敏章, 等. 基于 AHP 与 Rough Set 的农业节水技术综合评价[J]. 生态学报, 2012, 32(3):931-941.

[232]展进涛, 陈超. 劳动力转移对农户农业技术选择的影响——基于全国农户微观数据的分析[J]. 中国农村经济, 2009 (3): 75-84.

[233]赵洪斌. 改革开放以来中国农业技术进步率演进的研究[J]. 财经研究, 2004, 30(12):91-100.

[234]赵亮, 穆月英. 基于东亚对华 FDI 的技术进步对我国农业的影响研究[J]. 系统工程理论与实践, 2014, 34(1): 1-12.

[235]赵伟,李芬. 异质性劳动力流动与区域收入差距:新经济地理学模型的扩展分析[J]. 中国人口科学,2007(1): 27-35.

[236]周靖祥, 王贤彬. 城乡居民消费差异与收入不平等研究——来自中国 1978—2007 年的经验证据[J]. 投资研究, 2011(8):130-148.

[237]周宁. 农民文化素质的差异对农业生产和技术选择渠道的影响——基于全国十省农民调查问卷的分析[J]. 中国农村经济, 2007(9): 33-38.

[238]张海波, 刘颖. 我国农业全要素生产率增长及收敛研究[J]. 统计与决策, 2012(13):139-142.

[239]张月玲, 叶阿忠. 中国的技术进步方向与技术选择——基于要素替代弹性分析的经验研究[J]. 产业经济研究, 2014(1):92-102.

[240]赵晓飞, 田野. 农产品流通领域农民合作组织的经济效应分析[J]. 财贸研究, 2014(6):14-21.

[241]朱希刚, 赵绪福. 贫困山区农业技术采用的决定因素分析[J]. 农业技术经济,1995(3):14-16.

[242]朱希刚. 农业科技成果产业化的运行机制[J]. 农业技术经济, 2000, 4: 21-22.

[243]朱希刚. 技术创新与农业结构调整[M]. 北京:中国农业科学技术出版社,2004.

[244]朱希刚. 依靠技术创新促进产业结构调整[J]. 农业技术经济,2004(1).

[245]赵阳. 中国农业科研投入的理论分析和政策建议[J]. 中国农村观

察, 2001(6):2 - 8.

[246]赵芝俊, 袁开智. 中国农业技术进步贡献率测算及分解:1985 - 2005[J]. 农业经济问题, 2009(3):28 - 36.

[247]周颖, 尹昌斌, 张继承. 循环农业产业链的运行规律及动力机制研究[J]. 生态经济, 2012(2):36 - 40.

后　记

有怀投笔，“穆”宗悫之长风——《滕王阁序》

虽然我还是学术路上的新手，但算算我从事科研工作已整整 8 个年头了。回想一定是缘分的馈赠，让我在最好的年纪遇到了导师穆月英教授，在导师的带领下进了 3 号楼 109 的门，穆一席春风，胜十年书。穆老师对我的恩情也能写一本书，大概是描述我这“轻狂少年”碰到了慈爱严谨的导师，撒欢做了好多疯事，啼笑皆非，没少让她操心，林林总总，“罄竹难书”。她给我的耐心教导、支持与鼓励不仅体现在本书的撰写以及每一个科研成果上，更深深刻入了心田，润物无声。她教给我的很多，我领悟到的却很少，直到现在真正地站在了三尺讲台上，才发现自己逐渐能参悟一些她传授的做人为师之道，实在愚钝，但求桑榆非晚。

长大以后，我只能奔跑，多害怕黑暗中跌倒
每一次哭，又笑着奔跑，一边失去一边在寻找——《明天，你好！》

走出校门后，思念学生时代的想法就越发明显。因为身上的担子重了，教学科研以及各种工作事情的处理，让我明白了为学为师的不易，也就更能领会穆老师的心情，感恩她给我们创造的科研环境与氛围。给这本书的初步撰写与反复修改，甚至是以后的科研工作奠定了坚实的基础。套用师兄的话“每个月回来听一次师门 seminar，默默发现自己该努力了”。不知何时，我发现导师加深培养了我们的责任感，即使是懒散的我也仿佛被线牵着，要向前走，甚至奔跑才行。每每想起导师，便不敢懈怠。所以要深深感谢导师，时刻从我们的角度，关注我们的科研方向与成长过程，在校几十名弟子，无一不挂心，难难难，感谢师丈袁老师对我的指导和帮助。

同样，在我的科研路上也获得了母校老师田维明、王秀清、田志宏、郭沛、武拉平、何秀荣、郑志浩、李秉龙、白军飞，外导 Dave Abler 教授、Michael Delgado 教授，以及参加工作后，来自罗必良、胡新艳、张彤老师等前辈的指导与同仁的帮助，可能你们已经忘记了自己的善举，但是我却铭记在心，一直感念。感谢浩浩荡荡，“如穆春风”的师门大家庭，组成了一个强大的后方，在老师管理下，井井有条，生龙活虎，革命友谊，历久弥新。感谢亲朋好友的支持与陪伴！

感谢家人的鼓励与支持。作为独女，我一哈尔滨姑娘一下跑到了广州工作，不能把父母给的万分之一的爱回报给他们，感谢父母中包含愧疚。但我定不忘你们的教导，在实践中不断参悟“教书育人”。感谢生活中有栗先生的幸福相伴相携。

衣带渐宽终不悔，蓦然回首寻“那人”

多年科研一瓢饮，点滴忧乐寸心知。成长路上，我幸福地品着走着，也想把希望与未来留给师弟师妹，以及我的学生们！懂得坚守，应对挑战，爱知求真，方能立足宏观，广开视野，最后语出惊人。所谓闻道有先后，术业有专攻，我们也许平凡，但是待将近三十年的积累变为脚下的尘与土，视艰难的八千里路为云和月时，成长的力量就在时空穿梭中为我们注入了巨大的能量！不忘最初踏入这片科研圣地的初心，坚持努力！再次感谢！

以上。

董莹

2018 年 11 月 16 日